アメーバ

阿米巴经营的中国实践

"向心力"系统经营实学

何朝来 著

中国出版集团 東方出版中心

目 录
CONTENTS

导　读

在企业工作20年，特别是在国内两大上市公司工作17年的经历中，我接触到很多西方的管理经验和管理工具，比如研发IPD、软件能力成熟度模型CMMI、KPI绩效管理、项目化管理PMP、卓越绩效CLASS A、学习型组织、学教型组织、6SIGMA以及丰田的精益生产等，这些东西给我的感觉都挺好，就像一颗颗漂亮的珍珠，我想找一根线把它们穿起来，变成一根项链。可到底用一根什么样的线，把这些珍珠穿起来呢？我一直找不到答案。其间我也自费到国内一流高校的EMBA课堂进行系统学习，老师把战略、营销、供应链管理、组织行为学、领导艺术、国学等等，都讲得非常精彩，每门课都带给我很多新的知识，拓宽了思维，使我受益匪浅，我隐隐约约感觉好像找到了穿起珍珠的这根线，但是又仿佛触不可及。

直到有一个偶然的机会，2011年我去苏州一个上市公司拜访，这家公司是华为的供应商，主要从事通信设备制造，在参观交流的过程中，这家公司的环境和员工紧张而有序的工作状态让我印象很深。参观交流完准备离开时，我随口说了一句“你们公司很独特”，听到这句话，公司负责人告诉我他们正在推行一种叫阿米巴的管理方式，并给我作了大概的介绍，也就是从那个时候开始，我第一次接触了阿米巴的概念。回来查询资料，才知道阿米巴是日本经营之圣稻盛和夫创立的一套经营管理思想，在日本已经有50多年的历史了，进入中国传播大约是从2010年开始。通过对阿米巴原理的学习以及自己在企业3年多的阿米巴摸索实践，在取得良好落地效果的同时，我最大的收获就是找到了我一直想找的穿起那些漂亮的珍珠的线，那就是：经营。

本书就是一本关于稻盛和夫阿米巴经营如何在中国企业落地的实战型书籍，书中没有涉及太多的管理学理论，而是从企业面临的实际问题出发，以阿米巴经营的视角，为企业提供一整套系统思路和实战的工具方法，避免企业走弯路，目的是让阿米巴经营能够在更多的中国企业落地生根，开花结果。

本书共分七个章节，第一章"从阿米巴经营到'向心力'系统经营实学"，重点介绍阿米巴经营的定义和精髓，同时基于中国企业的实际情况，提出如何实现阿米巴有效落地的问题，从而引出"向心力"系统经营实学及其运作原理和落地框架。如果您对阿米巴只有一个概念上的了解，对它的核心思想并不非常清楚，或者您已经通过学习很好地了解了阿米巴，但是不知道具体如何在企业落地，建议您仔细阅读这一章的内容，它会让你对阿米巴有更加全面的了解，并建立阿米巴落地的系统思维框架。

第二章"经营哲学——心之魂"，重点介绍了企业经营哲学的由来、企业经营哲学的实践价值以及如何构建和落地企业经营哲学，对于阿米巴在企业落地如何从哲学的高度保驾护航具有指导性意义。如果您在阿米巴推行过程中遇到了困惑，比如把阿米巴做成了承包，员工过于计较个人利益和眼前利益，经营遇到困难就找客观原因等，本章结合稻盛和夫的案例、华为的案例给您提供了哲学落地的系统思路和方法，教您如何实现把哲学转变为企业文化，最后转变为生产力的系统逻辑。

第三章"经营策略——心之路"，重点介绍了企业策略研究的必要性，以及策略的研究对象事业单元的概念，并详细介绍了策略制定的步骤和方法。如果您想学习一种全新的制定策略的思维和技能，或者您的企业遇到了战略很难落地的困惑，或者您的企业进入了发展瓶颈阶段，面临艰难选择，或者您的企业已经很优秀，但还想进一步扩大竞争优势，都建议您仔细阅读本章的内容，特别是本章的策略实战案例，一定会让您脑洞大开，感受到策略的魅力。

第四章“组织创新——心之体”，重点介绍了“互联网+”时代，企业组织变革的必然趋势，并结合传统组织存在的问题，从实战角度，有针对性地提出了企业组织设计要遵循的原则和步骤。如果您想知道什么样的组织架构才是好的组织架构，公司调整组织架构应该从哪些维度去思考、要遵循哪些基本原则，如何构建真正的平台型组织，那就建议您仔细阅读本章内容，本章会给您提供一个企业组织设计的系统解决方案。

第五章“核算系统——心之法”，重点介绍了核算工具经营会计的工作原理和应用，并详细介绍了核算系统的业绩分析和循环改善的具体操作，为企业构建核算系统搭建了发现问题、分析问题和解决问题的系统框架。如果您想掌握核算系统构建的整套方法，或者想在自己的企业内顺利地建立起核算系统并使之发挥作用，或者您已经在推行阿米巴核算，但是效果不佳，想找到根本原因和解决方案，建议您重点关注本章内容，本章将通过大量的实战案例，告诉您企业如何构建并优化核算系统，实现全员参与经营，特别是帮助您剖析核算系统为什么常常发挥不了作用，找出其症结所在。

第六章“体制变革——心之力”，从大量实战案例中归纳出了当下企业体制变革面临的困境，并有针对性地提出在“互联网+”时代企业体制变革的方向，为企业进行具体的体制设计提供了参考。体制设计是阿米巴在中国企业落地的重要保障，很多企业都知道体制的重要性，但是不知道如何设计最科学合理，有些企业过于简单粗暴，结果钱分出去了，员工满意度却下降了。如果您存在这方面的困惑，或者您想系统掌握阿米巴经营配套的体制设计的趋势、原则、注意事项和具体方法，建议您阅读本章的内容，这将有助于您在掌握经营哲学和核算系统的知识的基础上，明确体制保障的意义、思路和方法，并实现阿米巴“道”“法”“术”的融合。

第七章“一颗初心加一套系统”，重点对前面六个章节的内容进行关联整合，阐述了“向心力”系统经营实学各模块的内在关联性，环环相扣，融为一体，最后用一颗初心加一套系统来高度概括“向心力”系统经营实学的精髓。如果您在推行阿米巴的过程中，存在各个模块都有涉及，但是彼此孤立，不能有效融合的困惑，或者您想了解“向心力”系统经营实学是如何实现内在关联的，本章会从年度经营计划的视角，为您建立一条贯穿“向心力”五大模块的主线，并让您了解什么是原点思维，如何回归原点思维，重在事上磨炼，最终达到哲学共有，实现对“向心力”系统经营实学的有效运用和企业的可持续发展。

在阅读本书的过程中，读者一定要站在经营的高度，正确处理好经营和管理的关系。做企业最重要的两个维度就是经营与管理，如同天下事物皆分阴阳：阴是管理，主要对内，以员工为中心；阳是经营，主要是对外，以用户为中心。合在一起才叫企业。经营思维是逆向思维，强调市场、用户和目标，以终为始。管理是顺向思维，是为经营服务，脱离经营谈管理是不现实的，而所谓的规范管理更是毫无意义。行之有效的管理就是实现最终的经营目标，如果管理凌驾于经营之上，企业就很容易走进死胡同。

企业要想成功，一定要遵守“经营大于管理”这条铁律，如果经营的方向有问题，那么无论管理方面做得多好都是无用的。如今的大多数企业在管理方面都极其出色，之所以没有做大做成功，主要原因就是在经营上故步自封与缺乏创新。一味地在管理上寻找突破口，导致很多企业的管理水平相对高于经营水平，这个时候企业很可能就陷入不断亏损的惨状，相信这是企业管理者们都不愿意看到的结局。

所以企业必须尽快回到正确的轨道上来，那就是回归经营，并以此为中心展开运作，希望本书能帮助更多传统企业抛弃“管理者思维”，建立“经营者思维”，帮助管理者走出迷途。本书主要面向企业创始人、职业经理人以及广大的经营管理者们，希望能给大家带来经营企业的新思维和新视角以及落地的方法和工具，提升心性，拓展经营，在传播稻盛和夫阿米巴经营智慧的同时，帮助我们中国企业不断夯实根基，练就内功，并形成具有中国企业特色的阿米巴经营模式，强企兴邦！

感谢国内踏踏实实传播和践行稻盛和夫阿米巴经营智慧的同行朋友，他们既有汲取又有创新，为阿米巴在中国企业的落地作出了贡献；感谢信任我们的战略合作伙伴，他们把最优质的客户交给我们，让我们有更多的机会服务客户，同时也向客户学习，并在解决企业实际问题的过程中不断打磨和完善“向心力”系统经营实学体系；最后感谢何言咨询团队的所有成员，他们永远把客户价值放在第一位，不断践行“向心力”系统经营实学体系，给了我巨大的动力和灵感！

何朝来

2019 年 5 月于上海

第一章

从阿米巴经营到“向心力”系统经营实学

一、什么是阿米巴经营?

最近几年，国内一些优秀的企业，如华为、阿里、海尔、宝钢、上汽集团等都在应用一种新的经营管理思想，而且取得了良好的效果。华为"班长的战争"和"让听得见炮声的人来做决策"、阿里的"小前台、大中台战略"、海尔的"人单合一"、韩都衣舍的"三人小组制"、万科地产和永辉超市的"合伙人制"等都有着这种经营管理思想的影子，这种新的经营管理思想就是日本"经营之圣"稻盛和夫创立的阿米巴经营。

稻盛和夫的阿米巴经营在中国被大家关注并实践大概是从2010年开始的，因为这一年在企业经营管理领域发生了一件轰动世界的大事：稻盛和夫成功拯救日航。稻盛和夫仅用三个月的时间就把每天亏损一个亿的日本航空扭亏为盈，一夜之间，稻盛和夫及其创立的阿米巴经营得到了全球管理学家和企业家们的关注。稻盛和夫在拯救日航的一开始就导入阿米巴经营，第一年产生了1 884亿日元的营业利润，利润率达到13.8%，这个利润率是当时世界航空业的最高水平。第二年业绩继续攀升，营业利润达到2 049亿日元，利润率上升到了17.8%，这些骄人的战绩得益于日航人的觉醒、变革和努力，当然也得益于稻盛和夫的阿米巴经营。那么威力如此之大的阿米巴经营到底是什么呢?

阿米巴经营的名字取自一种名叫"阿米巴"的微生物，这种微生物在地球上存活了几亿年，巨大的恐龙灭绝了，但微小的阿米巴依然顽强地活着。阿米巴有三个非常重要的特点：第一，它是单细胞生物，复制不会变样；第二，虽然是单细胞，但却具备了一个生命体所必须具备的完整的功能；第三，这种微生物会随着外界环境的变化随时调整自己的体形，以适应新的环境。一个企业不就是由很多个小集体组成的吗？每个小集体如果都能具备阿米巴这样的特点，企业做得再大，也不会失去活力不是吗？大道至简，企业再大，只要把每个小集体经营好了，整个企业也就经营好了。

所以稻盛和夫阿米巴经营就是把阿米巴这种变形虫的特点应用到企业经营中来。它将整个公司分割成许多个被称为阿米巴的小型组织，在公司经营理念和政策的指导下，让各个阿米巴组织自行制定各自的经营计划，并在企业内部形成市场经济中的买卖关系，让各个阿米巴组织独立核算，自主经营，自负盈亏。通过做小经营核算单位做强做大企业，同时培养经营人才，实现企业的可持续性发展。

稻盛和夫早年在接受中央电视台采访时被问及到底什么是阿米巴经营，他举了一个非常浅显易懂的例子：

他说假设公司就是一个超市，如表1-1，超市里分别有卖蔬菜、卖鱼、卖肉和卖干货的柜台，每天卖出去多少计入销售额，每天进货多少计入销售成本，用销售额减去销售成本，这样就计算出每天的毛利。如果只有一笔总账而没有细账，这样就不知道到底哪个柜台赚钱，哪个柜台亏钱，就不利于及时发现问题，也不利于提高大家的积极性。实施阿米巴经营以后，就可以分别对各个柜台进行独立核算，每个柜台都有各自的销售额、销售成本和毛利，这样哪个柜台销售额大，哪个毛利高，哪个赚钱，哪个亏钱就一目了然，做得好的就要奖励，做得不好的就要总结反思，通过这种方式让每个小集体都能参与经营，充满活力。

表 1－1　稻盛和夫阿米巴经营定义示例

没有实施阿米巴	
科目名称	金额（万元）
销售额	300
销售成本	250
利润	50

已经实施阿米巴				
蔬菜	鱼	肉	干货	合计
50	100	110	40	300
30	70	120	30	250
20	30	-10	10	50

那么稻盛和夫的阿米巴经营思想又是怎么形成的呢？其思想的起源可以追溯到日本明治维新时期，当时有一个重要人物涩泽荣一，此人 33 岁已经成为主管国家预算的大藏少辅，后来因为政见不同，就弃官从商，一生创办了 500 家企业，至今无人能超越。涩泽荣一将《论语》作为第一经营哲学，他在其著作《论语与算盘》中将自己的成功经验总结为：既讲精打细算赚钱之术，也讲儒家的忠恕之道。

在日本被称为“经营之神”的松下电器的创始人松下幸之助也深受涩泽荣一《论语与算盘》的经营思想的影响，松下幸之助首创了“事业部”“终身雇佣制”等企业管理制度，影响了一代日本企业家。他将道德与信仰融入了企业经营之中，他的自来水经营理念、水坝式经营法和玻璃式经营法等经营哲学被越来越多的企业学习、效仿。他创立了政经塾，专门培养政治精英，同时松下在算盘上也作了延伸，创立了经营会计。

涩泽荣一和松下幸之助的经营思想都对稻盛和夫产生了很大的影响，稻盛和夫在两位前辈的基础上又延伸了一步，于 1963 年 7 月正式创立阿米巴经营理论，并历经 50 余年形成一套完整、科学、实效的经营管理体系。稻盛和夫利用阿米巴经营一生成就了日航、京瓷、KDDI 三家世界 500 强企业，他也是全球唯一一个连续打造了三家世界 500 强企业的企业家，为了更好地传播稻盛哲学以及阿米巴经营思想，1983 年日本京都一部分青年企业家自发组织了“盛友塾”，后改名为“盛和塾”，在全球都有分支机构。盛和塾受到了全球企业家的关注，并纷纷通过盛和塾学习、传播、实践阿米巴经营，特别是2010年稻盛和夫拯救日本航空成功以后，阿米巴经营思想开始在中国迅速传播。

但是绝大多数中国企业家对阿米巴经营还是比较陌生的，甚至还有一些片面或错误的理解。近几年来，国内也陆续出现了一些本土化的阿米巴专业培训和咨询机构，他们在推广、普及和落地阿米巴经营思想上都积极探索并作出了贡献。然而，毕竟中国和日本的国情不同，企业的基础和文化背景也不同，要让稻盛和夫几十年潜心研究的阿米巴经营思想帮到更多的成长中的中国企业，让阿米巴经营思想在中国企业更好地落地，对它的应用就一定要与中国企业特定的发展阶段和实际问题相结合。

二、阿米巴经营的中国实践——“向心力”系统经营实学

近年来，国家推行供给侧改革，改变以往高消耗、高污染，过分追求速度和规模的发展模式，以自主创新为引擎，推动产业结构升级和经济结构优化，实现经济高质量、高效益地可持续性发展。在经济新常态下，昔日粗放式发展、大水漫灌、到处都是机会的大环境已不复存在，随之而来的是人口红利消失，同质化竞争加剧，跨界“打劫”时有发生，“降维”打击防不胜防，行业洗牌已成定局，加上绝大多数中小民营企业自身存在产业低端化、治理结构不健全、产品技术含量低、自主创新能力差、人才匮乏、经营管理理念落后等问题，其可持续发展能力受到严重挑战，简单地补短板不足以赢得有限的市场机会，转型升级成为其生存发展的必由之路。那么，民营企业如何主动融入国家发展战略，抓住发展机遇，在新一轮转型升级中涅槃重生，树立起打造百年老店的信心和决心呢？出路到底在什么地方？

如今的企业家普遍意识到，成功向内求，练好内功才是面对环境变换不变的真理。以前我们往往过于关注事物的表象，如果是上市公司，我们就希望股

票不断增值，这样股东财富总盘子就不断扩大，如果不是上市公司，我们就希望企业的利润每年都能不断增长，希望企业能持续发展。但是事实往往总是与我们的愿望背道而驰，我们越想要高利润，结果越得不到高利润，为什么呢？

因为这些都是属于企业经营的“硬数据”，如图 1－1 所示，硬数据是企业经营的结果，而硬数据的背后是企业的“软数据”在发挥作用，硬数据是“果”，软数据就是“因”，因在前，果在后。这些软数据包括一些核心要素，其中最核心的是客户、员工和企业经营环境。企业的目的就是创造并留住客户，所以企业要打造良好的经营环境，这样才可以让员工有意愿、有热情、有能力去创造并留住客户，能做到这些，企业的利润增长和可持续性发展自然可以实现。

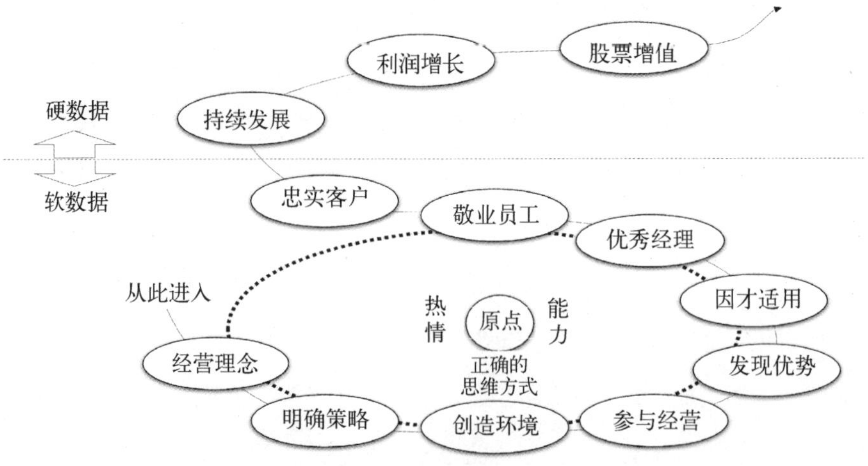

图 1－1　企业硬数据与软数据

如果把企业比喻成一棵大树，硬数据就相当于是地面以上的树干和枝叶，软数据就相当于是地面以下的根系。一棵树要茁壮成长，其根系必须发达，根系要发达，其根细胞就要有活力，只有细胞有活力，组织才能健康。对于企业这棵大树来说，员工就是根细胞，客户是养分，良好的经营环境是土壤。企业要练好内功，首先就要从“人”这个核心要素上下功夫，通过营造良好的经营环境，最大限度地激活员工，让员工都能成为具备正确思维、具有创新和创业的热情、具有经营能力的人，从而更好地服务客户。企业在面临外部激烈竞争、发展步履维艰、不知从何处突破的时候，不妨换个视角，挖掘企业内部蕴藏的机会，相信机会从员工中来，让创新、创业、创富在企业内发生，从内部进行自我颠覆，而不是被外部颠覆，正如海尔的张瑞敏所言：“自杀重生，他杀淘汰。”

企业之间的竞争从产能竞争、产品竞争、市场竞争已经发展到了最根本的人才的竞争，谁拥有人才，谁就拥有天下。那么人才从哪里来？除了从外部引进，更重要的还是要基于企业本土培养。

稻盛和夫的阿米巴经营思想正好贴合了转型期的中国企业对可持续性发展的根本性、系统性和深层次的需求，从“人”这个核心要素上着手，通过员工进化带动组织进化，构建赋能型组织，实现企业的长治久安。那么这套思想到底怎么在企业落地呢？切入点在哪里呢？是把企业现有的东西推翻重来，还是在继承中又有所创新呢？“向心力”系统经营实学正是基于这些命题，在汲取稻盛和夫阿米巴经营核心思想的基础上，同时结合中国的国情和中国企业当下转型升级面临的实际问题，通过多年的实战摸索逐步总结出来的一套重在实践的经营体系。

“向心力”系统经营实学以夯实企业组织能力为切入点系统展开。何为组织能力？核心就是三个方面：第一，员工能力，员工不能干，组织能力也强不了；第二，员工动力，员工没有动力，再强的能力也发挥不出来；第三，员工思维，知道为什么而做比如何做更重要，为自己做、为家人做、为他人做、为社会做，背后体现的意志是完全不同的。心里装的人越多，意志就越强，能力都是靠意志倒逼出来的，可见组织能力的这三个方面是相辅相成的。

为什么以组织能力为切入点？我们不妨思考一个问题，中国企业特别是民营企业经过三十多年的发展，当下到底最缺什么呢？缺钱？缺人？缺战略？缺一个好的商业模式？企业发展到某个阶段，上述这些方面都可能缺过，但是从普遍意义上来说，民营企业当下最缺的还是组织能力。企业能够存活，说明企业创始人还是有战略思维的，但是许多企业创始人都有一个困惑，就是他的战略意图往往很难落地，其核心原因就是企业的组织能力太弱，承载不了战略意图落地，或者落地不彻底，或者在落地过程中走了样。

“向心力”系统经营实学就是以阿米巴经营思想中的经营人心为核心思想，以经营为主线条，以夯实组织能力为切入点，以“道”“法”“术”的有效融合为落地框架，旨在更好地传播稻盛和夫阿米巴经营思想，使之能在中国企业真正落地、生根、开花、结果。

三、“向心力”系统经营实学的系统原理

“夫物芸芸，各复归其根。”对于企业经营而言，这个根是什么呢？经营企业就是经营人心，人心就是企业的根，越是在企业危难之时，越可以体现出人心的强大力量。在企业环境下，要想把人心经营好，首先要看企业家的初心，企业家的初心如果符合大道，就可以感召优秀的人才追随他。这样企业家一个人的初心慢慢就会变成更多人的初心，最后成为大家共同的初心，真正做到公司上下众志成城。“向心力”系统经营实学就是以经营人心为出发点，释放员工的潜能，回归企业经营的原点，持续给企业带来高利润的一套完整的经营管理实践体系。该体系包括经营哲学系统、经营策略系统、经营组织系统、经营核算系统、经营体制系统五大部分，如图 1－2 所示。

“向心力”系统经营实学的运作原理是把企业当作一个有机的生命体来看待。既然是有机的生命体，就必须要有自己的思想，企业的思想就是企业的经营哲学，它源于企业创始人的人生体悟。经营哲学研究的三个核心命题就是：我是谁？我为什么要到这里来？我要到哪里去？我们把经营哲学比作企业的灵

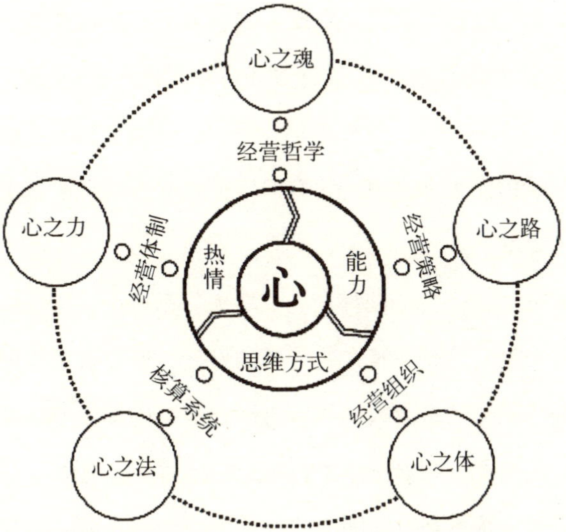

图 1－2 “向心力” 系统经营实学原理图

魂，称之为“心之魂”，企业经营哲学思想是企业不走偏的重要保证。

企业到底要走什么样的路，是创新的路，还是追随的路？如何发展，又如何竞争呢？这些都是属于企业经营策略的范畴。但是企业选择走什么路，也不会无中生有，无形中都受到企业经营哲学思想的影响，经营策略是企业本着初心，对到底选择走什么路的一种选择，可谓“勿忘初心，砥砺前行”。我们称之为“心之路”。

有策略就会涉及组织，策略不同，组织就不同，在“互联网+”时代，企业如何进行组织变革，更好地匹配策略来提升组织效率呢？一个必然的趋势是将来权力会不断下放，组织会不断化小，经营将不再是老板一个人的事情，企业会通过量化分权进行组织变革，把企业化大为小，明确一个个自主经营体，让这些自主经营体更好地服务市场和客户，它们会成为企业经营的主体，称之为“心之体”。

哲学有了，策略也有了，经营责任主体也有了，接下来就是具体如何经营了，就要结合独立核算系统，从经营会计的构建、经营数据的分析到原因定位、对策制定，最后到循环改善，形成了完整的闭环，构建了一个不断发现问题、分析问题、解决问题的螺旋上升的 PDCA（Plan——计划，Do——执行，Check——检查，Action——改善）循环体系。通过这套体系看清企业经营的现状，培养员工经营的能力和意识。我们把以独立核算为核心的 PDCA 循环管理体系称之为"心之法"。

"心之魂""心之路""心之体""心之法"都有了，那怎么样才能让这颗心保持永久的活力呢？这就涉及企业体制的设计，通过企业体制变革，实现企业与员工从利益共同体到事业共同体，再到命运共同体，形成共创、共享、共担的文化氛围，让企业持续保持活力，我们称之为"心之力"。

以上五部分的内容都是紧紧围绕"经营人心"展开的，实现企业从创始人的初心开始，思想统一，哲学共有，人人利他，最后心心相印，释放员工潜能，回归企业经营的原点，开启企业源源不断的动力，这就是"向心力"系统经营实学围绕人心展开的系统原理。

常言道，人心难测。这个世界上没有比人心更易变的东西了，但是也没有比人心更坚不可摧的东西了，这是企业经营的原点所在，比起任何工具和方法论，"以心为本、将心比心"的经营思想都显得更加朴素和真实。任何优秀的企业和企业家，要想做成百年基业，无不从经营人心开始。

但如何才能有效地经营人心却是一个难题。过去我们往往过度依赖制度，尤其是 KPI 考核，企业想要什么，就考核什么，考核什么就得到什么，但是人心怎么考核呢？所以国内真正把 KPI 考核用好的企业并不多见。从企业经营实践的角度来看，如果一个企业没有经营的哲学思想，就相当于一个人没有灵魂，如何谈得上经营人心？同样，一个企业没有明确的策略，走到哪算哪，没有长远规划，没有新的业务增长点，发展到了天花板，员工成长就没有上升空间，就会对企业失去信心，也谈不上经营人心。那么一个企业有了经营哲学和明确的经营策略，就一定会人心所向吗？

我们要知道员工在企业最关心什么。员工在企业最关心两点，一个是被信任，另一个就是成长与发展。员工如何成长与发展呢？有句话叫“不当家不知柴米贵”，只有让员工参与经营，员工才能从原来只对过程负责不对结果负责的管理思维转变为要对最终经营结果负责的经营思维，才会时刻思考如何做到销售额最大化，同时费用最小化，最终实现利润最大化。要想销售额最大化就要有客户意识，要想费用最小化就要有成本意识，“向心力”系统经营实学通过核算系统让员工参与经营，让员工通过核算系统不断发现问题、分析问题、解决问题，在这个过程中不断提升自己的经营能力和意识，从而实现员工的成长。而核算系统在企业实施的前提就要把企业组织拆分成一个个小的经营体，让每个小的经营组织实行独立核算、自主经营。在这个过程中，再利用企业的机制设计，进行权力下放，同时结合核算经营，实行公开、公正、公平的考评激励机制，“赛马不相马”，最后通过“向心力”系统经营实学的五心模型，实现心心相印，激发企业源源不断的动力。

“向心力”系统经营实学的五大部分，每个企业都会在一定程度上有所涉及，每个企业都有自己的哲学、理念文化、经营策略，每个企业都有自己的组织和各种算账的方法，每个企业都有自己的体制设计，可是为什么企业经营的结果会相差那么大？为什么有的企业能做大做强，有的企业却步履维艰？这一方面是因为采取的经营系统不完善，但更重要的原因是企业没有把这五部分融为一体。中国民营企业的管理基础相对比较薄弱，但是企业也在不断学习，企业家也越来越重视向管理要效益，并借用外力来帮助企业做企业文化、做战略规划、梳理流程、设计绩效管理等，所以企业的管理体系得到了不断的完善，但是当管理的各个维度汇总到企业特定的环境下，它们往往相互之间孤立，不能有效融合，甚至彼此还是冲突和矛盾的，所以如何把企业的哲学、策略、组织、核算和体制进行有机地融合，变为一个系统的整体，是企业需要下功夫去解决的课题。

打个比方，以上五个部分都是漂亮的珍珠，但是企业想要的是一根漂亮的项链，那么如何找到一根线把这些漂亮的珍珠穿起来成为一条漂亮而完整的项链呢？穿起珍珠的这根线到底是什么呢？职场中的职业经理人们心中也经常有这样的困惑。我们精通研发、生产、市场、营销、供应链，等等，在这些业务方面都积累了很多经验和心得，但是在企业真实的环境下，我们很难把这些内容有效地结合起来，很多时候是遇到了问题，然后被动地用自己掌握的某方面的知识去解决问题。有些职业经理人也曾去名校读 EMBA，国内几大名校 EMBA 的授课老师都是绝对的大咖，不管是讲战略、营销、供应链还是领导力、资本、国学等，都可以令人拓展思维，收获颇丰，对提升思维的系统性有很大的帮助，但是当我们真的回到企业进行实践的时候，是否能把学到的这些东西穿起来，就只能看自己的悟性了。很有可能，我们还是找不到这根线，而“向心力”系统经营实学就是帮助大家建立这样的一根线，如果给这根线起个名字，就叫作“经营”。

企业要通过“经营”这条主线把所有的管理环节链接起来，一切都要回归到经营的主线上来，通过这条主线，把企业经营的哲学、策略、组织、核算和体制进行有效衔接，形成一套动态的、开放的系统，所以“向心力”系统经营实学简单概括起来就是：一颗初心加一套系统。

四、“向心力”系统经营实学的落地框架

曾经有个企业家朋友问过这样一个问题：

我们通过核算系统让员工参与经营，我们把员工经营能力培养起来了，但是我又担心员工有能力了就会跳槽，怎么办？

有这种担心的企业家还不在少数。很多企业家面临这样的困境，员工能力不强，做不了事情，他们会发愁，反过来员工能力太强，他们又会发愁，那到底要员工能力强好还是不强好呢？

如果只从这个点来考虑问题，可能就无解了。我们不妨换个角度来分析一下，一个有能力的员工跳槽了，一般是什么原因呢？有可能是他不喜欢企业的环境，这个环境包括两个方面，一个方面是企业的文化，属于软环境，还有一方面是企业的体制，属于硬环境，不管是软环境还是硬环境，如果环境不好，有能力的员工就可能会走人。假设公司的环境好了，员工也认可了，有能力的人是不是就不会离职呢？绝大部分人应该不会离职，但可能一小部分人还是会离职。为什么文化氛围好，机制设计又很合理公平，员工还要离职呢？一个重要的原因就是员工感觉自己的职业天花板到了，没有上升的空间了，这时如果有另外一个企业能够提供更大的发展机会，为了提升自己的终身就业能力，他可能会选择离职。员工遇到职业天花板，背后可能就是企业发展的天花板到了，业务发展停滞不前了，这就涉及企业发展的方向和策略问题，所以对于一个企业来说，最重要的就是解决三件事情：① 解决员工的能力问题（重点是经营能力）；② 解决企业的环境问题（软环境与硬环境）；③ 解决企业的发展方向问题（战略与策略）。

解决了以上三个问题，企业就具备了可持续发展的核心能力，“向心力”系统经营实学就是围绕以上三大核心命题来进行系统落地设计的，具体落地框架如图 1－3 所示。

“向心力”系统经营实学的落地以核算系统的导入作为切入点。为什么要以核算系统作为落地的切入点呢？不当家不知柴米贵，这个“当家”首先意味着责任，其次少不了精打细算，最后还会面临当家人必须要做出的种种选择。企业要员工学会经营，就要让员工学会当家，当家就要学会算账，核算系统就是教员工如何算账。

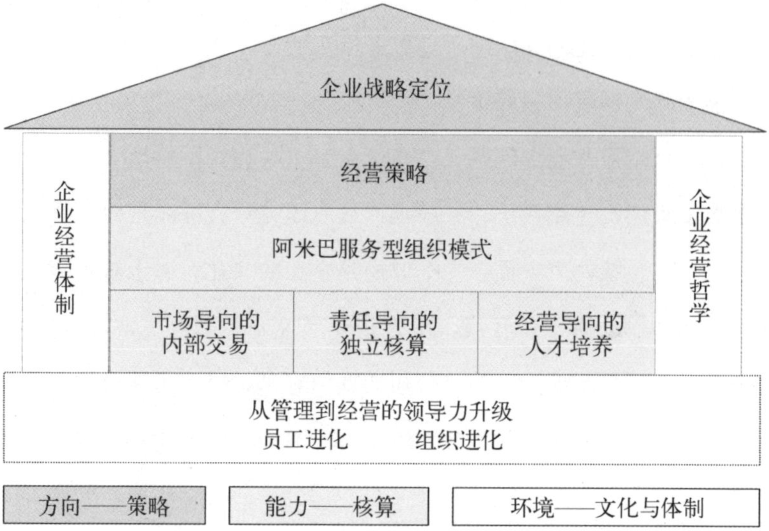

图 1-3 "向心力"系统经营实学落地框架

通过核算系统让员工参与经营，前提是要构建阿米巴服务型组织，明确核算单元，具体内容展开包括三个方面：① 市场导向的内部交易系统；② 责任导向的独立核算系统；③ 经营导向的人才培养系统。"向心力"系统经营实学以核算系统作为切入点，但是并不止于核算系统，良好经营环境的打造同样非常重要，包括企业经营哲学系统（软环境）和企业经营体制系统（硬环境）。核算解决的是员工会不会做（员工能力），哲学解决的是员工为何而做（员工思维），体制解决的是员工愿不愿意做（员工动力），如果员工都既能做、又愿做，而且还知道为何而做，那么企业就可以实现以员工的进化带动组织的进化，并能以强有力的组织能力建设来支持企业的战略和策略的落地。

所以"向心力"系统经营实学以系统地经营"人心"为原点，根本目标就是帮助企业系统打造组织能力，从而承载企业的战略落地。本书接下来将分别就经营哲学、经营策略、经营组织、核算系统以及经营体制一一展开论述，并就其中的关联性以及具体在企业如何落地进行详细阐述。

第二章

经营哲学——心之魂

在纷繁复杂的市场环境下，什么样的企业才能历久弥新、基业长青呢？一定是有符合自然规律的经营之道，而且能始终如一坚守经营之道的企业。夫物芸芸，各复归其根，那种随波逐流、人云亦云、没有根基的企业，就如浮萍般漂浮不定，终将会被淘汰。企业经营之"道"就是企业的经营哲学，是企业的灵魂之所在。

稻盛和夫在他的书《成功的真谛》中揭示了他的经营之道，就是"敬天爱人"。"敬大"就是做人、做事、做企业要遵循自然规律，"爱人"就是始终把员工的利益放在第一位。符合自然规律的道是最根本性的、最朴素的道，但在企业经营环境下，如果只是用这样高度概括的思想来指导企业的经营活动，会很难落实，所以企业经营哲学不但要以最朴素的道为基础，而且还要结合企业的心路历程、当下的市场环境及对将来的发展展望，对企业的经营之道赋予新的内涵，与时俱进。那么如何构建企业的经营哲学，又如何实践企业的经营哲学，并让经营哲学在企业落地呢？下文将逐一展开论述。

一、什么是经营哲学？

《参考消息》曾经有这样一个报道，题目是"哲学家成美国硅谷的'新宠'"，报道说美国硅谷的很多大企业都请哲学家进行战略规划，以掌握命运，为什么呢？科技领域的专家指出，在涉及科技的颠覆性应用时，哲学的地位显得愈发重要。柏拉图曾说，一切背离了公理与道德的知识都只是狡诈，而非智慧。对哲学的研究并非仅出于对智慧的追求，还源于对未知问题和新奇事物的探求。而哲学家所拥有的梳理和解答问题的能力正是推崇打破常规的科技企业所渴求的。

对企业经营而言，科学是基础，但是光有科学还不够，原子能本身是科学，但是做成原子弹来摧毁地球和人类就不符合哲学。哲学可以帮科学家和技术人员避免犯道德良知方面的错误，引导科技发明创造不偏离正确的方向。所以企业家不光要懂科学，更要具备哲学思想。有人说21世纪是阳明的世纪也不为过，明心见性者将为天下宠。

稻盛和夫经营企业的两大秘诀一个是阿米巴经营，另一个就是稻盛哲学。

稻盛和夫大学毕业时通过别人的推荐进了松风电子工业工作，当时有个很有名望的企业家叫吉田，有一次吉田来松风电子工业参观考察，当他来到稻盛和夫所在的部门时，总感觉这个部门的员工的工作氛围和其他部门有点不一样。在结束考察即将离开时，吉田就向松风电子工业的领导询问这个部门的负责人是谁，并提出想见一见的请求。该部门的负责人就是年轻的稻盛和夫，吉田和稻盛和夫聊得很投机，稻盛和夫谈了一些自己对工作、生活的想法和感悟，吉田临走时拍了拍稻盛和夫的肩膀，说："年轻人，你很有 Philosophy。"稻盛和夫一头雾水，Philosophy 是什么意思？回家一查资料，才知道 Philosophy 原来叫"哲学"，还有一个名称叫"爱智慧"。当年轻的稻盛和夫看到"爱智慧"三个字时，浑身就像触电一般，原来自己在工作和生活过程中努力探究事物的本质，这就叫"爱智慧"啊！智慧是什么？不是知识、不是结论、不是机能，而是对人生、对世界、对宇宙的一种自觉、反省、质疑、批判、拷问、追本溯源、刨根问底的状态。关键是前面有个动词"爱"，爱是追寻智慧的过程。

所以哲学的本质就是实践，我们探讨的经营哲学就是不断探索企业经营智慧的实践。但凡优秀的企业家，没有一个不具备经营哲学思想。

李嘉诚的经营哲学思想是：“身不正，不足以服；言不诚，不足以动；信不成，人不足以立，以信论商，诚赢天下。”任正非的经营哲学思想是：“开放、妥协、灰度、自我批判、以客户为中心、以奋斗者为本、持续的艰苦奋斗、均衡。”马云的经营哲学思想是：“核心竞争力不是技术而是企业文化，最重要的是客户，其次是员工，最后是股东。”

正是企业家的这种哲学思想的实践，为企业注入了灵魂，逐步形成了企业共通的价值观、共通的思维方式、共同的行为方式，也就是我们通常所说的企业文化。经营哲学属于意识形态，和人的思维方式一定密切相关。为什么在同样环境中生活的人，若干年以后，会有那么大的差别呢？实际上人与人之间结果的差别，是源于人与人之间行为的差别，而昨天人与人之间行为的差别又是源于人与人之间思维的差别。可以说人与人之间最大的差别就是思维方式的差别，思维决定行为，行为决定结果。有个关于思维的理论称为黄金环理论，如图 2－1，该理论提出思维的三个核心要素：为什么？怎么做？是什么？

黄金环理论解释了为什么一些组织和领导者能够在别人不能的地方激发出灵感和潜力。大多数组织和组织中的成员都明白自己做的是什么，其中一部分知道该怎么做，包括具体的操作方法和举措，甚至拥有独门绝技，但是明白为什么做的组织和组织成员却不多。这里的“为什么”和“为利润”没有关系，利润只是一个结果，且永远只能是一个结果。这里说的“为什么”指的是：你的目的是什么？你这样做的原因是什么？你怀着什么样的信念？你的机构为什

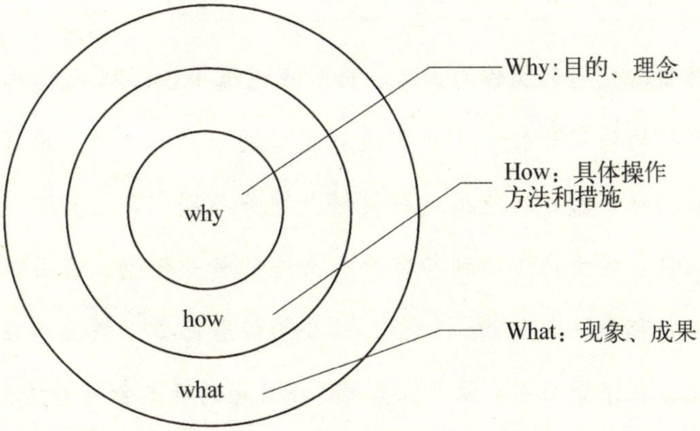

图 2－1　思维黄金环

么而存在？别人为什么要在乎你？

我们一般人的思考方式、行动方式、交流方式都是由外向内，由具体到抽象，但是成功的领袖和伟大的组织，无论其规模大小、在什么领域，其思考、行动和交流的方式都是从里向外的。明白“为什么做”要比“如何做”“做什么”更加重要。这个“why”就是领袖或企业家精神的核心，就是领袖或企业家的哲学思想的源头。

以稻盛和夫为例，他通过稻盛哲学加阿米巴经营，一生成就了三家世界 500 强企业，他的经营哲学的核心思想就是“敬天爱人”，其把“做人何为正确”作为判断一切事物的准则，并由此引申出“六项精进”和“经营原则十二条”，以此来指导企业的经营实践。那么稻盛哲学是如何形成的呢？我们看看稻盛和夫本人是怎么说的［摘自 2010 年稻盛和夫经营哲学（北京）报告会］。

我在 27 岁时，在几位朋友的援助下创立了京瓷公司。公司创业时的产品是电视机显像管里用的绝缘零件，这是用我在此前工作过的松风电子工

业开发的精密陶瓷材料制作的产品。当时我还很年轻，刚从大学毕业不久，我负责从产品的研究开发、生产制造到销售的一系列工作。就是说，不仅仅是研究新材料，而且从使用这种材料开发产品到制定生产工艺、设计生产设备，从日常的生产活动到与客户打交道的营业活动，有关这个产品的几乎全部工作都由我来承担。但是，就公司经营而言，我没有任何经验和知识。因此，在京瓷公司成立之初，300 万日元的资本金的筹措、为购置设备等从银行借贷 1 000 万日元等这些创建公司的准备工作应该如何进行，我都不懂。虽然只有 28 名员工，但为支付他们的工资奖金，资金周转应该如何运作，我也摸不着头脑。当时，产品唯一的客户是松风电子工业，我忙于去交货，忙于收取货款，努力工作，但作为经营者，对于到底应该怎样经营企业，从一开始，我就烦恼不安。经营企业到底该怎么办才好？从理念到方法，我每天都在认真思考。在这个过程中，孕育出我的经营哲学的原型。

其实，时时从根本上思考事物应有的理想状态，这种思考的习惯，从我在松风电子工业时期就开始了。松风电子工业连续亏本，到发工资时工资付不出，常常要拖延一个星期甚至两个星期，奖金就更谈不上了。企业与工会总是纷争不断，罢工时有发生，情况非常糟糕。我想离开这个公司却不能如意，公司分配给我的工作是开发新型陶瓷材料，我不得不投入这项研究。工资待遇低，缺乏像样的研究设备，条件恶劣。在这种情况下，要想做出出色的研究成果，该抱一种什么样的心态来投入工作呢？这个问题，我每天都思考，烦恼不已。从这时起，对于做好工作，必须有怎样的思维方式，必须抱怎样的心态，每当我有所感悟时，我就把自己的想法记在研究实验用的笔记本上。

当我开始经营京瓷公司的时候，我常常把记录了我工作要诀的笔记本拿出来，再添加上新的体悟。就是说，我自己投身于工作，埋头于经营，在实践中不断思索“究竟该怎么做，工作和经营才能顺利进展”。在这过程中，最终领悟的有关工作和经营的理念、思维方式以及具体的方法模式，归纳起来就是“哲学”。

企业经营哲学就是企业创始人的人生哲学，是企业创始人的人生体悟报告，是企业创始人对“我是谁”“我为什么要到这里来”“我要到哪里去”这人生三个核心命题认知的不断升华。人在不同的生命阶段，对这三个问题的认知是不同的，正因为认知不同，才显示出人生的精彩。稻盛和夫经营哲学的形成源于稻盛和夫对生命不同阶段的人生体悟所进行的总结和提炼。很多企业家像稻盛和夫一样，也都有自己的哲学思想，这些哲学思想的形成也是源于企业家们一路成长、打拼过程中对经历的酸甜苦辣的深度反思，反思得越深，认知度提升得就越高。

雨果曾说：“一个专心致志思索的人，并不是在虚度光阴。虽然有些劳动是有形的，但也有一种劳动是无形的。”深度反思的过程往往是痛苦的，就像舞蹈运动员早期要训练的拉筋动作。“拉筋”为什么痛苦呢？疼痛是一个原因，但最主要的原因还不是疼痛，而是明知接下来会更疼，还是要继续往下压，以此不断逼近最高的标准。深度反思的过程也是一样的道理，明知要挑战自己固有的认知和思想，但就是要不断逼近事物的本质。当你想明白了一些事情，超越了自己固有的认知，可以站在更高层次思考问题的时候，那种通达、释然也会给你带来无穷的、美妙的感觉。所以有思想的人，总是能在小事上反思，能随时随地反思，这个过程就是在锻炼思维肌肉，最终带来的将是最大的隐形竞争力。人与人的差别并不在于认知的多少，而在于是否能对以往的经历进行有效的反思，从反思中获得更深入的认知，进而从根本上改变自己的观念和行为。

有这样一位企业家朋友，初中毕业后回家务农，但他不甘于命运的安排，白手起家，历经千辛万苦，创立了一个非常了不起的企业。他的故事令我们肃然起敬，他的心路历程也是很多白手起家的民营企业家的成长缩影。一个务农出身的毛头小子，如何成为一个知名的有深厚哲学思想的企业家呢？这位企业家回顾了他一路走来的生命历程，如表2-1所示，人在不同的生命阶段，境况不同，生命的状态不同，生命的体验也不同。我们一起来看看这位企业家生命故事的演绎、生命状态的更迭和生命体验的升华。

表2-1　一位草根企业家的人生故事与哲学缘起

生命故事	生命状态	生命体验
➢ 1963年出生。 ➢ 8岁在最需要母爱的年纪，失去了母亲。 ➢ 13岁的时候失去了父亲。 ➢ 正值“文化大革命”，没有受到良好的基础教育。 ➢ 1980年初中毕业后，在当地务农（当时的社会现状，别无选择）。	➢ 缺少依靠，幼小的心灵里埋藏着深深的孤独。 ➢ 无奈、无助。	➢ 生活比较艰苦，但正因为年幼失去双亲，造就了自强不息、坚韧不拔的品质。
➢ 1983—1986年，在务农的同时，自营小买卖贴补家用。 ➢ 1987年在东港八棵树一冷任质检员。 ➢ 1988年在东港八棵树一冷任车间主任。 ➢ 1989—1991年在东港八棵树一冷任生产厂长。 ➢ 1992—1996年调至东港八棵树二冷任业务厂长。 ➢ 改革开放后，民营经营模式出现，农民有了选择的余地。	➢ 经济及生活有了好转，寻找机会。 ➢ 拼命工作得到老板的赏识，职位的提升带来高薪酬的回报（高出当时平均薪酬8倍）。 ➢ 9年的实战让我在企业管理和经营上面，有了些许的了解。 ➢ 中国初期市场突然迸发出来的活力，让我产生了自己想去做点事情的强烈愿望。 ➢ 速冻快销品的庞大市场以及当地产品的缺乏，激发了心中的野心。	➢ 只要拼尽全力去做一件事情，就会得到回报，得到别人的认同。 ➢ 人要有梦想，要敢于尝试。

（续表）

生命故事	生命状态	生命体验
➢ 1997 年，用变卖房产的 7 万元加上 5 万元积蓄，共 12 万元创办东港市绿苑食品有限公司。当时哥哥姐姐不理解。 ➢ 1997—2001 年，创业初期产品定为速冻水饺，聘请厨师对产品进行调味研发，但未取得好的效果，加之资金紧缺种种原因，迫使其自己做产品研发。 ➢ 骑自行车、摩托车跑市场，开小货车采购原料、送货。	➢ 人生的第一次豪赌。 ➢ 起早贪黑，从产品研发、原料采购、产品制作、成品包装速冻到市场调研、销售等全部工作都自己承担，身心乏累。 ➢ 苦中作乐，享受点滴的收获喜悦。	➢ 切断自己的后路，逼迫自己只有往前冲才有希望。 ➢ 不当家不知柴米贵，随着员工的增加，身上的担子越来越重，责任感越来越强，告诉自己要带领大家快速成长。
➢ 2002 年，第一次投资扩建，扩大经营范围，建成投产。 ➢ 2003 年，随着产品生产量的增加，地域的原料劣势愈发明显，萌发产品转型的念头。 ➢ 2004 年，边摸索果蔬、海产品原料收购、生产、储藏经验，边寻找客户。 ➢ 2006 年，舍弃速冻果蔬、水饺，通过网络推广拿到建厂至今最大的订单。 ➢ 2007 年，彻底转型做速冻水产品。 ➢ 2007—2009 年，通过展会推广及口碑相传，拿到美国、日本等地的多个订单。 ➢ 2010—2013 年，通过对国内市场进行大量的考察分析，先后在北京、上海、大连等地建立直销网点。 ➢ 2013—2015 年进入高速发展阶段，企业组织结构、体制制度等均得到完善。	➢ 人生的第二次豪赌。 ➢ 迷茫，不知产品该怎么样重新定位，失去了方向感。 ➢ 产品转型阶段很痛苦。 ➢ 对自己、对企业、对未来更加充满信心。 ➢ 经营始终要瞄准市场、瞄准客户。 ➢ 信息引领时代的变迁，有了建立网络营销的最初想法。 ➢ 客户对企业、对产品有了信任，萌发建立品牌的意识。	➢ 资源的劣势让我明白，必须要选择有原料优势的项目去做。 ➢ 身负广大员工养家糊口的重大责任，明白了自己要有担当。 ➢ 做良心企业，以诚待人，企业才能长久发展。

（续表）

生 命 故 事	生 命 状 态	生命体验
➢ 2016年第二次投资扩建。 ➢ 2017年产品战略转型，定向为生食类产品。	➢ 人生的第三次豪赌。 ➢ 对未来市场充满信心。 ➢ 导入阿米巴，让一个人经营的企业变成所有人经营的企业。	➢ 自己一个人永远不可能将很多事情全部做好，要让各个部门的负责人快速成长，让部门负责人带领团队成长。 ➢ 经营企业就是经营人。

这位企业家的人生故事和哲学缘起告诉我们，一个人的哲学思想的形成不是一蹴而就的，人在不同的生命阶段，生命状态不同，对人生的感悟就不同，理念就会不同。但总体上来说，是一个境界不断升华的过程。螃蟹的洞有多大，是由螃蟹的壳决定的。一个人的成就有多大，是由其境界决定的。一个企业，要想把创始人的经营哲学转变成大家共同的哲学，那企业创始人就要带头，努力提升自己的境界。境界包括本真、爱人、利他、初心、奉献和敬畏这几个方面，如图2-2所示。

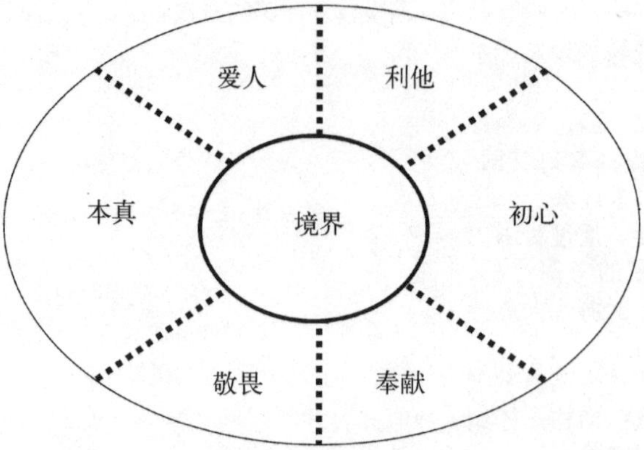

图2-2 人生境界

具体来说：

① 要做到本真，本真是境界的最基本要求，是那一颗与生俱来的善良、真诚、无邪、进取、宽容和博爱之心。要做个真实而纯粹的人。

② 要爱人，真正的爱是发自内心的、包容的、不求回报的。但爱不代表没有要求，没有要求的爱叫溺爱，那是放纵。企业家一开始心里装的往往是自己的小家，然后依次是自己的大家，然后是自己，再慢慢变成心里更多地装着员工、社会与国家，这些都是爱的不断升华。说到底，爱就是你心里装着多少人，装的人越多，爱就越大，成就也越大。

③ 要利他，所谓利他就是对公司有利、对老板有利、对大多数员工有利，也对社会和国家有利。利他就有人认可你、跟随你，利己就有人责怪你、远离你。人人利他，最终才是利己。

④ 要勿忘初心，初心就是做事情的出发点，也是哲学的核心指导思想。即为什么要做？为谁做？为什么让我们做？社会上所有的大成者没有一个不是坚守初心的。

⑤ 要乐于奉献，奉献就是不求回报的付出。有人感叹人生不如意、职场不如意、收入不如意，本质上就是缺乏奉献精神。管理者要乐于把自己奉献给员工、事业、公司与社会，员工要乐于把自己奉献给企业，个人的成长离不开企业的发展，反之亦然。当个人利益与公司利益发生冲突时，我们首先维护公司利益。真正做到：一伙人、一条心，一辈子，认定一件事。

⑥ 要有敬畏之心。为什么要有敬畏之心？举个例子，食品安全问题是中国的一个亟待解决的问题，近年来不断有食品安全事件被媒体曝光，甚至还发生过假奶粉、假疫苗事件，造假企业连孩子的健康和安全都不顾。有人说是因为法制不健全，其实根本上是因为企业经营者没有敬畏之心，信仰缺失、道德沦丧。敬畏是境界的最高层次，敬畏别人，不管是人或者神，敬畏的不是他的身躯和肉体，而是他的精神和品质。我们要敬畏员工、敬畏老板、敬畏伴侣、敬

畏父母、敬畏天道，敬畏是激活精神、洗涤灵魂、唤醒灵性的法门。

企业家的经营之道在于不断提升自己的境界，从而推升员工的境界。一个企业家的经营哲学思想形成的过程，就是不断修炼境界的过程，最终也体现在其哲学思想中。

二、企业为什么需要经营哲学?

上文阐述了什么是经营哲学以及经营哲学思想的形成过程，那么企业经营为什么需要经营哲学呢？我们来看一组数据。

日本是一个资源匮乏的岛国，但日本的长寿企业数量居然全球第一。据统计，日本超过百年历史的企业将近2.2万家，超过200年历史的企业有3 000余家，更有7家企业的历史超过1 000年。世界最古老企业的前三位都是日本企业，寿命最长的是金刚组，创办于公元578年，衣钵相传至今已46代有余。超过200年历史的长寿企业在欧洲也不少，德国有800余家，荷兰有220余家，法国有196家。

而中国，虽然幅员辽阔，资源丰富，但是长寿企业并不多，在现存的老字号企业中，最古老的算是成立于1538年的六必居，之后是成立于1663年的张小泉，再后面就是陈李济、广州同仁堂药业以及王老吉三家企业，再算上超过100年历史的青岛啤酒、泸州老窖、全聚德、吴裕泰，也不过10多家。据调查，中国中小企业的平均寿命仅2.5年，集团企业的平均寿命仅7—8年，与欧美企业平均寿命40年相比相距甚远。

相对于日本企业而言，中国企业并不缺乏胆量和勇气，身无分文也能搏杀

千金的故事也为数不少，但为什么中国长寿企业数量如此之少？这除了有一定的历史原因，和企业的经营理念也有直接的关系。

作为一个企业，在创始人披荆斩棘、艰苦创业的初始阶段不会有太大区别，但如何在传承中发展才是最大的挑战。古人有云：“道德传家，十代以上；耕读传家次之；诗书传家又次之；富贵传家，不过三代。”可见道德传家，最能延绵一个家族的兴旺。企业经营也是如此，一个企业的产品可以更迭，领导人可以换代，唯有企业的理念与文化生生不息。

企业经营哲学就是企业的信仰，一切都从企业创始人开始。没有信仰的支撑，再华丽的大厦迟早都会坍塌。只有那些建立信仰的企业，才能基业长青。信仰，是一盏灯，越是在黑暗的时候，越显得弥足珍贵，因为它会给人以光明和希望。企业是由人组成的，事情是由人做出来的，而人是由其信仰所支撑和激励的，没有信仰的企业，都将逐渐沦为失败者。企业管理的核心就是对人的信仰的管理。

杰克·韦尔奇曾说过：“真正激励人们百分百投入工作的动力，不是金钱等外部条件。使人们忘记痛苦不断前行的，是其内在的信仰！”松下幸之助也曾说：“组织没有信仰，就会山头林立，虽然，进行信仰塑造，很多人怕背上洗脑的骂名，但我选择塑造信仰！”

1. 稻盛和夫谈企业需要哲学的理由

稻盛和夫也非常重视企业经营哲学，他在创立第一个公司京瓷的时候就提出了明确的经营哲学，在拯救日航的时候，也是从重塑日航经营哲学上下功夫并取得成功。他在2010年的稻盛和夫经营哲学（北京）报告会上阐述了企业经营需要哲学的三大理由：

（1）经营哲学是公司全体员工必须共同遵守的规范、规则或事项

经营哲学是企业的灵魂，企业的任何规范、规则和事项都不能违背经营哲学的核心思想。反过来经营哲学也要体现在企业的规范、规则和事项中。但现实是，很多企业的这种规范、规则，或者说必须遵守的事项并不明确，正是因为这个原因，各种各样的企业丑闻不断发生，国内外都有很多这样的案例。究其原因，就是企业忽视了经营企业必须遵守的规范、规则。千里之堤，溃于蚁穴。一个企业的失败不是一天两天造成的，而是企业在经营过程中，不断偏离自己的初心，最终导致失败。

（2）经营哲学用来表明企业的目的、目标以及需要的思维方式

我们为什么要从事这份事业，其目的和意义是什么？我们到底想成为什么样的公司？这些在企业经营哲学中都要有所体现。目的和目标不同，需要的思维方式也不同，思维方式不同，行为就会不同。

稻盛和夫在创立京瓷公司之初，就反复强调要把京瓷公司办成世界第一，这在当时宛如一个梦想，连稻盛和夫自己心中也有疑虑。然而，即便如此，稻盛和夫却依然不断向员工们诉说：“要瞄准世界第一！”与此同时，为了成为世界第一的公司，京瓷哲学对干部员工应该如何思考、如何行动，从思维方式到工作方法，都作了明确的要求。

在稻盛和夫的哲学中，“树立高目标”“持续付出不亚于任何人的努力”“把自己逼入绝境”“极度认真地生活”这类表达克己的严肃的思维方式和人生态度的句子随处可见。

稻盛和夫说（摘自2010年稻盛和夫经营哲学（北京）报告会）：

企业经营就像是爬山，如果你像远足一样去爬附近的小山，当然不需要任何训练，轻装去爬山就行了。但如果要攀登险峻的高山，就需要严格

的训练，需要充足的装备。如果想征服世界最高峰珠穆朗玛峰，那就需要具备高度的攀登技术和丰富经验的人才，需要长期露营必备的充足的食品和装备，需要周密的准备。“要攀登什么样的山”，就是说，你想创办什么样的公司（就要设定什么样的目标），因为目标不同，公司需要的哲学、思想也不同。一旦树立了高目标，那么很自然地就需要建立与之相适应的思维方式以及方法论。京瓷瞄准的是世界第一的高目标，所以从京瓷还是中小企业时开始，就奔着要成为世界第一而努力奋斗。到今天，京瓷果然成长为世界第一的陶瓷公司，这样的结果证明了我的哲学，即强调的思维方式和方法论，是正确的。

（3）经营哲学可以赋予企业一种优秀的品格

人要具备优秀的人格，企业要具备优秀的品格，要做到这些，“哲学”就要用“做人，何谓正确？”为基准进行对照，并从中归纳出正确的为人之道。能够坚守正确为人之道的企业更值得合作伙伴、利益相关者以及社会的信任和尊重。这种正确的为人之道虽然都是非常朴素的做人做事的道理，但是用嘴去做，用脑子去做，还是用心去做，还是用命去做，体现的哲学思想的深度是不一样的。高层次的哲学思想都是生命的经历和体悟凝结而成，这个过程可能很会痛苦。

华为是一个值得尊敬的企业，华为的品格离不开创始人任正非的哲学思想。40 多岁开始创业的他，处于人生最窘迫的境地，但那个时候的他没有怨天尤人，而是领悟到“个人才是历史长河中最渺小的”这一人生真谛。

正是有了这样的哲学思想，在新时代环境中快速发展的企业状态让他意识到自己越来越不懂技术、越来越不懂财务、越来越不懂管理，这个时候他领悟到“如果不能民主地善待团体，充分发挥各路英雄的作用，我将一事无成”。于是“让听得见炮声的人来做决策”“把支部建在连队上”的哲学思想便形成了。这是任正非的人生哲学，包括后来经营管理的灰度哲学以及“磨好豆腐给妈吃”的商业哲学思想，不管是人生哲学、管理哲学还是商业哲学，都是任正非用生命去实践和感悟的结晶。用生命谱写出来的故事最能打动人，用生命凝结的思想最能感召人，用生命铸造的品质最值得尊敬。一个企业的巨大成功，其实早已孕育在企业家的追求中。华为不是在今天才超越了众多竞争对手，而是在成立的那一天，就已经具有了超越竞争对手的基因。

企业经营哲学是企业文化的思想源泉，高层次的企业哲学赋予企业文化高品质的精神内涵，越是在危机来临之时，越能体现文化的生命力。

以上是稻盛和夫结合自己的经营实践和体悟提出的企业需要经营哲学的三点理由，除了以上三点理由，经营哲学还是企业家自律的需要，企业经营哲学就是企业家个人的人生哲学，能够悟出来不代表能一直坚守下去，企业家要想把自己的人生哲学上升到企业经营哲学，必须按照这种哲学思想严格要求自己，言行一致、以身作则、表里如一，才能真正变成大家共有的哲学。

2. 经营哲学的实践运用价值

企业一切经营管理活动最终都始于企业的经营哲学思想，从企业的诞生、企业的战略选择到企业经营管理体系的构建、企业文化的打造等，都不能偏离企业经营哲学思想。企业经营哲学的实践运用价值主要体现在以下几个方面：

（1）企业的诞生与成长离不开经营哲学

企业经营的核心就是事业，没有事业就没有企业，任何企业的诞生和成长都会经历事业概念、事业构想和事业实践三个阶段，在老的事业逐渐消亡前，又会有新的事业概念产生，如此往复循环，维系了一个企业生生不息的生命。这三个阶段的关系是先有事业概念，再有事业构想，最后才是事业实践。

事业概念

事业概念是做什么以及为什么要做。任何一个企业的诞生都是从一个事业概念开始的，苹果是从电脑事业概念开始，稻盛和夫的京瓷是从陶瓷事业概念开始，华为是从通信事业概念开始，阿里巴巴是从互联网平台事业概念开始。

那么这些事业概念是如何在乔布斯、稻盛和夫、任正非、马云的脑海里出现的呢？可能是来自儿时的梦想，可能是来自一种使命和抱负，可能是来自别人的建议，也可能是一念之间。很多企业从事某项事业并不是很久前就计划好的，而是来自企业创始人遇到的一个偶然的机会。企业创始人的事业概念往往不止一个，但最终的选择往往和企业创始人的经历有关。决定一个事业概念的是企业创始人个人的世界观、人生观和价值观。事业概念的诞生是无中生有的过程，我们所处的文化环境不同、个人经历不同，我们对自然、人和社会的感知就不同，事业概念也就不同。

事业构想

有了事业概念，接下来就是事业构想，什么是事业构想呢？事业构想首先源于对问题的感知，进而形成问题轮廓、方案轮廓、价值定位、业务构建，最后形成盈利模式，这就是完整的事业构想，如图 2-3 所示。下面举个例子解释一下事业构想：

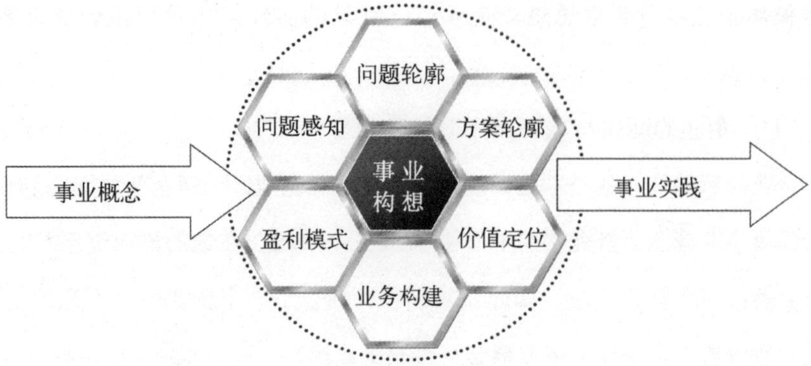

图2-3　事业构想

有个专门做净化水设备的企业，他们的事业构想来自对饮水安全问题考虑。除了食品安全和空气安全之外，饮水安全也是人们越来越关注的问题。根据人们具体的生活或工作场景，勾勒出饮水安全的问题轮廓，然后再利用他们多年的水处理经验，形成方案轮廓。接下来就是价值定位：看得见的安全。他们利用芯片技术实现通过手机随时查看水的各项指标，滤芯到了更换期，会提前预警，实现滤芯更换的无缝衔接，这就是差异化。价值定位后，接下来怎么打造这些价值点呢？就要构建完整的业务体系，包括产品开发、市场开发和管理体系构建。然后在盈利方式上，他们采取设备租赁的方式，即企业不用购买设备，只需租赁交年费，就可以喝上健康安全的净化水。现在华为、中兴、如家酒店等企业以及一些国有银行都用他们的设备，这就是一个很好的事业构想。

事业实践

有了事业概念和事业构想，我们就要进行事业实践了，事业实践的过程就是哲学实践落地的过程，通过事业实践把企业经营理念变成现实，最终体现在经营数据中。所以企业的诞生和发展都离不开哲学，事业概念源自哲学，事业实践落地哲学，企业的发展就是事业概念、事业构想、事业实践不断更迭和升华的过程，而经营哲学贯穿始终。

（2）做人、做事、做企业的立足点

哲学思想的原点都是符合规律的、符合人之常情和事之常理的朴素思想，是我们做人、做事、做企业的立足点，所有的企业都要从这个原点出发来思考问题、解决问题。如果违背了这个原点，企业就不可能持续成长发展。如果说起来头头是道，但一到具体行动的时候，又不能坚守哲学思想，这就不是真正从原点出发的状态，没有知行合一。

有一篇报道说，某老太太在马路边摔倒，被一个年轻人扶了起来，后来这个年轻人被老太太讹诈，类似的报道还有一些。广州电视台专门设计了一个调查，找了一个80多岁的老太太当演员，让老太太步履蹒跚地过马路，目的是想看看有没有人上前提供帮助。当时路上车水马龙，记者躲在附近暗处进行隐蔽拍摄，时间一分一秒过去了，只见一个个行人从老太太身边走过，但是没有一个人上前帮忙，甚至有些人还有意避开老太太，有些车辆看到老太太想过马路，赶紧加大油门快速通过。考虑到老人有摔倒的风险，摄制组准备结束拍摄，正在这个时候，一个外籍男子跑到老太太的身边，扶着老人穿过了马路，之后才离开。这个现象说明了什么，在此我们不做讨论，我们不能通过一个调查来证明一种社会现象，但有一点值得我们深思：在自己的切身利益受到影响时，我们还能否坚守那些朴素的道理？知道与做到之间还相隔甚远。

做企业同样也要坚守原点，企业在发展过程中会遇到很多挑战和诱惑，

如果不能坚守原点，就会像浮萍一样没有根，迟早会被大浪淘沙淘汰掉。有个非常普遍的自然现象，暴风雨之后，路边经常会有树木被风刮倒，被刮倒的树木到底是大树多还是小树多呢？事实证明是大树多，小树有弹性，风阻小反而不容易被刮倒。凡是被刮倒的大树，一般都有一个特点，就是树大了之后重心慢慢偏离根系，加上大树枝繁叶茂、树大招风，树根又浅，当风的方向正好刮向重心偏离的方向时，大树就很容易被刮倒。所以大树尽量要修枝剪叶，降低重心。根往深处扎，其生命状态才是稳固的，这就是智慧！

企业也一样，企业做大了，往往会出现机构臃肿、效率低下甚至官僚、腐败的情况，大家都按照流程各管一段，只扫门前雪、管你瓦上霜，人与人之间也没有以前创业时期的那种信任和激情，就像偏离重心的大树一样。企业同时还会遇到越来越多的诱惑，经不起诱惑的企业，就会离出发的原点渐行渐远，如果还不修枝剪叶，不降低重心，一旦遇到大环境不景气，就会很难抵御风险。

不管做人、做事还是做企业，经营哲学让我们在黑暗中有了一盏明灯，在迷茫中有了一份信仰，在诱惑前多了一份定力，在困境中多了一份坚持，在成功后多了一份淡定。哲学是人生的导师，至善的良友，罪恶的劲敌。

（3）**哲学是战略的根**

战略是什么？战略就是选择，而根据什么来选择就是企业的哲学。明确了企业的理念、使命和愿景之后，通过什么样的路径到达愿景的彼岸就涉及企业的战略选择。一条路径是差异化战略，讲究的是独特性和差异化，另外一条路径是规模化战略，讲究的是市场规模和占有率。两条路径没有对错之分，因为理念不同，企业的战略选择就不同。

松下的理念就是让穷人都能用得起松下的电器，所以松下有个自来水哲学，要把松下电器做得像路边的自来水一样便宜，连乞丐都能用得起。基于这样的理念，松下就选择了规模化战略，采取低成本、大规模的运作模式，甚至模仿飞利浦、索尼的产品，但是成本比两者要低很多，实现大规模销售。

同样是日本的企业，稻盛和夫创立的京瓷公司的理念就完全不同。京瓷的理念其中有一条是“定价即经营”，意思就是要定出客户能够接受的最高价格，而不是最低价格。怎么样才能定出客户可以接受的最高价格呢？就必须要创新，所以京瓷选择的是差异化战略，追求的是独特性和差异化，要付出不亚于任何人的努力，持续创新。

一个企业经营的原点都是从企业的经营哲学开始的，它决定了我们的战略选择，进而决定策略、管理体系构建、文化的形成等。如果一个企业没有明确的哲学思想，那么这个企业在做战略选择的时候就会摇摆不定，这种摇摆越往后越会放大，最后企业就会打乱仗，形成不了合力和统一的文化，这样的企业很难做长久。

（4）以理念为原点构筑企业经营管理体系

企业在经营过程中有两大矛盾。第一对矛盾是有关企业的可持续性发展。长期发展就要投入，但从短期而言，企业需要当下的利润最大化。一边要加大投入，一边要当下利润最大化，这本身就是一对矛盾，因为对未来的投入越多，当期的利润就越少。另一对矛盾，就是对内和对外的矛盾。对外我们尽量要满足顾客、股东和其他利益相关者，供应商要从企业拿钱，股东要从企业拿钱，国家税务机关要从企业拿钱，而员工也要从企业拿钱，企业要把钱分给利益相关者，对外分得越多，就意味着对内分得越少，所以内外也是一对矛盾。

这两对矛盾，最根本的解决方案还是要回到一个点，就是要更好地满足顾客需求，只有把顾客的需求满足好了，企业才能解决长期和短期的矛盾，内部和外部的矛盾。那么顾客的需求是靠谁来满足呢？就是靠企业的员工，所以一个企业最核心的就是处理好两层关系，一是处理好和客户的关系，二是处理好和员工的关系。

企业处理好和客户的关系，核心就是如何界定顾客，如何塑造打动顾客的独特价值，如何建立打造独特价值的业态体系。理念不同，认知客户的思维就不同，独特价值取向就不同，最后客户对企业的认知就大不相同。

企业处理好和员工的关系，核心就是如何营造良好的经营环境，让员工获得物质和精神两方面的幸福。经营环境包括硬环境和软环境，硬环境就是企业经营体制设计，软环境就是企业文化打造。这也是中国民营企业家要适时进行角色转变的方向：① 从以前更关注外部的订单、客户、市场到今天更关注企业内部经营环境的打造，通过良好的经营环境激发企业员工的认同感；② 从以前更多关注企业的内部管理到今天更多关注企业的经营。

所以企业整个管理体系的构建必须能直指两个核心 KPI 指标，一是顾客满意，二是员工满意。而整个管理体系背后的支撑就是企业的经营哲学思想，哲学思想不同，管理体系就不同。

（5） 以理念为基础打造企业文化

企业经营理念贯穿企业经营实践的全过程，在这个过程中逐步形成企业文化。什么是企业文化，前面讲过，企业文化=共通的价值观×共通的思维方式×共同的行为方式，一个企业最核心的竞争力就是企业文化的竞争力，企业规模越大，市场成熟度越高，企业与企业之间的竞争就越趋向于企业文化的竞争。那么，企业经营理念是如何逐步演变为企业文化的呢？

一个公司的企业文化不是一天形成的，需要日积月累，是一个润物细无声的过程，在这个过程中，企业管理层的言行至关重要。企业管理层有没有自上而下真正理解公司的哲学内涵？有没有真正统一思想？在工作实践过程中能否以身作则、言行一致、表里如一？任何一件小事情，如果处理不好，都可能会对员工的思维及行为产生影响。

某企业曾发生这样一件事情。企业新招聘了员工小 A，专门负责公司标准物料的采购，比如螺钉、螺母等标准件，这家企业是做金属件的电镀处理的，由于电镀的工件重量很重，需要用行车吊起来，然后慢慢放进电镀池中，但是有时候发来的需要电镀的大型工件上没有可以挂行车吊钩的孔，所以经常采取的办法是车间到库房领取螺母标准件，焊接在工件上，用这个螺母来挂吊钩。每天工件很多，需要消耗大量的螺母标准件，而这些螺母焊接后再拆除就报废了。为了给公司节约费用，小 A 就想了一个办法，就是低价购买标准件厂报废的螺母，报废螺母的采购价格只有正常螺母价格的一半不到，企业领导也采纳了这个建议，小 A 就采购了一批报废的螺母。但是后来因为报废螺母的基材质量问题导致焊接螺母脱落，最后出了质量事故，造成工件掉落在电镀池中损坏了，企业只能给客户做了赔偿。小 A 感到很惭愧，认为自己给企业造成了损失，愿意自罚 1 000 元。针对这样的情况，到底是罚还是不罚呢？

有人说要罚，有人说不能罚，罚有罚的道理，不罚有不罚的道理，而到底要不要罚，就涉及公司的理念了。如果企业的理念是相信人的力量，那就要敢于承担员工在成长过程中犯错的代价，免去处罚，要鼓励员工为公司着想的行为，同时可以予以提醒，使同样的问题不要重复发生。虽然公司有了一定的损失，但会让员工形成一种良性的思维方式：只要是对公司有利的，我们就要大

胆提出想法，并积极去努力和尝试。一旦有了这样的思维，积极的行为就会产生，整个企业就会形成员工自主自发替企业着想、把企业当成家的一种文化氛围。

反过来，如果因为这件事处罚了这个员工，那么这个员工包括其他的员工可能会形成多做多错、少做少错、不做不错的思维。如果有一次、两次、三次类似的现象，就会不断强化这种思维模式。员工从行为上就会变得利己和消极，只要是和自己利益无关的事情就不会主动去做，整个企业就会形成一种消极、漠不关心、利己的文化，最后员工就把企业仅仅当成临时打工的地方。理念能否体现在文化中，贵在对理念的坚守和实践。图 2-4 展现了企业文化的形成过程。

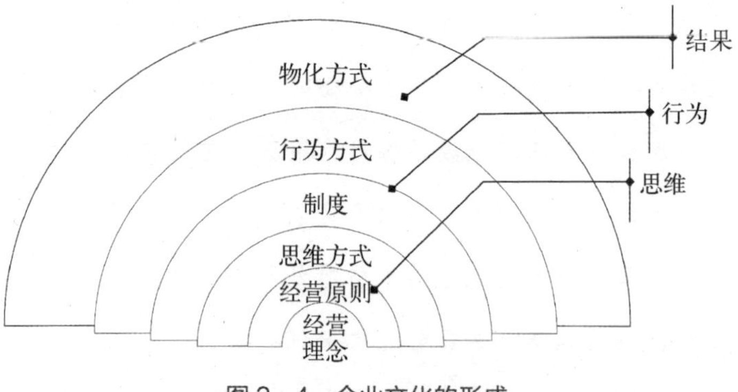

图 2-4　企业文化的形成

企业文化源自企业的经营理念，由经营理念衍生出企业经营原则。对经营原则坚守和实践，久而久之，就会从有意识到无意识，一旦形成无意识的自觉的行为，就说明思维模式已经形成。把这种思维方式再通过制度进行固化，慢慢就形成一种行为方式，当共通的价值观（理念）、共通的思维方式和共同的行为方式都形成了，也就形成了企业文化。而企业文化最终要落地，就要体现在企业的产品、服务、环境等方面，最终体现在企业经营的数据上，体现在具体的每天的实践中，进而逐步形成物化的方式，看得见、摸得着，而不是将企业文化“神话”。企业文化一旦被“神话”，就会走入形而上的“唯意识论”的误区，容易让企业文化像神一样存在，却像草一样被践踏。

企业文化最难的不是形式上的规范，而是价值观层面上的高度共识，唯有意识层面的核心价值观得到大范围的深度认同，企业的行为表现、物质表征才是稳定的，否则就会出现一旦存在管理真空，瞬间就被打回原形的情况。所以企业在文化建设上，一方面要抓企业和员工的核心诉求，进行企业价值观的传播、强化，直至核心价值观得到普遍认同，少搞形式上的花架子；另一方面要自上而下践行企业的核心价值观，真正体现在具体行为和经营结果上，知行合一。

（6）基于哲学共有的人力资源管理

传统人力资源管理是以“事”为中心，强调“事”的静态的控制和管理，其管理目的是“控制人”，视人为成本；而现代人力资源管理以“人”为核心，强调一种动态的、心理意识的开发和调节，管理的根本出发点是着眼于保护、引导、开发“人”，视“人”为根本。只有真正解放被管理者，才能最终解放管理者自己。

所以基于哲学共有的人力资源管理，更加注重经营哲学对组织影响的全面性、系统性和根本性。经营哲学影响的全面性是指经营哲学与外部环境相互作用，形成了本组织与众不同的个性，进而对组织的所有人员都产生影响。经营哲学影响的系统性是指经营哲学要和企业的运营实践相结合，将经济目标、组织结构、规章制度和管理措施都纳入一个系统，环环相扣，融为一体。经营哲学影响的根本性在于几乎所有企业的管理问题都能从经营哲学的分析中找到原因。理论和实践都表明，系统性要求越高的组织，经营哲学的功效越明显，因为以价值观为核心的经营哲学可以通过自身系统的内在协调有效地整合多层次的复杂目标，通过引导、驱动、约束和激励，促使组织的人团结一致。

基于哲学共有的人力资源管理，真正实现了上下同欲、理念共通、彼此信任和信赖，能够最大程度地释放人的潜能。企业的任何制度流程，如果不是以贯彻经营理念和培养人才为目的，就没有必要存在。所以现代人力资源管理要从以前的考核激励，特别是物质激励的短期的、交易的管理，向以企业经营哲学为核心的“以心为本”的管理进行转变。

三、如何构建企业经营哲学？

江苏有个企业，专门做水切割设备，这种设备可以用高压水射流切钢板、皮革、玻璃等。大慈善家曹德旺先生的福耀玻璃就是用他们的水切割设备来切汽车玻璃的。这个企业的营销总监分享了这样一个故事：有一次他去福耀玻璃找他们的采购负责人，但不知道这个负责人在哪栋楼办公，当时正好是中午吃饭时间，公司员工走在去食堂的路上，这个营销总监就问一个员工他想找的人在哪儿办公，这个员工不是简单地告诉他在哪儿，而是把他送到他要找的人的办公室门口，然后才去吃饭。这件事情给这个营销总监触动很大，逢人必讲这个故事。虽然这是个小事，但这就是一个企业的文化在一个普通员工身上的体现。

很多企业在顺境中往往不重视企业文化的建设，等到了逆境中越做越累时才被迫意识到文化的重要性。文化建设不是临时抱佛脚就可以做好的，文化建设是一个润物细无声的过程，首先需要企业创始人树立明确的经营理念，然后围绕这个理念展开经营，在这个过程中逐步形成企业文化。其中最关键的是首先要有核心价值观和明确的经营理念，通过统一的思维方式，将行为方式和核心价值观及理念连接起来。行为方式靠思维方式来驱动，而理念的灌输最终一定会反映在思维方式上。企业哲学是企业文化形成的根基，企业经营哲学要有一个框架，就像建房子要有骨架一样，骨架就是房子的筋骨，经营哲学也相当于是企业的筋骨，有了这个筋骨，就有精气神，就可以不断沉淀和积累。企业经营哲学框架包括以下几个部分：核心价值观、经营理念、使命、愿景、经营原则。

1. 核心价值观

核心价值观是企业家在企业经营过程中身体力行并坚守的理念，是企业经营哲学体系中最根本、最重要、最集中的价值内核，是引领企业进行一切经营活动的指导性原则，是企业坚持走下去的内在动力和面向未来的共同承诺。它能够潜入员工的思想和心灵深处，具有很强的号召力和凝聚力，是员工共同遵守和维护的行为准则，能够确保员工步调一致，更好地服务市场和客户。核心价值观好比一把尺，用这把尺来衡量员工行为的善与恶、对与错、是与非。有了尺度才能界定行为、明白道理。

阿里巴巴的核心价值观：客户第一、团队合作、拥抱变化、激情、诚信、敬业。

华为的核心价值观：成就客户、艰苦奋斗、自我批判、开发进取、至诚守信、团队合作。

梳理企业核心价值观的时候，至少需要从三个角度去思考：第一就是敬畏客户。客户是伙伴，只能用心，不能用花招；客户是朋友，投入什么，就回报什么；客户是衣食父母，是用来感动的，不是用来搞定的。第二就是凝聚员工，培养员工，关怀员工，激励员工。第三就是尊重规律，要尊重自然规律，承担社会责任。

2. 经营理念

经营理念是企业系统的、根本的管理思想，企业战略的选择以及整个经营管理体系的构建都是基于企业经营理念基础之上的。它源自企业创始人的初心，它要回答两个问题：我们为什么要创办这家企业？到底为了谁？关于这两个问题，企业在不同的时间阶段，会有不同的答案，正因为不同，企业经营的格局以及做人做事的境界才会升华。我们要尽量把自己的境界放高一些。"为什么创办这家企业"是从社会价值来谈的，要明确企业为社会提供了什么价值，企业存在的意义是什么。

要想把创始人一个人的理念变成大家共有的理念，企业的经营理念就需要具备大义，只有这样才会感召更多的有识之士追随，跟着创始人长期发展。如果创造人只追求自己过得幸福，那就不可能有人长期追随。

稻盛和夫创立的京瓷公司的经营理念是：追求全体员工物质与精神两方面幸福的同时，为人类和社会的进步与发展作出贡献。

这个理念就是稻盛和夫的初心，是稻盛和夫经历了 11 名高中生集体离职事件后，通过深刻反思得出的京瓷的根本管理思想。京瓷在后续的战略选择以及经营原则的制定中，都以这个理念为出发点，这样的理念也得到了员工、社会、合作伙伴的广泛接受与认可。

3. 使命

聚焦客户关注的挑战和压力，提供有竞争力的通信解决方案与服务，持续为客户创造最大化价值。这是华为的使命。

正是因为有了这样的使命，并努力践行，华为才树立了良好的社会形象。所以使命就是担当，是企业存在的根本理由，也是企业制定战略、确定目标的依据。使命要回答的是：企业要在什么领域发展？企业存在的目的和意义是什么？企业要承担的责任和义务是什么？使命让我们真正感到了工作的意义——不仅是为了谋生，更是为了“创造历史”。

使命是一种高度，有了高度才能看到长远而不是只看眼前，看到的是光明而不再是风雨。使命的意义在于，给梦想找到合理的理由，给自己一种定力。一个公司如何找到使命？需要思考三点：给客户一个承诺，给员工一个舞台，给社会一个担当。

4. 愿景

企业愿景是对企业发展前景和发展方向的高度概括，是企业未来10—30年的远大目标及对目标的生动描述，是基于企业理念对未来的展望。企业愿景不只是企业老板的愿景，更是员工共同参与制定并充分讨论、达成共识的，是大家共同的梦想和美好蓝图。愿景也要回答两个问题：企业将来在社会当中的地位如何？未来的蓝图是什么样的？

5. 经营原则

原则就是立场。企业的使命、愿景不同，走的路也不一样，不同的路就是不同的战略选择，不管是哪种战略选择，都要用经营的原则来保障每一项经营活动不走偏。所谓原则就是“贯彻做人、做事、做企业的正确的准则”，是评判行为的标准，是行动的依据，是对经营行为的主动引导或约束。经营原则能及时检验、审视我们已经或即将付诸的行为，能帮我们纠正错误、抵御诱惑、坚定立场。

三鹿集团的战略很好，但是它没有遵循经营和做人做事的原则，导致在战略实施的过程中投机取巧、伤天害理，最终破产，这不是它的战略出了问题，而是它丧失了做人做事的基本原则。

稻盛和夫说得很清楚：

我们在思考一个企业的战略战术之前，更应该思考企业经营的原理和原则。

言外之意，原理和原则比战略和战术更重要。在原理和原则面前，战略和战术也仅仅是方法论。中国企业大多数都有自己的理念、使命、愿景，但是明确提出经营原则的却很少，这也是企业理念往往难以落地的重要原因。因为理念太虚，而管理制度又太具体，在这两者之间缺乏一座桥梁，而这座桥梁就是经营原则。通过经营原则，把企业的经营理念进行渗透，最后再体现在制度和行为中。缺乏明确经营原则有时会让企业经历挫折。

有个做传统消费品的企业，做了三十年，也经营得非常稳健，但是前几年企业经营者发现搞房地产更赚钱，于是投入资金进入房地产业，但是企业团队对这一块业务并不精通，最后项目失败，损失巨大，而且还因资金担保等原因陷入法律纠纷。后来企业在梳理经营原则的时候，公司董事长就给企业制定了第一条经营原则：永不涉足本行业以外的任何领域。

企业如何确立自己的经营原则呢？制定原则不能放之四海而皆准，比如团结就是力量、依法经营等，这些当然也没有错，但是企业经营原则要结合企业的自身情况，要有时效性。

一般来说制定企业经营原则时要结合以下五个方面考虑：① 企业曾经走过的弯路；② 企业值得传承的优良传统或曾经成功的经验；③ 企业未来发展要特别强调的东西，需要上升到原则层面的；④ 企业当下存在的不良现象，需要上升到原则层面予以纠正的；⑤ 对员工、合作伙伴等利益相关者的行为准则要求。

明确了经营哲学的基本框架，接下来就要对哲学框架里的具体内容进行梳理。梳理经营哲学的内容要避免为了梳理而梳理，草草地拼凑一些华丽而高大上的辞藻，但是空洞乏味，没有内涵，这样是无法转变为生产力的，这样的哲学只是用来挂在墙上或用来应对客户的。有些企业在会议室、走廊、前台都张贴了企业的理念、使命、愿景等，但是真的抽查员工的时候，发现很多员工根本说不出来，这种情况不在少数。那么在对经营哲学的内容进行梳理的过程中，应该注意哪些问题呢？通过实践总结，在此提出以下八点建议：

① 梳理经营哲学的过程就是统一大家思想的过程，所以不要急于形成最终的结果，过程比结果更重要。

常见误区：企业认为经营哲学和企业文化就是人力资源部门的事情，把哲学梳理作为一个任务交给人力资源部门，人力资源部门根据自己的理解弄了一个方案，提交给领导审批。

② 在梳理经营哲学的过程中，尽可能体现大家的集体思想，所以前期讨论允许大家发散思维，充分发表意见，避免一言堂，因为一言堂不利于后续形成哲学共有。

常见误区：在梳理经营哲学的过程中，企业领导先入为主，在大家还没有展开发表各自的意见时，就已经表达了自己的观点，反而限制了其他人的思维，因为大家都不好意思推翻企业领导的想法。这样的哲学思想往往只是企业领导个人的，不能代表众意。

③ 在梳理经营哲学的过程中，企业领导要敢于带头剖析自己，营造一种敞开心扉的交流氛围，在思想上碰撞出火花来。

常见误区：企业领导者往往不敢带头自我批判，最后大家都蜻蜓点水，最后把哲学梳理形式化。

④ 参加哲学梳理的人员建议是以核心管理层为主，部分中层可以选择性参加，讨论采取分组讨论，而且一般要经历 3—4 轮讨论，每一组要有一名核心高层领导带队组织。

常见误区：参加哲学梳理的人员过于单一和集中，讨论过程中意见不够发散，讨论不充分，影响哲学思想的全面性和深度。

⑤ 在梳理经营哲学的过程中，企业创始人和创业团队要多回忆企业一路走来的历程，多讲讲企业曾经辉煌或遭遇挫折的故事，以引起更多的共鸣。

常见误区：忽视了企业成长的心路历程，过分追求哲学的文字表述，而没有赋予文字内涵。

⑥ 分组讨论后要进行集中讨论，集中讨论时要结合各组讨论的结果，优先针对各组比较类似的部分进行研讨，形成共识。对于差异较大的部分，企业一把手在关键时刻要发出导向性的声音，避免一直发散达不成共识。

常见误区：哲学讨论过于民主，导致最终意见还是过于发散，很难达成共识。

⑦ 按照哲学框架要求逐条讨论，逐字逐句斟酌，尽量用简洁朴素的语言，不需要华丽的辞藻以及大话套话，确保最后都是大家共同认可的、想要的结果。

常见误区：哲学的梳理过于注重字面本身，语句描述过于复杂，也没有逐字逐句斟酌，造成内容空洞，有些经不起推敲或不够精准。

⑧ 为了让大家有统一的认识，将来传播不引起歧义，企业需要对哲学的每条内容进行解释说明，因为哲学内容都是高度精练、概括的，不同的人理解可能会不一样，所以释义非常有必要。

常见误区：只有哲学框架内容的高度性概括，但是没有针对每一条进行解释说明，导致大家站在不同的角度理解不一致，影响后续的哲学宣传贯彻、渗透和落地效果。

四、经营哲学的落地

上文阐述了经营哲学的定义以及经营哲学对企业的重要性，但很多企业都面临一个非常实际的问题，就是企业有了自己的哲学，哲学内容也非常完善，可就是很难落地。

曾经有项调查对日本和中国的企业经营理念进行对比，调查显示：95%的日本企业都有自己的经营理念，而中国企业中有自己经营理念的大概占50%；90%的日本企业都有明确的企业文化，中国企业的这个比例大概是25%；70%的日本企业都能理解自己的经营理念，中国企业的这个比例大概是10%；60%的日本企业能将经营理念渗透到企业的制度中，中国企业的这个比例大概是5%；45%的日本企业能将经营理念进行有效实践，中国企业的这个比例大概是3%；25%的日本企业能将经营理念转化为生产力，中国企业的这个比例大概是1%。

对于调查结果的准确性我们暂且不谈，但其至少反映了两个问题。第一个就是中国企业和日本企业对企业经营哲学的重视程度是不同的。第二个就是企业经营哲学从无到有，最后到能够在企业真正落地并产生效果，这一整个过程的达成率是逐步递减的，越往深做越难，说明经营哲学能真正落地实属不易。

企业经营哲学要落地，至少需要经历“从无到有—明文化—理解—渗透—实践—产生成果”这六个阶段。企业经营哲学不能落地的原因有很多，比如宣传力度不够，主要推动者的重视不够，中高层没有做到以身作则，没有价值观考核机制，哲学只代表了少数人的想法和利益，哲学太复杂、难懂、难记，等等，但核心原因莫过于在"从无到有—明文化—理解—渗透—实践—产生成果"这几个环节中出了问题。那么经营哲学到底如何才能更好落地呢？从实践的角度看，经营哲学落地体系建设至少要包括以下几个方面：组织系统、明文化系统、实施系统、保障系统、评估完善系统。

1. 组织系统

组织系统是专门负责经营哲学的构建、推进并落地的，组织系统的最高机构是经营哲学委员会，由企业一把手亲自担任委员会主任。经营哲学建设必须是一把手工程，经营哲学委员会的主要职责是负责哲学体系的提炼及推进过程的指导，经营哲学委员会下设具体办事机构并在哲学委员会的指导下，负责具体的组织、协调工作，这个办事机构一般是人力资源部门。

有些企业专门成立了企业文化部或幸福工作部，如果成立幸福工作部，则企业每个部门设置"幸福使者"，形成由经营哲学委员会领导、幸福工作部作为办事机构、各部门"幸福使者"作为员工代表共同参与的组织运作模式。幸福工作部每年制定《员工幸福年度工作计划》，围绕员工的幸福工作展开系列工作，主要内容涉及员工福利与员工保障、亲情氛围营造、员工能力成长、员工素养与思想教育。经营哲学的组织系统贯穿哲学从明文化到实施以及实施过程的保障系统和评估系统设计的全部过程，明确的组织系统是哲学落地的基本前提。

2. 明文化系统

何为明文化？就是通过框架内容将经营哲学内涵明确地展示出来，而不是仅仅在少数人的脑子里。明文化是经营哲学落地的前提，如果哲学本身都不明确，就谈不上落地了。关于经营哲学的框架内容上文已经有过描述，经营哲学框架形成以后，还有一个重要的环节是对经营哲学的每一条内容进行解释，便于员工理解并形成共识。关于哲学的解释最好能通过故事的形式，讲故事是最好的文化传承手段，大到讲中国故事，小到讲企业故事、人生故事。

经营哲学最终定稿后，要印制成《企业经营哲学手册》，发给所有员工，同时要自上而下，一层层进行解说和培训，并组织员工哲学座谈会，分享对哲学的理解，让大家从知道概念、了解内容，到最后能真正理解哲学的内涵。当然哲学重在实践，所以对哲学的深刻理解离不开对哲学锲而不舍的实践，做到知行合一。

3. 实施系统

明确了哲学框架后，接下来就是实施系统，实施系统的重点就是哲学实践和传播。

哲学实践的过程同时也是修炼的过程，包括个人修炼和集体修炼两个方面。通过个人修炼，不断提高“心性”，通过集体修炼，不断进行企业经营实践，把经营理念最终落实到经营数字上，不能体现在经营数字上的经营哲学都是空中楼阁。

（1）个人修炼

稻盛和夫的“六项精进”为我们个人修炼指明了方向。稻盛和夫认为，“六项精进”是搞好企业经营所必需的最基本条件，同时也是我们度过美好人生必须遵守的最基本条件。所谓“六项精进”指的是：① 付出不亚于任何人的努力；② 要谦虚，不要骄傲；③ 要每天反省；④ 活着，就要感谢；⑤ 积善行、思利他；⑥ 忘却感性的烦恼。稻盛和夫说：“如果我们每天都能持续实践这‘六项精进’，我们的人生必将更加美好，甚至超乎我们自己的想象。我自己的人生就是如此。”下面我们对稻盛和夫的“六项精进”进行简单解读。

付出不亚于任何人的努力

人人都想成功，都想有美好的人生，很多人想走捷径，但是走捷径往往不得善终。“行正道，目下迂远，然先行则早成。”所以成功最好的捷径就是付出不亚于任何人的努力，这是成功的人或成功的企业的基本前提。要想做到这一点，就要喜欢上自己的工作，选择它就要爱上它，只有爱上自己的工作，才会投入热情。创意的灵感只会光顾对工作投入十二分热情的人，所以付出不亚于任何人的努力是个人修炼的法门，就像禅宗的和尚和修道的修行者们一样，在刻苦修行的过程中整理自己的心绪，磨炼自己的心志，造就纯粹而优秀的人格。

要谦虚，不要骄傲

“谦受益、满招损”的道理大家都明白，谦虚是最重要的人格要素，也是我们孩童时代父母老师所谆谆教导的，但是人在取得一点成功时，往往会忘记这些基本的道理，开始自我膨胀、飘飘然，结果往往会栽大跟头。

对于企业领导人来说，谦虚的品格格外重要，一个没有谦虚品格的领导人，总认为自己的能力是最强的，他也会往这个方向去努力，结果他的确成为了企业能力最强的那个人，但他个人的能力就成了企业能力的天花板。反过来如果企业领导人有谦虚的心态，他就会认为下属的能力可能都比他强，搞财务他不如财务总监专业，搞人力资源他不如人力资源总监专业，搞研发他不如研发总监专业，他是这么想的，所以他就会下功夫去培养下属。最后也的确如他所想，下属的能力一个个都超越了他，这时企业的能力就由所有员工的共同能力决定了。所以做人也好，做企业也好，要时刻保持谦虚谨慎的心态。

要每天反省

“一日三省吾身”，一天结束以后，回顾这一天，进行自我反省是非常重要的。比如说，今天有没有让人感到不愉快？待人是否亲切？是否傲慢？有没有卑怯的举止？有没有自私的言行？回顾自己的一天，对照做人的准则，确认言行是否正确，以此抑制自己的邪恶之心，让良心占领思想阵地，这个过程就是“反省”。我们要最大化地规避人的恶性，弘扬人善性的一面，每日三省吾身，一旦发现有利己的一面、贪婪的一面，就要予以抑制，而对利他之心，要自我鼓励，让利他之心活跃起来，这样的过程要每天坚持。

在企业的环境下，我们每天都要算账，我们有两本账要算，一本账就是企业经营的账，算我们的投入和产出，以此找出改善的机会；还有一本账是提高心性的账，通过每天的反省总结，找到可以提升心性的机会点，持续改善，日积月累，不断磨炼自己的意志和灵魂，提升人格。

活着，就要感谢

人生在世，总在不经意之间就会得到别人的帮助，包括你的亲人、同事、朋友、社会，甚至是空气和水，我们每个人都在周围环境的支持下才能生存，所以每个人都要心存感恩。在企业环境下也要心存感恩，员工要感恩企业领导提供的工作机会和施展才华的平台，企业领导也要感恩员工的辛勤付出和创造的价值，没有员工的付出和创造的价值，就不可能有企业的发展。有句话叫“价值创造价值、爱创造爱”，只要人人都能心怀感恩之心，爱就会循环传递下去。

积善行、思利他

积善行并不是为了求得别人的回报，这不是真正的善行，真正的善行是不求回报，真心付出。但积善行也不是无原则地对别人好，不追求结果的善行就变成了纵容和溺爱。企业对员工也一样，无原则地对员工好，只会让员工成为温室里的花朵，经不起真正的大风大浪，即使他离开公司，换个工作，他的环境适应性都会比别人弱，而且会造成心态问题，从某种程度上看，这种无原则的善行是害了他。

在企业环境下，积善行、思利他如何理解和实践呢？最好的方式就是能换位思考，将心比心。做好自己的本职工作，不给下游客户添麻烦，这就是善行和利他，如果连本职工作都做不好，还推行善行、利他，只会成为一种形式。所以在企业环境下，善行和利他最终一定要转换为生产力，转化为员工和企业的成长。

忘却感性的烦恼

人是有感情的生物，所以感性在所难免。当我们遇到挫折和失败的时候，我们往往会抱怨自己的命不好，抱怨上天为何对自己不公平；当我们被领导批评时，我们往往会猜想这个领导是不是对自己有意见；当我们工作遇到阻力时，我们往往会抱怨公司给的支持不够；当我们有一件事情没有处理好，我们往往会怀疑自己的能力不行，等等。以上这些都是感性的烦恼，感性的烦恼往往就是从抱怨开始，同时伴随着假想和猜疑，过多的感性烦恼就像慢性腐蚀剂，会慢慢腐蚀掉我们的斗志，让人变得懦弱、自卑、多疑。如果在一个团队中有这样的人，那么他在腐蚀自己的同时，也在给团队带来负能量，就像“溃堤”的蚂蚁，会让一个团队轰然倒塌。

所以稻盛和夫认为，人要对过去的事进行深刻的反省，但不要因此在感性的层面上伤害自己，加重自己的心理负担。担心、烦恼、失败等，是人生的常事，发生的已经成为过去，覆水难收，所以总为已经过去的失败而悔恨，毫无意义。老是闷闷不乐会引起心病，接下来会引发身体的毛病，最终给自己的人生带来不幸。因此不要让已经过去的事再困扰自己，心里要装新的事情，提出新的想法，要把精力转移到新的行动上去，这样做就能开创人生的新局面。正如曾国藩所言：“未来不迎、当下不杂、过往不恋。”

上面讲了具体的以“六项精进”为核心的个人修炼方向和内容，具体的修炼形式是什么呢？除了个人自己采取的相关修炼举措外，企业可以结合自己的情况采取有效形式，进一步帮助员工进行个人修炼，比如每天的晨会分享学习、每月读书分享会、半年一次民主生活会、年度哲学报告会等。

（2）**集体修炼**

哲学的集体修炼就是把企业经营理念层层渗透，通过经营实践，最后把哲学体现在经营数字上。不能体现在经营数字上的哲学是空的哲学，那么哲学如何变成数字呢？如图2－5所示，首先把理念渗透到经营原则中，然后把经营原则再渗透到企业的经营管理制度中，根据企业经营管理制度再指导当下的经营活动，最后通过有效的经营活动创造价值，体现在公司的财务报表上。

通过经营理念打造核心价值观，通过经营原则培养思维方式，通过经营管理制

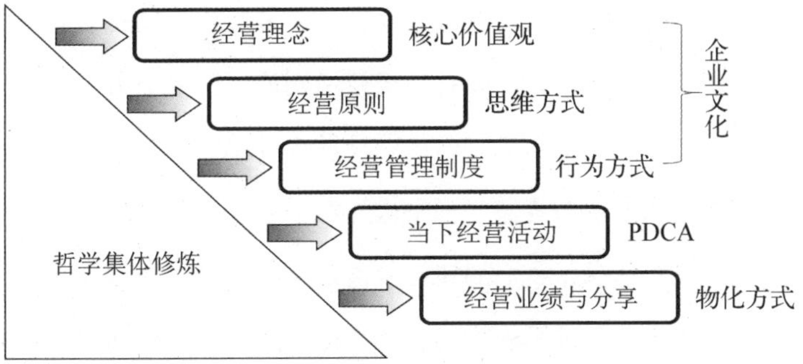

图2-5 哲学集体修炼

度规范行为方式，当核心价值观、思维方式以及行为方式逐步趋同的时候，企业的文化就逐步形成了。在企业文化的熏陶下，企业全员参与经营活动，以付出不亚于任何人的努力实现销售额的最大化和费用最小化，最终体现在经营会计数据中。

坚守经营原则

为什么需要经营原则呢？因为理念太虚，而制度又太具体，一个太虚，一个太实，两者往往很难融合和衔接，存在“两张皮”现象，所以在理念和制度之间需要加一座桥梁，这座桥梁就是经营原则。

企业在经营过程中经常会面临两难的选择。

早些年经济粗放式发展，那时很多企业更多地追求经济数量而牺牲了质量，不少企业都会遇到环保问题。当时国家和地方对环保的要求并没有像今天这样严格，很多企业都会偷排污染物，这肯定是不对的，甚至是违法的。如果你是一个有良知的企业，你就不能随大流，应该投入资金进行环保改造，但是如果投入资金进行环保改造，经营成本就上升，在价格战中企业的压力就会更大。偷排，不符合自己的良知，不偷排，企业经营压力更大，甚至会死去，那么到底何去何从呢？

类似于这样的困惑往往让企业进退两难，这时候企业经营的原则就显得更加重要。优秀的企业，一定是坚守自己经营原则的。比如华为，如果只考虑当下的收益，他们有很多赚钱的机会，比如早期投资深圳房地产，但是华为始终坚守本业，围绕通信领域做管道，正是这种对企业经营原则的执着坚守，才有了华为的今天。理念体现了我们的核心价值观，而对企业经营原则的坚守，日积月累就会形成大家共通的思维方式，再通过经营管理制度的执行，慢慢形成了共同的行为方式。

遵守管理制度

以经营原则为桥梁，理念会渗透到更多、更具体的经营管理制度中，正确的理念系统必须要有正确的制度系统做保障，才能形成正确的行为系统，其中一个非常重要的环节就是制度的执行。对于企业制度百分之百的执行是集体修炼的重要内容，制度出台之前可以充分讨论，听取多方意见，但是一旦出台，必须无条件执行，这样才能保证正确的结果。为什么部队中的很多行为是高度规范和统一的，就是因为部队对制度的执行是非常严格的，只有对制度强有力的执行，才会有统一的行为和良好的结果。

当下经营实践

当下的经营实践是集体修炼的道场，哲学理念从实践中来，也要回到实践中去。在以企业理念为指导并结合企业的实际经营活动不断强化、深化、固化理念的过程中才能形成共通的思维方式和行为方式。

企业经营活动是围绕 PDCA 循环展开的，PDCA 循环周期有长短之分，战略规划（Plan）、战略执行（Do）、战略检查（Check）、战略改善（Action）这样的 PDCA 循环属于大循环，循环周期一般是 3—5 年，也就是一个战略周期。针对年度经营计划的 PDCA 循环属于中循环，循环周期是 1 年，针对月度计划及以下的 PDCA 循环，属于微循环，循环周期是一个月，直至每一周和每一天。

人的价值观、思维方式和每一天的具体工作有什么关联呢？举个简单的例子，每天的工作要想高效，必须要有明确的目标和计划，也就是说一个企业的战略规划要逐层分解到年度计划、月度计划、周计划和日计划，这就涉及如何来确定这个计划值。阿米巴经营鼓励每个阿米巴组织以年度经营计划为基础，自主制定经营计划，那么这个计划到底怎么定才合适呢？

实际上在制定计划的过程中就可以看出不同的理念和思维。一种是制定计划时先想怎么给自己留好退路，就会定出非常保守的计划值，这种理念和思维实际上是利己的；另一种是始终给自己制定有挑战性的目标，通过有挑战性的目标来倒逼自己创造性地工作并为组织创造价值，在创造价值的同时实现个人快速成长，这种理念和思维就是利他的。如果企业通过一定的制度来引导和强化这种利他的理念和思维，思维方式就会慢慢渗透到行为方式，有了共通的价值观、思维方式和行为方式，企业文化就形成了。企业文化和企业经营活动相互依存，相互促进，有了良好的企业文化的氛围，同时结合企业科学、合理的经营体制，员工就更容易、更愿意做出业绩，企业要鼓励员工分享经营业绩背后的故事。

经营业绩与分享

集体修炼的最好方式就是实战。要把企业的哲学理念实现上下同欲，形成文化，转化为生产力，实战是唯一的途径。在实战的过程中磨炼人、识别人、培养人、淘汰人、沉淀人，最终要以业绩说话，业绩就是战斗成果。阿米巴对业绩的考量讲究彻底的成果主义加实力主义。企业经营没有成果，就难以维系长远发展，但也不能光看眼下的成果，要由果追因，努力的过程更加重要，人的能力和思维就是在这个过程中培养起来的。所以集体修炼就是要付出不亚于任何人的努力，在坚守公司经营原则和遵守制度的前提下，不断提升经营业绩，同时不断分享经营业绩背后的故事，也就是努力的过程。这个过程要结合核算系统来进行，通过核算系统不断发现问题、分析问题、解决问题，培养员工的能力和思维。

稻盛和夫创立的第一家企业京瓷公司就是每日坚持经营分享，只表扬不批评，每天分享业绩背后的所思所想，通过这种方式把哲学理念逐步物化，和每天的具体工作及行动联系起来。

集体修炼的核心目标就是要企业上下通过修炼，形成共通的价值观、思维方式和行为方式，而共通的价值观 * 共通的思维方式 * 共同的行为方式就是企业文化。一个企业最核心的竞争力，最终就是企业文化的竞争力，只有这个竞争力是对手几乎无法模仿的，因为它渗透在企业员工的脑子里、心里和血液里。

（3）**哲学传播**

企业经营哲学只有落地才能生根，没有落地的哲学只是口号，只有领导者的激情，没有响应者的行动，即使构建了完善的哲学体系，最终也是悬在空中。因此哲学思想必须要通过有效的方式进行传播，才能将理念转化为企业上下统一的认知和行动。哲学传播有几个关键动作：

传播主体修炼

企业中高层领导干部是哲学传播的主要发起人和中坚力量，是传播哲学的主体，他们的一言一行都要和企业哲学思想相符合，如果管理干部说的是一套，自己做的时候又是另外一套，这样的哲学不可能在企业落地。员工哲学思想的形成会经历从不信、半信半疑到深信不疑、信仰这样一个心理过程，在行为上也会经历从不动、心动到感动、行动的过程，这个过程是伴随哲学传播不断深化的过程，也是哲学实践经历“有——明文化——理解——渗透——实践——产生成果”这几个阶段不断深入的过程。哲学的传播过程和实践过程是相辅相成、互相促进的，在这个过程中，作为企业中高层管理者的实践行动和表现出来的姿态就至关重要，管理者必须深度理解哲学内涵、深度认同哲学思想、心无旁骛地实践哲学，知行合一，这样才能实现哲学在基层员工中的广泛传播。

传播仪式

在哲学传播的过程中，仪式感非常重要，仪式感让虚拟的、无形的文化得到可视化的展现，让文化变得真实和鲜活。稻盛和夫的哲学报告会就是传播稻盛哲学的一种仪式。企业内部进行哲学传播时可以设计仪式的环节很多，比如阿米巴巴长任命及宣示仪式、企业半年度哲学报告会、月度民主生活会、企业文化讲坛、月度最佳 QCDE（Quality——质量、Cost——成本、Delivery——交付、Engineering——工程技术）改善评选、年终总结及表彰大会等。每一种文化仪式的背后都体现着企业的信念，通过简洁朴实但又内涵深刻的仪式，员工能身临其境地体会到企业价值观的意义和力量，在情感上产生共鸣。

人心工程的打造

人心工程顾名思义就是围绕凝聚人心而采取的系列活动，是伴随哲学传播落地的重要举措。人心工程主要包括围绕员工关爱、员工成长、员工信任、正能量传递等展开的系列活动，一般以年度为单位，制定人心工程计划。

4. 保障系统

有正确的理念系统，没有相应的保障系统，理念系统终究会坍塌。在企业实际运作过程中，围绕哲学落地保障工作，可以从制度检查、价值观考核、先进案例激励引导三个方面入手，展开一些具体工作，如图 2-6 所示。

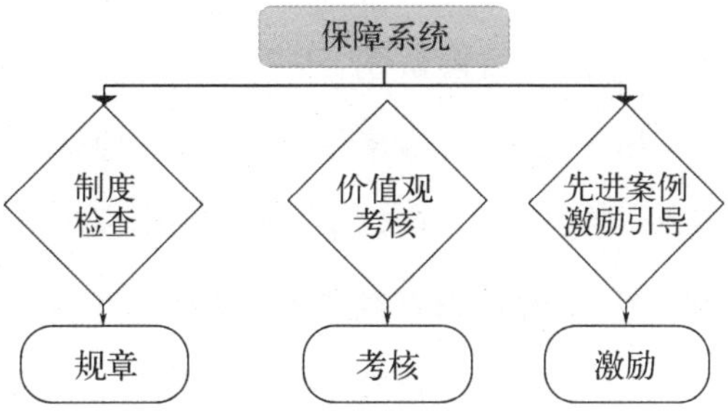

图 2-6　哲学保障系统

（1）制度检查

定期对企业相关制度进行检查，首先检查制度有没有得到有效执行，其次检查制度和企业哲学理念的相通性。只有通过检查，制度才能更好地得到执行，只有有效执行，才能暴露制度的缺陷，这样才能不断完善制度。现在很多企业制度出台后，不能得到有效地执行，更谈不上完善制度了，制度最后就成了摆设。

（2）价值观考核

价值观考核是实现哲学落地的有力方式，它考核的是员工在日常工作中所展现的态度、行为与企业价值观的符合程度，而价值观所期待的态度和行为是企业保证核心竞争力的重要文化基础。考核价值观的过程是全体员工对价值观的理解达成共识、激发员工对价值观真正认可和尊重的过程，最终促使全体员工在工作当中能始终如一地贯彻。价值观考核一般采取季度考核，和业绩考核并重。

（3）先进案例激励

有人把企业里的员工分为三类：自燃型、可燃型、不燃型。自燃型员工属于少数，属于不燃型的也是少数，绝大多数都是可燃型，要想办法通过少数自燃型的员工来带动绝大多数可燃型的员工。自燃型的员工往往在哲学实践过程中也会走在前面，更倾向于做为标杆，企业要及时宣传这些先进的标杆以及他们背后的故事，既是对先进者的肯定，也是对后进者的鞭策。

5. 评估完善系统

如果把企业比喻成一个人，企业经营哲学就相当于是人的思想，人的思想是要与时俱进的，所以企业经营哲学也不是一成不变的，需要不断改进、优化和发展。评估完善系统具体操作包括以下两个主要方面：

① 对经营哲学本身进行评估分析，并提出修改完善意见。

② 对哲学落地（实践成果）进行评估，发现哲学落地过程中的薄弱环节，

提出完善意见。

归根结底，企业经营哲学重在实践，要多在事上磨炼，任何把阿米巴经营当作工具和方法论的想法都是肤浅的。以前是企业领导一个人的哲学，现在通过企业阿米巴经营的实践，要把企业领导个人的哲学变成大家愿意共同去践行的集体的哲学，真正实现上下同欲，理念共通，也就是“哲学共有”。“哲学共有”既是阿米巴经营实践的起点，也是终点，它贯穿阿米巴经营实践的全过程，阿米巴经营实践的过程就是实现“哲学共有”的过程，这个过程需要信任、执着、坚韧、意志。

雷军说，只要站在风口上，猪也会飞起来。但是风口一过，猪一定会落到地上，因为它的基因就是只能在地上跑的猪，要想成为没有风口也能飞起来的雄鹰，就必须要改变自己的基因。企业经营也如此，要想改变基因，唯有从哲学共有开始，敢于自上而下进行自我变革，转变思维。

第三章

经营策略——心之路

有这样一道题：一个猎人带着一只狼，一个女人带着两个小女孩，一个男人带着两个小男孩，他们要渡船过河。猎人离开狼，狼会把所有的人吃掉，女人离开两个小女孩，男孩会打两个小女孩，男人离开两个小男孩，女人会打两个小男孩。

约束条件：1. 小孩没有驾驶船的能力。2. 此船只能坐两个人，而且回来的时候必须有一个人要驾驶船回来。

问题：他们如何全部安全过河，并且次数最少？

类似这样的游戏题很多，这是典型的策略游戏。不管什么类型的策略游戏，它们都有一些共同的特点：有明确的目标、存在竞争、有约束条件等。企业经营也有同样的特点，有明确的经营目标，存在竞争，而且资源（如人、财、物、时间、空间）都是有限的，在这样的约束条件下，企业如何面对竞争，有效组合资源，不断实现阶段性战略目标，从而取得长期可持续性发展呢？策略研究自然就是这个过程非常核心的内容。

什么是经营策略？经营策略是基于战略目标，制定有效举措并采取行动以实现战略目标的实践过程，包含市场策略、体制策略、要素配称策略和文化策略。不同的企业有不同的经营策略，企业只有经营策略得当，战略才能落地，只有时刻保持战略的敏感性和策略的有效性，才能可持续性发展，进而才能给员工带来信心，并提供给员工更多更大的发展空间和展示才华的舞台。

策略和战略到底有什么联系，又有什么区别呢？如表3-1所示。战略和策略既有区别又相互依存。策略之上是战略和经营理念，策略之下是行动任务，策略承上启下。理念讲的是“为什么做”，战略讲的是“选择性地做”，策略讲的是“如何做更好”，任务讲的是“具体做什么”。

表3-1　策略与战略的区别与联系

战　　略	策　　略
➢ 由董事会及经营核心高层团队制定 ➢ 重点看方向 ➢ 偏向方向性的把握 ➢ 战略需要策略支持，没有有效的策略，战略无法落地	➢ 由经营核心团队及各级管理团队制定 ➢ 重点看时机 ➢ 偏向具体的行动举措 ➢ 策略从属于战略，没有战略的指导，策略没有目标
➢ 战略需要做减法 ➢ 战略是在众多路径中选择最适合自己的	➢ 策略需要做加法 ➢ 策略是在选定路径下决定怎么干，最终实现目标
➢ 战略是一年以上的长远考虑 ➢ 战略简单而聚焦	➢ 策略是一年以下的短期考虑 ➢ 策略变化快且复杂

在讲策略之前，先要弄清楚以下几个基本概念，在此基础上，我们再来探讨如何制定企业的经营策略。

一、基本概念

1. 事业单元

事业单元是战略事业单元（Strategy Business Unit）的简称，是20世纪70年代由美国GM公司第八任总裁阿尔弗雷德·P. 斯隆提出的，它是以企业所服务的独立的产品、行业或市场为基础，由企业若干事业部或事业部内的若干部门共同服务的战略组织。要想清晰地描述出一个事业单元的概念，一般需要回答四个问题。

（1）谁是你的客户？

谁是你的客户？这个问题乍一听起来非常简单，哪有企业不知道自己客户是谁的，但真的要说清楚的时候，你会发现很多企业的客户定位并不清晰。一个小小的测试就可以看出企业对客户定位是否清晰。

你能在10秒钟以内脱口而出自己的目标客户是谁吗？

实验的结论是，绝大部分的企业要不说不出来，要不说出来的都是非常模糊的，甚至有些企业压根把客户和消费者的定义混淆。

有些做快消品的企业，自己不做零售，而是通过经销商网络批量销售产品。经销商就是其客户，而用其产品的人是消费者。终端消费者和经销商的需求不完全相同，终端消费者更关注产品本身的性价比、功能、美观、体验，而经销商除了产品的基本要求外，还关注经销政策、利润空间等，如果我们只关注经销商而忽视终端消费者，我们的产品最终将很难受到消费者青睐。

针对客户的描述，往往从客户的属性和需求特性两个维度来进行。假设客户就是终端消费者，那么客户属性可以从年龄、性别、学历、收入水平、家庭背景、区域等维度来描述。客户属性的描述要非常明确，不能模棱两可，年龄25至40岁之间，那就是明确这个年龄区间的人是我们的目标客户，这个年龄范围之外的人可能也会买我们的产品，但是从定位上来说，不是我们的首选目标客户。客户需求特性是客户对商品的价值趋向，分硬性的需求特性和软性的

需求特性两种类型。硬性的需求特性偏向于产品本身，比如价格、功能、品质、外观等；软性的需求特性偏向于在获取产品或使用产品过程中的情感体验，比如购物的便利性、环境、体验感等。

客户属性不同，需求特性就不一样。

一个做服装的企业，其目标客户的属性是：年龄35—55岁、女性、中低收入、中低文化水平……随着客户属性描述得越来越细，我们在脑海里就开始进行客户画像——一个典型的中低收入的家庭主妇形象。这样的目标客户她会更关注价格，然后会关注实用性、功能、耐用性，如果我们非要用时尚、购物体验去打动她，就会搞偏。反过来，如果这家企业的客户定位在年龄25—35岁、中高收入、受过高等教育的女性群体，我们在脑海里就会浮现出一个年轻的白领女性形象，她会更关注时尚、便利、购物体验。基于这样的客户定位，就要从这些方面去塑造独特价值。

所以要想把一个事业做好，明确客户属性和需求特性是基本前提。

（2）客户凭什么买你的东西？

这个问题的核心就是你能给客户创造的独特价值是什么？我们把这个独特的价值命名为价值特性，价值特性就是打动客户的本钱。

京东的价值特性就是四个字：多、快、好、省。“多”意味着品类全，品种多，客户选择余地大；“快”意味着响应速度快，发货快，退换货快，售后服务快；“好”意味着京东的产品品质好，不卖假货，服务也好；“省”意味着京东的产品价格实惠，为老百姓省钱。

价值特性可以分为表层价值特性和深层价值特性。

表层价值特性

表层价值特性就是客户通过产品或服务本身就可以直接感知到的，比如价格、包装、品质、外观、功能、服务及时性、产品多样化等，表层的价值特性最容易被同行模仿，而且也容易被客户忽略。

如何定位一个企业的产品或服务的表层价值特性呢？一般要从三个维度来同时考虑。第一维度是客户的需求，这是价值特性定位的出发点，脱离了客户需求去谈产品好与不好，没有意义，比如一个价格昂贵的LV包对一个买菜的阿姨来说就不如一个10元钱买的编织袋好用。第二个维度是竞争对手的劣势，再强大的竞争对手，一定有自己的劣势，就像武林高手都有自己的命门一样。第三个维度是企业自身的优势，企业有哪些资源或能力可以针对这些价值点比别人做得更好，所谓更好就是：“人无我有，人有我优。”综合这三个维度的价值定位最可能形成有效的区隔，有利于企业持续保持竞争优势。

深层价值特性

深层价值特性是客户通过产品本身感知不到的，但它又是支撑表层价值特性有效发挥作用的背后深层次的东西，比如研发能力、供应链能力、深度分销模式、体制环境、品牌、企业文化等。深层价值特性很难被同行模仿，也较难被顾客忽略。

比如京东的表层价值特性是“多、快、好、省”，关键是京东背后有强大的物流供应链系统、信息化系统、品类和品牌开发系统支撑，如果没有这样的系统能力支撑，“多、快、好、省”就很难持续，最后就变成一句空话。

在表层和深层价值特性中，表层价值特性是基础，它是企业深层价值特性

的外在体现。没有深层价值特性的打造，企业的竞争优势将难以维持。对于一个刚刚启动或成长前期的市场，企业间竞争并不激烈，大家都在各显神通，跑马圈地，这时如果谁能在表层价值特性上有一定的差异化，就可以领先竞争对手半步，取得市场先机。但是随着信息化的发展和行业成熟度的提升，行业中的企业逐步形成区隔，细分成第一阵营、第二阵营、第三阵营。行业排名前10名的企业基本都属于第一阵营，它们占据了市场65%以上的份额，大家旗鼓相当，正面交锋成为常态，竞争越来越趋向于同质化，所以企业很难形成有效的差异化，企业和企业之间逐步从产品和技术层面的竞争转向企业深层次的系统能力和核心经营要素的竞争，最后直至企业文化的竞争。这时的企业仅靠表层价值特性就很难保持竞争优势了，即使有，也会很快被别人模仿，所以企业就要更加注重表层价值特性之后的深层价值特性的打造，这样才能构筑起企业竞争的护城河。否则就表层谈表层，只能是表面文章，甚至是杀鸡取卵，得不偿失。

中国有个做快消品的实体连锁企业叫名创优品，名创优品抓住实体店关闭潮和网购信用危机，打造了实体店新业态，并基于全球思维，实现快速发展。名创优品的快速发展得益于企业领导人对商业本质的精准把握，其产品和服务做到了两个极致，一个是产品极致的好，产品都是国内外一流品牌，但价格低、颜值高、品质高、科技含量高。另外一个是购物体验极致的好，它的产品由日本设计，然后通过大量的达人试用，确定爆款。既然是爆款，就大批量给供应商下订单，它的供应商资源全是全球顶级的品牌代工厂，商品直采，通过国内和国际中转舱用自己的物流配送队伍向2 000余家门店进行配送，各门店通过互联网进行信息互通，确保没有滞销品。名创优品通过四年的时间，打造了一个知名的快消品品牌。

从价值特性的维度来看，名创优品的表层价值特性是有时尚感、高科技、高性价比、高颜值、购物环境好等，而支撑这些表层价值特性的是其深层价值特性，比如新品的快速更新、爆款设计模式、优质的供应商资源、强大的供应链能力等，如果没有这些系统能力和核心资源的支撑，即使打造了不错的价值特性，最终也难以持续。

（3）以什么样的方式提供给客户？

客户定位和价值特性定位都解决了，那么这样的价值特性怎么才能让客户感知到呢？这就是企业业态体系所要解决的问题。什么是业态体系呢？就是业务链各环节的业务运作模式的综合。业务链就是价值链，包括从市场需求、设计、采购、生产、入库到物流、销售、售后、回款这一整个过程。不同的企业在业务链各个环节的运作模式是不一样的，比如研发可以是自主研发，也可以是设计外包或联合开发，生产可以是自主生产或生产外包，销售可以是直销，也可以经销，可以是线上，也可以是线下，可以是 Q2Q、B2B、B2C、F2C、会员制，等等。所以业态是事业单元中涉及最广泛的内容，目标客户和价值特性更多是一种定位，一旦确定下来，企业更多的工作就是通过业务链各个环节把价值定位变成现实，所以业态体系也是打造价值特性的整个经营管理体系。

西班牙有个服装品牌叫 ZARA，主要做女装、男装、童装三大系列。比如女装，它把目标客户定位在 25—35 岁的时尚女性，针对这一群体的需求，ZARA 把价值特性定位为快、买得起、时尚。正是因为 ZARA 把这三个价值特性打造到了极致，它成为了全球第三大服装品牌公司。具体怎么打造呢？它在业务链各环节都紧紧围绕这三个价值特性采取了具体的举措和手段。比如在打造“快”这个价值特性方面，研发环节他们采取通用化设计节约研发时间，采购和生产提前介入研发以做好生产和物料准备，主要

的工序自己生产，其他辅助工序全部外包给400多家小型代工厂，物流配送采用真空传送管道等，所有这些都是为了打造“快”这个价值特性，通过价值特性来强化顾客的感知和认知，从而达到强化品牌定位的效果。

（4）帮助客户解决了什么痛点，能给客户带来什么爽点？

客户的痛点，简单地说，就是需求迫切、必须马上解决的问题，如果不解决，就会很痛苦。

比如，浑身红肿，瘙痒不止，是不是一个亟待解决的问题？针对这一痛点，抗过敏药开瑞坦打出这样的广告语：过敏一粒就舒坦！抗过敏，快用开瑞坦，30分钟起效。再比如，夏天热，容易上火，对于偏爱火锅的人来说，又想吃火锅又怕上火，是不是一个急需解决的问题？所以凉茶王老吉的经典广告语就是：怕上火，喝王老吉！

要做好一个事业单元，首先要做的就是发现客户痛点，在表层价值特性上予以解决。并告诉消费者，我能帮你解决这个问题。

光解决客户痛点还不够，痛点是刚性需求，基本需求，现在产品越来越丰富，消费者的选择余地越来越大，自我认知也越来越强，需求越来越从刚性需求趋向于软性需求。客户更关注情绪性和体验感，所以在深层价值特性的打造上，要侧重引导客户发现爽点的需求，爽点的需求往往持续的时间很长，会更加强化客户的黏性。

2. 事业单元生命周期

事业单元和人一样，是有生命周期的，它会经历从诞生到衰亡的过程，所有企业都是由多个事业单元构成，企业经营的对象就是经营事业，没有事业的存在，就没有企业，只要事业生生不息，企业就可以基业长青。事业单元的生命周期根据事业的成长性和收益性，一般可以分为孕育期、成长期、成熟期、衰退期四个阶段。

（1）**孕育期**

通过论证分析，一旦确定要做某个事业，则意味着一个新事业生命的孕育开始了。在这个阶段，首先要明确事业概念的四个问题：谁是你的客户？客户凭什么买你的东西？以什么样的方式提供给客户？帮助客户解决了什么痛点，能给客户带来什么爽点？这四个问题如果不能清晰定位，盲目上一个新事业是非常危险的。

在明确事业概念的基础上，企业会逐步加大费用投入，进行产品开发，在产品开发的过程中不断进行能力体系构建，包括从客户需求开始，到方案设计、样机制作、物料采购、批量生产、入库、发货等各个环节的硬件设施建设、流程体系建设和制度系统建设。如果企业之前已经有类似的硬件设施、流程体系和制度系统，那么要结合新事业的开发，重新进行优化和完善。如果硬件设施、流程体系和制度系统成熟了，就说明新事业的商品开发成熟了。商品开发成熟以后，就要试着往市场进行销售，在试销市场的过程中，再把和市场推广、和营销相关的各个环节的流程体系和制度系统建立起来，这时新事业逐步具备了批量生产的条件。在商品开发和市场营销体系建设都成熟的情况下，我们认为一个新事业已经孵化成熟，可以正式进入市场了，这时新事业就从成本中心转化为了利润中心。

孕育期的事业就像一个孩子的发育一样，它会不断长大，但是在其还没长大成人之前，不能指望它早早去赚钱，反过来还要不断投入，所以收益性几乎没有，甚至是负的。孕育期的事业往往靠的是智慧取胜。

（2）**成长期**

新事业进入市场以后就要接受市场的真正考验，相对于孕育期而言，在这个阶段新事业面临的不确定性增加了。在孕育期更多是通过计划驱动来做事，而在成长期更多是依靠市场倒逼来做事。在成长期，增长与速度至关重要。首先一定要确保业务增长，利用一切可以利用的资源实现业务增长的阶段性目标，并尽可能地缩短成长的时间，时间拉得越长，风险越大；其次通过业务增长来倒逼各个环节的流程体系的优化和制度系统建设，并对管理机能进行不断打磨，实现市场、营销、生产等核心业务的有效衔接；再次，逐步强化事业三要素之一的价值特性，强化客户对价值特性的认知。

判断一个事业是否处于成长期是看其收益性的增速是否逐年增加，如果每一年的增速都比上一年高，就说明这个事业处于一个良性的成长期阶段。实际情况是每一年之间可能有一定的波动，如果从整体趋势来看，收益的增长幅度是呈上升态势的，而且成长性也很好，也可以判定为成长期。成长期的事业往往靠速度取胜。

（3）成熟期

事业到达成熟期的时候，就到了生命的巅峰状态，事业的收益会维持在一个较高的水平，事业的市场竞争力会从表层的价值特性逐步往深层价值特性延伸，这时的事业往往会成为企业吃饭或赚钱的主营业务。企业会更倾向于内在的经营管理体系和核心能力体系的打造，目的是让这个事业可以在这种巅峰的状态维持更长的时间。同时在这个阶段可以考虑新事业的孵化，并且最好能利用处于成熟期的事业的关联要素。

判断一个事业是否处于成熟期，重要的标志是其收益还在继续增加，而增长幅度呈递减趋势。这时企业不会刻意追求成长性，会努力维持在一个稳定的市场份额，然后重点是保证并提升收益，这是在这个时期一种比较稳健的做法。处于成熟期的事业往往靠综合实力取胜，比如完善的经营管理体系、强有力的能力体系和良好的经营体制及经营要素等的综合。

（4）**衰退期**

任何事业最终都会步入衰退期直至终结，只是时间早一点或晚一点而已。事业进入衰退期的重要标志是事业的收益开始下降，出现了负增长，收益逐年递减直至为零。在事业步入衰退期之前，企业就要未雨绸缪，孵化新的事业，否则就会青黄不接。企业消亡是一个过程，本质上就是事业衔接不上造成的，老的事业已经萎缩，而新的事业还没有孵化，等老的事业消亡了，新的事业还没有成长起来，还不具备在市场上竞争的优势，入不敷出，最后企业就会现金流断裂，企业就消亡了。

3. 市场生命周期

首先我们探讨一下什么是市场？任何市场都有需求侧和供给侧，而且只有当需求和供给产生交集，才会有交易，这时才会存在市场。需求和供给的状态都会随时发生变化，所以它们两者的交集也会产生变化，这就是市场的不确定性。虽然市场具有不确定性，但是任何市场都是从无到有的，都会经历从诞生到成长，最后成熟直至消亡。

了解市场的基本概念后，我们来探讨市场生命周期的概念，市场和事业一样，也有生命周期，如图3－1所示，市场的生命周期可以分为诞生期、成长前期、成长后期、成熟期、衰退期。

（1）**诞生期**

任何市场的诞生都是由一批有胆识、魄力和智慧的企业从一个狭窄的细分市场开始的。新进入的企业在品牌定位上会占先机，它们注重创新并引领顾客需求，往往聚焦于单事业，这时的市场属于一片新大陆，很少有正面竞争，市场普及率不超过10%，市场盈利性很好。

（2）**成长前期**

随着市场的培育，慢慢有更多企业开始进入这个市场，新进入的企业又加速了市场的发展。这个阶段是市场发展最快速的阶段，企业之间有了正面竞

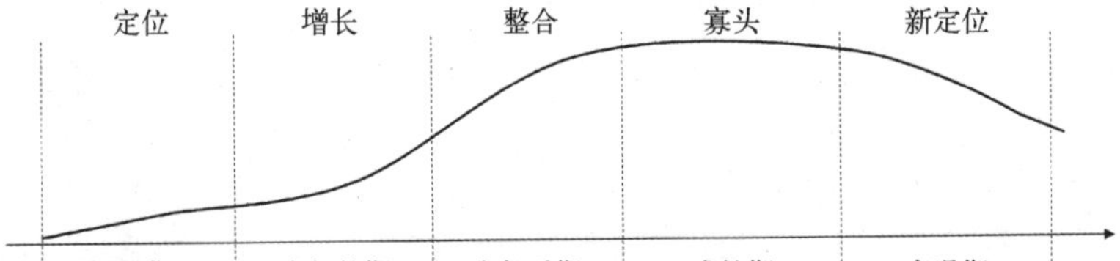

市场生命周期	诞生期	成长前期	成长后期	成熟期	衰退期
阶段特性	–品牌定位 –创造需求 –单一事业 –定位于狭窄的细分市场 –良好的盈利空间 –很少正面竞争 –市场普及率不到10%	–市场快速成长 –新进入者的比例逐年递增 –竞争加剧，体现在速度和差异化上 –开始扩展产品或客户范围 –盈利空间受到挤压 –市场普及率达到50%	–市场依然增长 –新进入者继续进入，但比例下降 –竞争加剧，产品逐渐同质化，客户对价格更加敏感 –进行关联多元化事业布局 –更关注核心能力打造 –盈利空间进一步压缩	–增速放缓 –少有新进入者，开始行业洗牌 –市场趋于集中，竞争格局已定 –典型的价格战 –企业更关注资源整合和组织能力建设 –市场普及率达到80% –关注特定的细分领域	–市场逐步萎缩 –老事业开始收缩 –多元化业务兴起 –竞争更趋于集中 –竞争更趋于企业深层次的体制和文化竞争 –行业领导者责任凸显，引领行业新技术 –关注新的某一特定的细分产品或客户

图 3－1 市场生命周期

争，但是市场还处于成长期，消费者的认知还在不断培育，所以企业更多是在速度和差异化上取得竞争主动权。这时企业除了原来的产品和顾客，开始通过产品延伸或顾客延伸进行市场扩充，这个阶段是企业成长的最佳时期，跑马圈地、逐鹿中原、先冲业务再做管理都是这个阶段的企业发展特点。市场普及率开始上升到 50%左右。

（3）**成长后期**

从市场的成长前期到市场的成长后期，一个重要的标志是市场增幅下降。所谓增幅下降就是虽然还有新的企业继续进入这个市场，参与竞争的企业总数在继续上升，但是新进入者数量的增速出现拐点，呈下降趋势。竞争更加激烈，价格成为敏感因素，消费者认知加强，知道自己想要什么，什么可以很容易买到。企业之间的竞争更依赖于企业整合资源的能力，有一部分企业开始进行业务关联多元化布局，从单个产品的竞争延伸到多事业结构的系统化的竞争。这个阶段，是企业打造核心能力的关键时期，没有核心能力支撑，很难维持企业的竞争优势，也很难为后续企业获得市场领导地位打下基础。

（4）**成熟期**

成熟期的重要标志是行业开始洗牌、市场普及率高、市场集中度高，整个市场增速明显放缓，市场增速开始低于国家 GDP 的增速。成熟期的市场一般很少有新企业进入，竞争集中度大大提高，行业排名前 10 名的企业的产值基本占到整个市场规模的 50%—70%，排名 10—30 名的企业的产值总共占市场规模的 20%左右，30 名以后的企业的产值总共占市场规模的 10%左右。成熟期的市场会面临残酷的行业洗牌，排名 10—30 名的企业将是最容易被洗牌出局的对象。

这个阶段企业竞争更加激烈，价格成为最敏感的因素，价格战是最普遍的竞争手段。价格战的背后比拼的是企业整合核心资源的能力以及企业组织能力，特别是体制和文化的竞争力。如果说产品的价格是冰山以上的部分，那体制和文化则是冰山以下看不到的部分，但却是企业最重要的竞争力，也是对手在短期内很难模仿的竞争力。

（5）**衰退期**

市场逐步萎缩，行业集中度进一步加强，企业中处于市场衰退期的老的事业也开始逐步收缩，有些企业为了寻找新的业务增长点，开始转向多元化，这类企业以行业寡头居多。这个阶段企业竞争更趋向于深层次的体制和文化的竞争，为了实现行业的健康可持续发展，行业领导者责任更加凸显，他们要通过自我批判和自我革新，在巩固自己行业领头地位的同时，引领行业新技术的发展，把不适合在这个行业的企业挤出这个行业，让他们去找更适合自己的领域，以此来优化行业的资源配置。

4. 用市场生命周期指导事业生命周期管理

了解了事业生命周期和市场生命周期的概念后，如何根据市场生命周期来有效地进行企业内部的事业生命周期的管理，这对企业有非常重要的现实意义。对事业生命周期的管理具体要注意以下三个方面的内容：

首先，在开发新事业的时候，要先研究市场，是开辟了一个全新的市场还是已有的市场，如果是已有的市场，目前的市场处于生命周期的哪个阶段。从理论上讲，事业生命周期阶段要领先于市场生命周期阶段，也就是说企业要有一定的预判能力，比如市场生命周期处于诞生期，而事业生命周期已经处于成长期，这时企业就可以更好地抓住市场机会领先发展，占据主动，这叫先知先觉型。相反，如果市场已经到了成熟期甚至是衰退期，这时才去孵化一个新事业就为时过晚，就相当于把一个小羊羔丢到一个狮子群里去参与竞争，这种情况就属于后知后觉型。

企业要尽量做到先知先觉。所谓“先知”就是要知道自己的“确定性”，在自己的“确定性”上不断积累，塑造或改变基因。“先觉”就是能够判断趋势，发现风口，把握好“不确定性”，如果企业能够以“确定性”把握好“不确定性”，就是先知先觉。

其次，企业要根据事业生命周期和市场生命周期的匹配情况进行必要的管理，灵活调整策略。对于事业生命周期先于市场生命周期的情况，比如市场刚刚诞生，事业就已经基本孵化成熟，市场进入快速成长期的时候，事业已经成熟并在市场上抢先一步占据主动，在这种情况下，企业要通过市场的快速发展获取比别人更大的收益。当市场进入成熟期的时候，企业要未雨绸缪，急流勇退，开始孵化其他新的事业，这样的经营思维比较超前，总能领先或引导市场。

企业要抓住市场机遇，精耕细作，通过软性的经营管理来优化和提升盈利水平和技术，持续保持优势。如果是事业生命周期慢于市场生命周期的状态，而企业一定要参与竞争，这时按部就班地做事就很难赶超对手，必须要借助外力，比如资本的力量来快速拉升自己的行业地位。总之针对不同的情形，企业要通过策略的调整和资源的配称来获取对企业最有利的竞争态势。

最后，市场生命周期和事业生命周期是一个相互影响互相促进的过程，没有事业的更新迭代，就没有市场的欣欣向荣。事业的发展会促进并加速市场的发展，反过来市场的发展也会影响企业对事业发展作出的调整和决策。明白了这个道理，企业在进行事业生命周期管理的时候，一定要以市场为导向，并充分体现经营者的意志，适时进行策略的调整和资源的配称，并结合新事业的孵化和事业结构的调整，不断优化事业生命周期。

二、策略制定“六步法”

那么企业到底应该如何来制定策略呢？“向心力”系统经营实学从企业实战的角度，总结出来一套便于操作而且易于落地的企业经营策略制定的系统方法，简称为策略制定“六步法”，这六步分别是了解现状、事业单元梳理、单事业定位、多事业布局、运营配称、新事业规划。

1. 步骤一：了解现状

在企业制定策略之前，最好能对当前的现状有一个清晰的认识。为了有效地分析自己，企业可以通过六个相对宏观的问题和七个相对微观的问题来启发思考，这些问题都涉及前面讲的关于策略的一些基本概念，对以上这些概念的了解并掌握非常有必要。

（1）六个宏观问题

① 企业是否有完善的事业布局？如有，是如何进行事业单元功能定位的？哪些是吃饭的事业单元，哪些是赚钱的事业单元，哪些是发展的事业单元，哪些是将要淘汰的事业单元？

② 当下各个事业单元分别处于什么样的市场水准？是处于诞生期，成长期？还是成熟期、衰退期？当下事业处于什么生命周期状态？（根据成长性和收益性综合评估）如果事业生命周期相对于市场生命周期比较超前，如何通过

顾客、业态、价值特性的调整来延长生命，继续在市场上占领先机？如果比较滞后，如何尽快提升产品开发、市场营销体系以及经营管理体系的成熟度，以增强实力，在市场上分得一杯羹？

③ 事业单元所属行业的市场生命周期状态，目前处于诞生期、成长前期、成长后期、成熟期、衰退期的哪个阶段？竞争特点是什么，如何应对？采用游击战，侧翼战，进攻战还是防御战？如果是成熟期和衰退期，价格战将不可避免，在应对价格战的同时，我们计划如何寻找新的潜在市场？

④ 结合事业生命周期和市场生命周期，企业要在哪些竞争力方面发力？竞争是偏向于产品本身，还是偏向于企业体制和文化的竞争？如何发力？需要哪些核心资源和能力？

⑤ 根据市场生命周期和事业生命周期状态，企业应采取的市场策略是什么？是基于本事业和本市场精耕细作？还是通过业务延伸，构建关联多元化业务布局，扩大市场？

⑥ 企业处于什么样的产业链？是否清晰？是否明确自己的产业定位？有没有产业链延伸的机会？如何延伸？

（2）七个微观问题

① 各事业单元的功能定位是否合理？哪些是吃饭的,哪些是赚钱的,哪些是发展的,哪些是淘汰的？关联性如何？

② 各事业单元的发展目标清晰吗？有没有具体的定量目标和定性方针？

③ 各事业单元的生命周期状态和对应的市场生命周期状态是什么？事业生命周期和市场生命周期匹配性如何？“延长生命”或“快速长大”从哪入手？

④ 各事业单元是否有精准独特的客户和价值特性定位？和竞争对手有何差异？有没有作好充分的竞争分析？

⑤ 价值特性是如何打造出来的？在业务链的各个环节采取了哪些关键手段？有明确的实施计划和复盘机制吗？

⑥ 各事业单元的市场策略如何展开？根据不同的市场生命周期状态，是否有针对性的市场策略？是精耕细作，还是进行市场延伸，关联多元化业务？分别需要什么样的体制和政策配套？

⑦ 结合市场生命周期状态，各事业单元要打造的核心竞争力是什么？需要哪些核心资源与能力？企业缺什么？如何培养和获取？

以上问题是围绕策略梳理时需要考虑的重要方面设计的，目的是通过分析问题，帮助企业建立策略思考的系统框架。

2. 步骤二：事业单元梳理

为什么要进行事业单元梳理呢？在物品匮乏的时代，有好产品就有好市场，但是在今天物质极度丰富的互联网时代，消费者的消费水平和认知水平不断升级，光有一个我们自认为好的产品已经远远不够了，必须要把消费者的需求研究透彻，同时把竞争对手研究透彻，才能打造差异化，并通过有效的业态变革来向消费者传递这样的差异化，所以今天的企业必须要从传统的产品思维升级到事业单元的系统思维。企业卖的不是产品，而是事业单元，企业经营策略的制定就是紧紧围绕事业单元来展开的，梳理事业单元应该遵循以下原则。

（1）不要把事业单元职能化

在进行事业单元梳理的时候，不要把事业单元和职能部门混淆，事业单元只是一个概念，在企业的组织结构图中并不存在。如图 3－2 所示，我们在组织结构图中看到的都是营销、生产、研发、供应链等职能部门，事实上职能部门背后有若干条隐含的事业线条，它们虽然没有出现在组织结构图中，但是企业中各职能部门都要

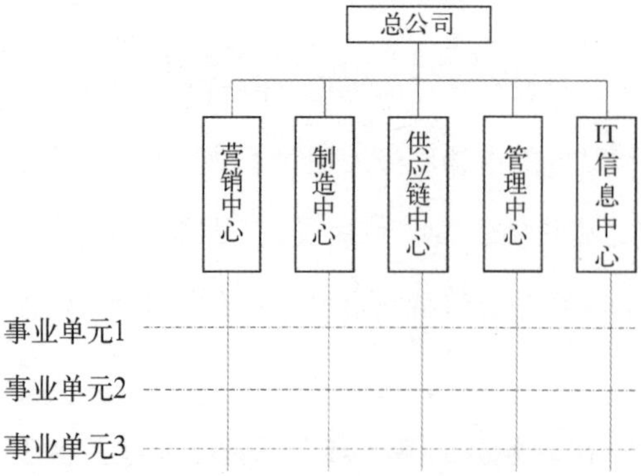

图 3－2　事业线与职能线

围绕着它们来运作，脱离了事业，职能部门就没有存在的价值。

了解事业单元和职能部门的区别，对做好年度经营计划也非常有益，我们很多企业每年第四季度初就开始制定下一年的年度经营计划，但是真正能把年度经营计划做好并发挥作用的企业非常少。为什么会出现这样的现象呢？

核心原因是我们做年度经营计划的思维和逻辑有问题。很多企业做年度计划时，企业和管理层往往会就目标进行博弈，企业说应该要完成这个目标，管理层就认为这个目标完成不了，然后会找很多理由来说明为什么完成不了，僵持到最后，只能各自退让一步。一个折中的目标确定以后，营销开始做营销的年度计划，生产开始做生产的年度计划，研发开始做研发的年度计划，各个职能部门做好了各自的计划，然后一汇总就成为公司的年度计划。按照这样的方式做出来的计划往往缺乏整体性和策略思考，各个计划整合到一起，甚至相互之间会有矛盾，所以年度计划往往就成为了目标分解和做财务预算的工具。

真正的年度经营计划并不是以职能为主线，而是以事业单元为主线条，把公司总体的战略目标和当下的现状进行对比分析，找到现状和战略目标的差距，然后把差距转化为公司总体工作目标，并分解到每一个事业单元的目标，同时根据公司的总体经营方针，分别制定各个事业单元的经营方针。这样在各个事业单元的经营目标和经营方针的指导下，针对各个事业单元再展开环境分析，明确市场怎么做、顾客如何定位、如何打造差异化、如何调整业务模式、公司体制政策如何配套等，梳理出相应的策略。然后再看这些策略分别需要营销、生产、研发和管理部门去如何落实和协同，最后通过事业主线，把所有职能部门的年度工作全部衔接起来。

在以事业单元为核心的年度计划的制定过程中，最核心的工作就是研究各个事业单元的策略，策略研究清晰了，目标自然而然就清晰了，就不会有更多的讨价还价。在制定年度经营计划时，目标不能讨价还价，但是针对完成目标所需要的资源可以讨价还价。

（2）围绕事业三个核心要素的多维度思考

任何事业要想成功，必须要抓住商业的本质，商业的本质就是发现需求、创造价值、满足需求。要想发现需求，就要找准目标客户；要想创造价值，就要进行客户价值定位；要想满足需求，就要通过业态体系来夯实客户价值定位。所以任何事业单元都必须紧紧围绕目标客户、业态、价值特性三个核心要素来展开。

这三个核心要素不是一成不变的，随着市场的发展、消费者需求的升级、竞争环境的变化、事业本身的发展壮大，企业为了更好地服务客户，保证稳定的市场份额，甚至寻求新的业务增长空间，就会依托原有的事业，从目标客户、业态、价值特性三要素上进行延伸，这样往往就会带来事业单元的裂变。企业往往都是从一个单一的事业单元开始起家的，后来随着事业单元不断裂变，企业规模也越做越大。

有个做传统百货的企业，原先一直通过线下实体连锁的方式经营，后来传统实体百货的竞争变得非常激烈，而互联网的兴起又改变了很多人的消费习惯，电商逐步成为一种新趋势，而且跨界打劫时有发生，企业为了稳定业务，除了线下的实体店，还专门成立了一个电商团队进行线上销售。虽然卖的还是那些产品，还是卖给那些目标顾客，但是因为业态产生了从线下到线上的变革，所以就衍生出来一个新的电商事业单元。除此之外，后来企业又专门成立了团购部，团购的主要顾客群体是当地的学校、企业、事业单位，这些单位都有很大的日用品需求，企业的业务就从实体店的“坐商”延伸到走出去营销的“行商”。由于以前实体店的顾客是C端的个体消费者，而团购的目标顾客是B端的企事业单位和学校，顾客定位不同，

他们的需求也就不同，所以相当于对顾客进行了重新开发，就又衍生出一个团购事业单元，大大地拓宽了实体零售的物理空间。

企业通过多年的经营积累了很多忠实的顾客群体，除了卖给他们商品之外，是否还可以向他们卖会员卡呢？卖会员卡不但可以实现提前销售，而且可以很好地解决企业的现金流问题，于是又专门成立一个会员卡团队，专门进行会员卡的业务拓展。虽然会员卡的目标客户还是原来的顾客群体，他们还是用会员卡来进行线上或线下消费，业态也没变，但是价值特性产生了变化。原来的价值特性就是商品本身的价值特性，而会员卡的价值特性除了商品本身的价值之外，还延伸到了消费体验和情感的层面。因为买了会员卡就能享受优惠和针对会员的尊享服务，同时会员卡根据节日、重要事件等进行主题设计，让消费者有了除商品之外的情感体验，所以会员卡事业又成为了一个新的事业单元。

通过以上这个分别从目标客户、业态、价值特性三个维度延伸产生事业裂变的例子，可以看出正是因为有了事业单元的不断裂变，一个企业才能越做越大，越做越强。

（3）锁定目标客户，少就是多

对于事业单元，最重要的是要锁定目标客户，只有锁定真正的目标客户，才能确定真正的战场。在客户定位方面，企业普遍的思维是倾向于做加法，就是希望这个也是我的客户，那个也是我的客户，生怕漏掉。但是不同客户的需求不同，这个需求也要满足，那个需求也要满足，最后产品就没有特色，结果就是谁都不是你的客户。

在广东有个做五金加工的企业，以前有近五十家客户，每一家客户的采购金额都不大，而且发货后经常收不到钱，企业的现金流吃紧。如果不和这些企业合作，就没有订单，就无法养活员工，但是继续接单又面临资金链断裂的风险，企业领导人陷入两难境地。一个偶然的机会，企业领导人了解到企业管理中有一个“鲫鱼效应”的说法：海里有一种鱼叫鲫鱼，这种鱼自己游不快，但又想吃到更多的食物，于是它们经常吸附在鲨鱼的身上，跟着鲨鱼到食物丰富的地方进行捕食，吃饱后再吸到鲨鱼的身上。这个“鲫鱼效应”给了企业领导人启发，为什么一定要做那么多客户呢？自己就是一条鲫鱼，为什么不寻找可以吸附的大鲨鱼呢？于是企业对原有的客户进行梳理，主动放弃了信誉度不好，付款条件苛刻的企业，只留下10余家客户继续合作。然后锁定三家国际通信设备大公司，用了五年的时间，成功成为这三家大公司的合格供应商，而且通过优秀的品质保证和及时交付，逐步成为了主力供方，产生的直接效果是企业的销售额逐年翻番，整个企业的经营管理水平在这些一流企业的高标准和高要求下，有了质的飞跃。当然，其间企业付出的艰辛和努力也不言而喻。

在客户定位方面，企业要学会做减法，找准细分市场，聚焦目标客户群体。在选择目标客户的过程中，要围绕客户需求和客户价值两个维度来进行目标客户的选择。客户需求有强有弱，客户对企业品牌的价值度认可有高有低，根据需求强弱和认可度高低的不同组合，可以把客户分为四大类群体，如图3－3所示。

第一类是核心客户群体，这类客户有强烈需求，同时又认可我们提供的客户价值，是首选的目标客户；第二类是可影响客户群体，这类客户有强烈需

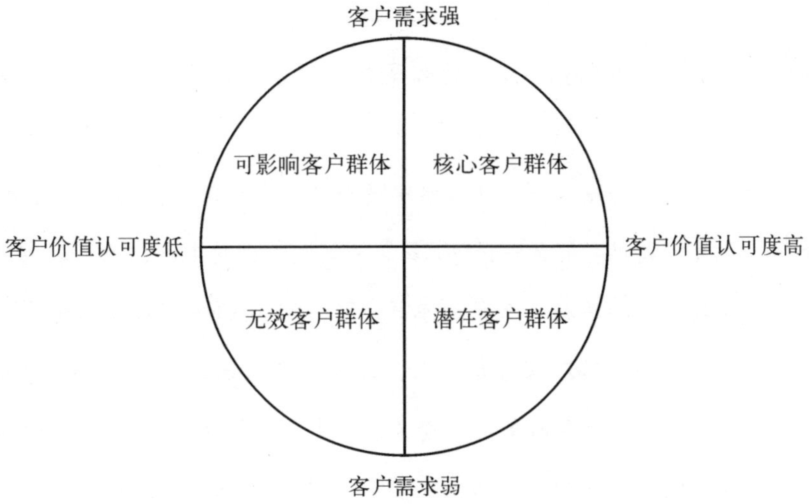

图3-3 客户分类

求，但是还不是非常认可我们提供的价值，需要通过改变策略来强化客户的认知；第三类是潜在客户群体，这类客户非常认可我们提供的客户价值，但是眼下需求不是非常强烈，一旦客户需求产生，第一个就会想到我们；第四类是无效客户群体，这类客户既无需求又不认可我们提供的客户价值，不属于我们关注的对象。对于企业来说，首先要做的就是聚焦核心客户群体，围绕核心客户精准塑造客户价值。

锁定了目标客户后，具体应如何来描述客户呢？对于客户的具体描述要通过客户属性来描述，客户属性往往不是单一的，要通过多个属性才能把一个客户立体化、清晰化地描述出来，描述客户属性的过程就相当于给客户画像，随着属性的不断叠加，这个画像逐步由模糊到清晰。

假如我们是一个卖去头屑洗发水的企业，要想把去头屑洗发水这个事业做好，就需要明确目标客户。首先可以肯定的是，目标客户一定是有头

皮屑的人，那么是不是有头皮屑的都是我们的客户呢？我们还要进一步分析，假如他是个正在解决温饱问题的人，饭都吃不饱，他会非常在乎头皮屑吗？于是我们就会增加一个收入水平的属性：中高层收入的多头皮屑者。这是第一个客户属性。假如他是70多岁或更大年纪的老人，他会在意头皮屑吗？于是我们会再增加一个年龄属性：25—50岁的中高层收入的多头皮屑者。假如他是一个不注意形象的人，他会在意自己的头皮屑吗？于是我们又增加一个属性：注重形象的、爱美的、25—50岁的中高层收入的多头皮屑者。那么假如他长期多头屑，而且久治不愈，他会寄希望于一款洗发水吗？他可能死心了，也习惯了。于是我们又增加一个属性：刚刚开始被轻度的头皮屑问题困扰的、注意形象的、爱美的、25—50岁的中高层收入的多头皮屑者。最后通过收入、年龄、形象关注度、认知程度等不同属性的叠加，在我们的脑海中就会形成一个清晰的客户画像。

锁定目标客户就是找准自己的主战场，就好比钓鱼之前先要选好一个区域，但是区域选好了，也不一定就能钓到鱼，因为在同样区域钓鱼的不止你一个，鱼为什么会上你的钩呢？所以锁定好目标客户后，接着就要深入研究客户的需求特性，把握好客户需求特性后，接下来就是要研究能给客户提供的独特价值是什么？通俗一点来说就是你的独特卖点。总结起来就是一句话：聚焦目标客户，打造独特价值，少就是多。

3. 步骤三：事业单元定位

不管企业有几个事业单元，把每个事业单元定位好是制定企业经营策略的基本前提。定位的核心是让品牌在顾客心中显得与众不同，而品牌是靠品类来支撑的，只有通过单品类聚焦，把品类做强，才能真正实现消费者对公司品牌的认知和认可。

品类定位核心就是研究事业单元的定位，而事业单元的定位就是围绕事业单元的目标客户定位、客户价值定位、打造客户价值的业态体系这三个核心命题，立足竞争，从环境分析、消费者诉求、领导者意志、企业自身优势、竞争对手劣势、资源能力支撑这六大要素系统展开，目的是要打造差异化竞争优势，如图 3－4 所示。

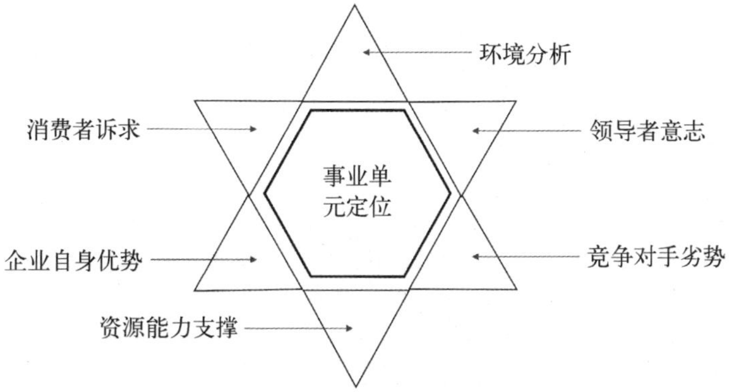

图 3－4　事业单元定位六要素模型

我们把事业单元定位要考虑的六个要素的组合称为“事业单元定位六要素模型”，下面按照“事业单元定位六要素模型”对这些要素逐一展开分析。

（1）环境分析

事业定位的前提是要做好环境分析，环境分析由外到内、由宏观到微观，具体展开包括宏观环境分析、产业环境分析、竞争环境分析、内部环境分析和 SWOT 综合分析。

宏观环境分析

宏观环境又称一般环境，是指一切影响行业和企业的宏观因素。目的是为了考察和预测这个环境中的因素将对行业和企业产生的影响，从中发现企业未来的机会和威胁，以便制定战略去捕捉机会且避开威胁，实现企业所期望的目标。

宏观环境因素的分析，不同行业和企业根据自身特点和经营需要，分析的具体内容会有所差异，但一般都从政治（Politics）、经济（Economic）、社会（Society）和技术（Technology）这四大类影响企业的主要外部环境因素进行分析，如图3-5所示，称之为PEST分析法。根据不同行业或不同的分析目的，可以在PEST分析的基础上作进一步的扩展。

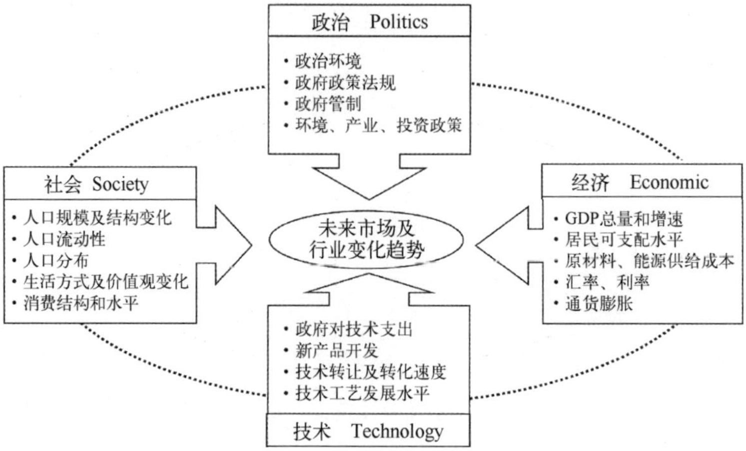

图3-5 宏观环境分析

企业在做PEST分析时要注意以下几点：首先，PEST分析的信息收集是基于平时的积累，需要很强的意识和长期地坚持，内容包括政府工作报告、行业协会的数据、专业论坛的观点、法律法规的变动等；其次，分析要抓住重点，明确分析范围，不要面面俱到，对于企业影响较大的某一项或者几项，要作深入分析，其他则一带而过，所以应该判断重点在那里；再次，基于事实的分析是前提基础，但是也离不开一定程度的预测，这就需要具有辨别变化趋势的能力和洞察力；最后，PEST针对的是宏观环境，但不是每一个策略都需要宏观环境的分析，做不好就成了花架子，所以不要为了分析而分析，尽量避免假、大、空。

下面以某酒店集团的宏观环境分析为例，如图 3－6 所示，重点从政策环境、经济环境、社会环境和技术环境四个方面展开，通过宏观环境的分析，把握企业可能面临的机遇和挑战。

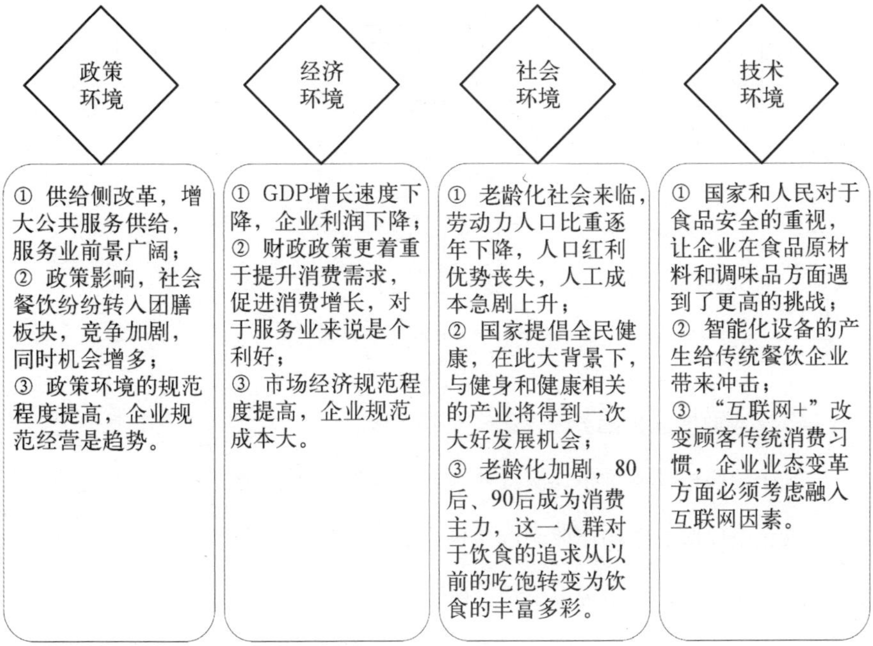

图 3－6　某酒店集团宏观环境分析

产业环境分析

产业是由一群生产相近替代产品（用途相同或相近）的公司组成，迈克尔·波特认为一个产业内的竞争态势取决于五种基本竞争力量，这五种基本竞争力量分别是：潜在进入者的威胁、替代品的威胁、买方的议价能力、供应商的议价能力以及行业内现有竞争者的竞争，简称“波特五力模型”如图 3－7 所示。产业环境分析的目的是通过这五种力量的分析，识别产业结构中的机会和威胁，评价产业吸引力，理解产业结构改变将如何影响该产业的最终利润潜力，从而便于企业做出正确决策。

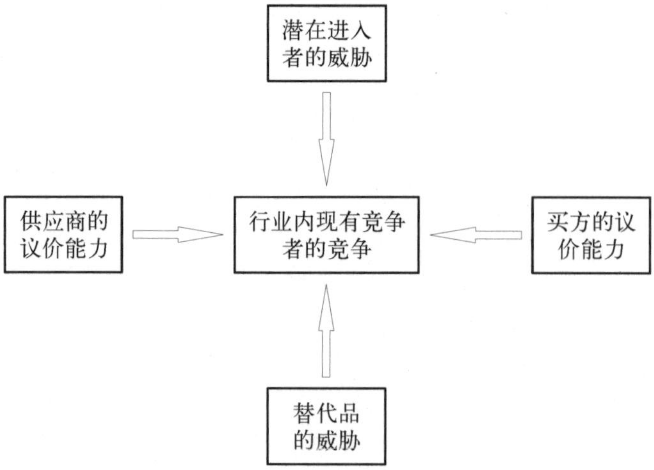

图 3-7 波特五力模型

供应商的议价能力

供方往往通过提高价格、降低质量、调整服务手段向产业链下游企业施加压力，以此来榨取更多的产业利润。供应商议价能力强弱取决于买主企业对其依赖性。具体来说，当出现以下情况时，供方对于买主的潜在的讨价还价能力就大大增强：供方所提供的产品或服务的价值占买主产品总成本的较大比例，对买主产品的生产过程非常重要，严重影响买主产品的质量；供方的行业市场地位稳固，不受市场激烈竞争困扰；供方产品的买主很多；供方的产品具有一定特色，以至买主难以转换或转换成本太高；买主很难找到可与供方企业产品相竞争的替代品。这里需要注意的是供应商议价能力分析不是针对某一具体供应商的分析，而是针对产业链上游供应商群体的分析。

买方的议价能力

买方包括客户和用户，他们通过降低卖方价格、要求卖方提供较高质量的产品或服务而同该产业内的卖方企业讨价还价，使得产业内的卖方企业相互竞争，从而导致产业利润下降。买方讨价还价能力强弱取决于买方对卖方企业和卖方企业对买方的双重依赖性，当出现以下情况时，买方的议价能力就增强：购买者的总数较少，而每个购买者的购买量较大，从而占了卖方销售量的很大比例；卖方由大量相对来说规模较小的企业组成；购买者所购买的基本上是一种标准化产品，可同时向多个卖主购买产品，而且在经济上也完全可行等等。所有这些情况都会形成买方相对强势。

潜在进入者的威胁

潜在进入者在给行业带来新生产能力、新资源的同时，也希望在已被现有企业瓜分完毕的市场中赢得一席之地，这就有可能会与现有企业产生原材料与市场份额的竞争，最终导致行业中现有的企业盈利水平降低，严重的话还有可能危及这些企业的生存。潜在进入者的威胁大小取决于两个因素：进入障碍和原有企业的报复。

进入障碍包括规模经济、产品差别化、转移成本、资本需求、销售渠道、与规模经济无关的成本优势。原有企业的报复，即反击力度，属于下列情况时反击力度会较大：有报复的历史，有充裕的资源条件，产业发展缓慢，以及深度陷入该产业无法退出等。

替代品的威胁

两个处于不同行业的企业，能够提供满足同一用户同一种需求的不同产品，则彼此形成替代，从而在它们之间产生相互竞争行为。这种源自替代品的竞争会以各种形式影响行业中现有企业的竞争态势：第一，现有企业的产品售价以及获利潜力将因为存在着能被用户方便接受的替代品而受到限制；第二，由于替代品生产者的侵入，使得现有企业必须通过提高产品质量或者降低成本来降低售价或者使其产品具有特色，否则其销量与利润增长的目标就有可能受挫；第三，源自替代品生产者的竞争，其强度会受到产品用户转换成本高低的影响，用户转换成本高，源自替代品的竞争强度就小，反之就大。

总之，替代品价格越低、质量越好，用户转换成本越低，其所能产生的竞争压力就强，而这种来自替代品生产者的竞争压力的强度，可以具体通过考察替代品销售增长率和替代品厂家的生产能力、盈利性、扩张情况等来加以描述。

● 行业内现有竞争者的竞争

大部分行业中的企业，其利益都是紧密联系在一起的，作为企业整体战略的一部分，各企业的竞争战略都旨在让自己的企业获得相对于竞争对手的优势。所以在实施中就必然会产生冲突与对抗，这些冲突与对抗就构成了现有企业之间的竞争。现有企业之间的竞争常常表现在价格、广告、产品介绍、售后服务等方面，其竞争强度与许多因素有关，而且随着行业成熟度的提升，企业之间的竞争更趋于从价格、品质这些表象往企业的内核延伸，最后会集中体现在企业的核心能力、资源、品牌、人才和文化上。

竞争环境分析

竞争环境分析的对象是竞争对手，对竞争对手进行分析的目的就是为了找出本企业与竞争对手相比存在的优势和劣势，以及竞争对手给本企业带来的机遇和威胁，从而为企业制定战略提供有效依据。在整理竞争对手的信息时，重点要把握好分析的针对性，善于剔除无用的信息，不要面面俱到。对竞争对手进行研究分析的重点包括以下几个方面：

① 竞争对手的市场占有率及市场分布分析：市场占有率一般用企业的销量占市场的总体容量的比例来表示，市场分布用区域市场的销量占总销量的比例来表示。

② 竞争对手的财务状况分析：主要包括盈利水平和赢利能力分析、成长性分析、成本分析、资产负债情况分析、投融资动向分析等。

③ 竞争对手的运营效率分析：产能利用率和库存周转率是衡量运营效率的重要指标，尤其对于制造企业来说，它直接关系到企业生产成本的控制能力。

④ 竞争对手的创新能力分析：重点对竞争对手学习、转化和创新的分析，

比如新产品的研究方向，新品推出的速度，每年科研经费的投入占比，业态的创新、管理机制的创新，核心人才的规模、结构与稳定性等。

⑤ 竞争对手领导人的分析：竞争对手领导人的特质、抱负、合作精神等。

竞争环境分析没有绝对的标准，行业不同，竞争环境分析的侧重点就不同。同一行业的市场生命周期状态不同，竞争环境分析的侧重点也不同。所以企业在做竞争分析的时候，一定要与时俱进，建立既符合行业特点又符合企业当下发展阶段的竞争对手分析模型。

对于竞争环境分析的重要性，企业都有充分的认知，但是往往在分析的时候很难找到竞争对手的详细的数据和相关信息，最后导致分析变成了单方面的猜想，难以对经营决策提供有效支撑。因此，对于竞争对手的信息搜集，要纳入企业日常性的工作，通过各种渠道搜集、积累竞争信息。

内部环境分析

《孙子兵法·谋攻篇》写道："知己知彼，百战不殆；不知彼而知己，一胜一负；不知彼不知己，每战必殆。"因此企业经营策略的制定既要知彼，也要知己，这个"知己"就是根据企业的成长历史分析内部环境，明确企业积累沉淀了什么，有哪些优势和劣势，知道如何有效利用自身的资源和能力把优势放大，把劣势缩小。内部环境分析包括五个核心内容：企业文化、企业经营体制、企业核心能力、企业资源条件、企业经营管理系统。

SWOT 分析

SWOT 分析是一种综合分析的方法，包括四个方面，S（Strengths）代表优势，W（Weaknesses）代表劣势，O（Opportunities）代表机会，T（Threats）代表威胁，将与研究对象密切相关的各种主要内部优势、劣势和外部的机会、威胁等，通过调查列举出来，并将其按照矩阵形式排列，把各种因素相互匹配起来分析，从中得出一系列相应的结论，从而为制定决策提供依据。运用这种方法，企业可以对自身所处的情景进行全面、系统、准确的研究，从而根据研究结果制定相应的发展战略、计划以及对策等。

以上是关于企业环境分析的主要维度和分析内容，“虽有智慧，不如乘势”，企业要想做好清晰而精准的定位，必须透彻分析内外部环境，然后根据内外部环境的分析找准自己的位置。

（2）领导者意志

事业定位能否真正取得成功，除了做好环境分析，把握大势，另外一个核心的要素就是领导者意志。定位意味着取舍，很多时候是要做减法的，相对而言，做加法是容易的，而做减法是痛苦的，做减法意味着必须接受眼前实实在在的损失，而将来到底怎么样，依然是未知数，所以定位的成功离不开领导者的坚强意志，其中体现的不仅仅是领导者的勇气，更体现领导者的智慧。

2008 年到 2017 年十年之间，长城汽车从年销售额 80 亿成长发展为年销售额过千亿的自主民族汽车品牌公司，其事业定位就尽显领导者意志。他们在做事业定位的时候，面临在占据市场领先地位的“皮卡”、市场容量巨大的轿车以及增长快但是规模尚小的 SUV 之间如何选择的困境。最后，他们主动放弃了已经占据市场领先地位的“皮卡”和市场容量巨大的轿车，聚焦当时市场容量不到 5%的 SUV。这样的选择意味着主动放弃了经营多年才做到领先的“皮卡”主战场，意味着要承担已经投入 30 多亿的轿车生产基地建设的损失。这样的选择对任何企业来说都是痛苦的，但长城汽车在这样的选择面前体现了领导者的意志，他们关心的不是“不做什么”或“只做什么”，而是“因为只做什么，所以做到最好”，这种意志使得公司上下有了强大的战略执行力，十年间从一个名不见经传的地方小品牌一跃成为全球顶级品牌，年净利润直追汽车行业全球第一的保时捷。

这种置之死地而后生的勇气，不是所有企业家都有的，支撑企业家做出这样的抉择的，就是意志，意志的背后就是企业家的一颗初心和强大的使命感。

（3）消费者诉求

事业定位是逆向思维，由外向内看企业，其中一个视角就是消费者的诉求，而消费者诉求的背后隐含的是消费者的心智模式。如何获得消费者的心智认同呢？要想钓到鱼，就要像鱼一样思考，而不能像渔夫那样思考。所以事业定位能否与消费者的认知相匹配是有效定位的关键。

美国百事可乐1993年推出了一款无色可乐，命名为水晶可乐，他们认为此款无色可乐可以填补一项市场缺口，当时的目标是要在一年内取得美国软性饮料市场2%的份额。为此百事可乐做了大量的广告，但是最终产品没有得到市场认可，百事可乐承认失败。当时可口可乐为了应对百事可乐的这个举动，也研发出相应的无色可乐，从研发到上架只用了60天，最后也是以失败告终，为什么呢？因为消费者普遍认为，只有红棕色的可乐才是正宗的，透明、白色的水晶可乐看起来不是很可靠。也就是说这款新品和消费者长久以来认为可乐理所当然就要是棕色的认知不一致，这正是水晶可乐销售不好的主要原因。

那么要想获得消费者的心智认同，企业在做事业定位时需要遵循哪些原则呢？

信息差异化

“互联网+”时代的信息过度传播，使得消费者对大量的信息应接不暇，自然就建立了防御机制，所有凌乱的、复杂的、不熟悉的、和自己不相干的信息都会被屏蔽掉。企业投入的所有资源都是为了在消费者心中占据有利地位，并成为消费者的优先选择，如果企业在消费者的信息认知中不具备差异化，这样的优先位势就建立不起来，企业甚至连生存都会成问题。

在细分品类中做到数一数二

消费者在一个品类中只能记住数一数二的品牌，企业一定要找准细分品类，在这个细分品类上，企业最有优势成为第一第二。这种优势也包括了企业家以终为始、舍我其谁的魄力和决心。

品牌信息简化

品牌定位的信息要尽可能简单，当需要大量的信息才能向消费者说清楚是什么的时候，还不如简单地告诉消费者不是什么，这样效果反而更好。那么应该简单到什么程度呢？如何把握好这个度呢？最基本的原则是要搞清楚品牌的身份。是什么？不是什么？差异化在哪？信息简单除了易于理解，还有一个好处是便于重复传播，简单的、可以朗朗上口的品牌信息更容易传播并被消费者记住。

用信任状取得消费者信任

消费者往往缺乏安全感，不会轻易去尝试新品牌、新品类，除非有可以让他们打消顾虑的东西，这个东西可以是口碑，也可以是先行者的行为，最理想的就是打造信任状。消费者在看到“持续销量第一”“第一品牌”“某某权威机构认证”“历史悠久”等信息时，就会愿意去关注品牌，并记住品牌。信任状的打造要有一个过程，来不得半点虚假，企业需要足够的耐心，并控制好发展的节奏，特别是一个行业的后进者或者一个行业的非领导者在打造新品类时，要首先聚焦在自己的优势市场中夯实信任状，然后再有计划地进行市场扩充。

不要尝试去改变消费者认知

市场营销是一场争夺消费者认知而不是单纯的产品的战争，进入消费者认知才能赢得市场，但是消费者的认知是难以改变的。认知相对开放，一旦形成了既定的认知模式，就会自然设立防御，既然认知难以改变，企业只能要不领先，要不找到“空档”，然后快速占领它，做到领先。

集中于某一卖点

认知容易失去焦点，当一个品牌包含太多的内容时，消费者就会失去焦点，那就意味着消费者对品牌的认知在下降了。

比如春兰空调，消费者的认知是把春兰的品牌和空调联系在一起的，当春兰后来又做摩托车、汽车、电冰箱时，消费者就搞不清楚春兰到底是做什么的了。

很多行业先驱者走向没落都是因为品牌内容混乱导致消费者认知失去焦点造成的，所以企业要聚焦单品牌做强做大，然后逐步孵化多品牌，但每个品牌的信息必须聚焦，集中于一个卖点，然后不断夯实，不断重复传播，以此赢得消费者认知而赢得市场。

了解消费者心智模式对于把握消费者诉求非常必要，定位要以消费者诉求为导向，但是只是停留在这个层面是不够的，因为这样的事情企业都在做，没有哪个企业不是以消费者需求为导向的，所以结果一定是同质化。唯有上升到顺应消费者的心智模式的高度，以获得目标消费者的心智认同为目标，才能真正引导消费者诉求，从这个意义来说，定位是典型的逆向思维，以终为始，定位定天下。

（4）企业自身优势

说到企业的优势，我们会从很多方面进行描述，比如技术先进、品质好、人才多、公共关系好、管理体系健全等，但这样的描述过于发散，不同企业描述的维度和层次都不一样，有没有一种相对规范和统一的框架来系统描述企业的优势呢？

其实不管什么类型的企业，最直接的优势就是客户接受你的程度，就是顾客认知的优势，顾客心里能第一个想到你，愿意第一个选择你，你就成功了，但是这样的优势是怎么实现的呢？又怎么维持呢？顾客会第一个想到你，是因为你可以给顾客带来别人所不具备的独特价值，所以支撑顾客认知优势的是顾客价值优势，那么，你独特的顾客价值优势又是从何而来呢？以此类推，我们以顾客认知优势为起点，由外往内、由直接到间接、由现象到本质，逐层深入，就可以勾勒出一个企业完整的优势框架，具体展开包括以下几个方面：顾客认知优势、顾客价值优势、业务创新优势、事业结构优势、经营体制优势、经营要素优势、企业文化优势，具体见图 3－8。

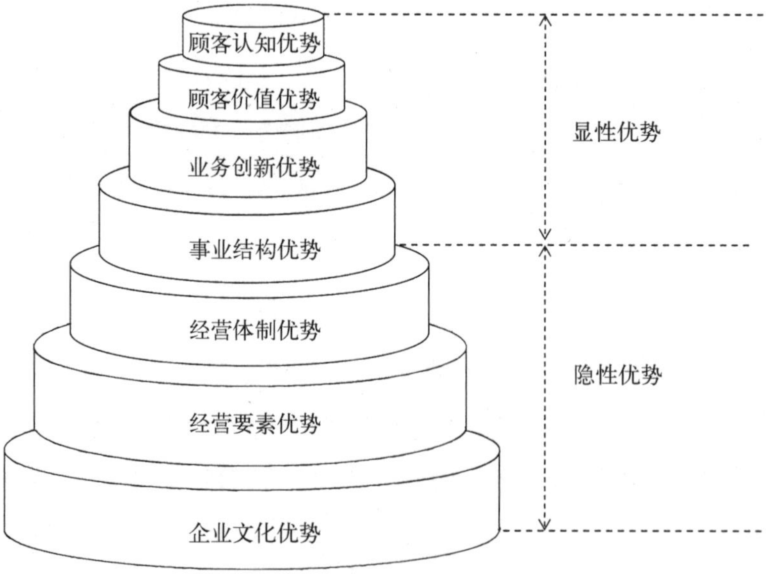

图 3－8　企业竞争优势模型

企业优势从最顶部的顾客认知优势到最底部的企业文化优势，自上而下是逐层深入的。总体可以分为显性优势和隐性优势两大部分，其中顾客认知优势、顾客价值优势、业务创新优势、事业结构优势都属于显性优势，而经营体制优势、经营要素优势和企业文化优势属于隐性优势。显性优势相比隐性优势较容易被模仿，竞争优势从上往下越来越难以被模仿，最难被模仿的就是企业文化优势。企业要想形成全面的、可持续的顾客认知优势，就必须自上而下逐层深化、系统打造，最后在顾客认知优势这个点上汇集发力。显性优势最终要靠隐性优势来支撑，否则显性优势不可持续，隐性优势最终一定要体现在显性优势上，通过产品展现出自己的绝活，赢得顾客的良好认知。当市场处于诞生期或成长前期时，企业往往靠显性的竞争优势就可以赢得市场，当市场进入成长后期，甚至进入成熟期和衰退期的时候，企业之间的竞争越来越趋向于隐性优势的竞争。

（5）**竞争对手劣势**

事业定位一定要源于竞争，所以在做事业定位之前必须搞清楚谁是真正的竞争对手。竞争对手可以是一个企业，也可以是一种对我们定位不利的认知；竞争对手可以是一家，也可以是五家，到底聚焦几家，要考虑企业的自身资源和能力，同时也要考虑经营者的意志。原则上企业在特定的发展阶段，锁定竞争对手时应尽可能聚焦，树敌太多势必会分散资源和注意力。

聚焦竞争对手后，要研究竞争对手，既要了解对手的优势，更要了解对手的劣势。如何找到竞争对手的劣势呢？在分析竞争对手劣势时，一定要结合自身优势同步进行，重点是避开竞争对手在顾客认知中的强势，或者是利用其强势中隐含的劣势，所谓物极必反，盛极则衰，任何事物一定可以找到它的对立面。在研究对手劣势时，最好能有事实证明对手的劣势和自身的优势，优势和劣势是相对的，是动态的，商场如战场，局势瞬息万变，稍有不慎，优势就会变为劣势。针对自身优势和对手劣势的研究，有个有效的方法就是市场调研，通过调研问卷来了解我们和对手在顾客认知中的差异，寻找“空档”来打造差异化。

（6）**资源能力支撑**

事业定位要考虑的最后一个要素就是资源能力支撑，找准定位是一回事，能否真正拥有定位又是另外一回事，如果只从技术层面考虑，很多企业都有多种有效的定位，关键是企业有没有资源能力去支撑这样的定位。企业在分析自身的资源和能力时，既要关注有形的资源能力，也要关注无形的资源能力。一个企业的资源能力具体体现在人才资源、技术资源、信息资源、资本资源和企业家精神。其中企业家精神是最核心的资源，是企业核心竞争力的重要来源。

以上六个因素的研究，目的就是要对事业单元形成一个清晰的差异化定位，这是把事业单元做强做大的基本前提。做了定位不代表拥有定位，后续还要针对定位进行资源配称，聚焦企业的主干事业单元进行深耕，在把主干事业做大做强的基础上逐步进行关联多元化的事业布局。

4. 步骤四：多事业布局

事业生命周期的概念告诉我们，企业如果仅靠单一的事业会存在风险，因为任何事业都会衰老直至消亡。构建合理的事业布局，就像一个家庭一样，老中青三代要合理搭配。如果全部都是孕育期或成长期的事业，企业不但没有利润来源，新事业还需要公司不断投入，企业成了无源之水，难以维系长久的生存和发展。同理，如果都是成熟期和老年期的事业，一旦老事业消亡，又没有新事业接班，企业就会随着老事业的消亡而消亡，即使有成长期的事业，也会青黄不接，所以一个企业要想实现稳健的可持续性发展，就要未雨绸缪，提前进行多事业布局，所谓多事业布局，就是企业不止一个事业单元，而是多个事业单元同时并存，而且事业单元之间还要相互关联。

（1）事业单元的功能定位

不同的事业单元，其成长阶段和发展情况不同，企业对其功能定位也是不同的，如图 3－9 的波士顿矩阵（BCG Matrix，又称市场增长率-相对市场份额矩阵，由美国著名管理学家、波士顿咨询公司创始人布鲁斯·亨德森于 1970 年首创。）所示，企业会有四类事业，分别为金牛业务、明星业务、问题业务和瘦狗业务。

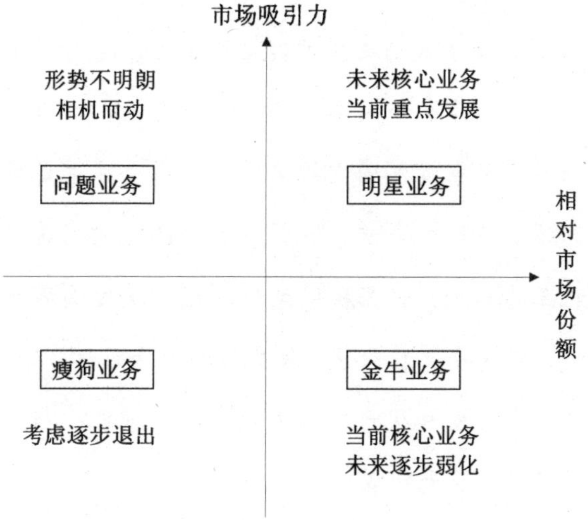

图3-9　波士顿矩阵

金牛业务就是吃饭的事业：相对市场份额大，很稳定，同质化竞争程度较高，毛利率一般，通过该事业，企业维持正常运转，这类事业多处于成熟期，偏向于成熟后期。明星业务就是赚钱的事业：比金牛业务的相对市场份额小，但稳定，差异化程度较高，毛利率较高，对企业利润贡献度大。企业通过该事业获取利益，在确保吃饭事业稳定的同时加大投入，这类事业多处于成熟期，偏向于成熟前期。问题业务就是发展的事业：相对市场份额小，不确定性大，市场不稳定，但毛利率非常高。该事业的市场竞争力虽然现在还没有充分建立，但前景很好，有很大成长空间，将来有可能会成为企业发展的支柱，这类事业多处于成长期。瘦狗业务就是撤退的事业：这些事业或因竞争力的下降，或因与其他事业不一致，或因企业整体战略方向调整而选择撤退。这类事业多处于衰退期，但也不排除事业还蒸蒸日上，企业主动选择放弃，壮士断腕的情况。在事业处于良好发展态势的时候，能够权衡利弊，果断选择放弃，这就是企业的智慧了。

花王在20世纪80年代还曾生产过电脑软盘，当时花王抓住了电脑迅速普及的时机，在软盘开发和制造上投入了大量的人力和物力，而且发展非常迅速，市场占有率在日本国内排名第一，在全球也是排在前列，该事业为公司的利润作出了巨大贡献。但是花王慢慢感觉到这项事业虽然目前不错，但不是花王的本业，它发展得越好，花王就越偏离自己的本行，所以为了坚守初心，花王在软盘业务发展良好的巅峰时期，果断退出该业务，并在洗涤产品的技术开发和生产制造上投入更多资源，精益求精，正是如此，花王才取得了日后巨大的成功。

（2）事业关联多元化

在多事业布局时，事业与事业之间往往不是孤立的，相互之间有着内在的联系，我们称为事业关联多元化布局。事业关联的目的就是为了实现企业资源利用最大化，甚至会产生1加1大于2的效应。这种事业关联可能是在客户层面，也可能是在商品层面或业态层面，不管是哪种层面，企业在进行多事业布局时，一定要分析事业之间内在的联系。我们把具有不同功能定位又有着内在联系的事业之间的关系称为事业结构，正因为有了内在联系，事业之间就可以相互借势，从而形成事业结构的整体竞争优势。

以一个理发店为例，理发店的事业往往有理发事业、会员卡事业、美容理疗事业、保健品事业。其中理发事业是基础业务，销售额大但是利润不高，就相当于金牛业务；美容理疗事业和会员卡事业相对于理发事业来说，客户群小了很多，但是利润高，属于明星业务；相比之下，保健品事

业客户群就更少，但利润率特别高，公司也是边做边看，也没有投入过多资源，属于问题业务。这几种事业之间是有内在关联的，理发事业虽然利润不高，甚至不赚钱，但是通过理发事业引流，可以从会员卡事业、美容理疗事业、保健品事业来获取更高的利润，这就是一个简单的事业结构。

产品、事业单元和多事业布局之间的关系不是谁取代谁，而是伴随着市场从诞生到成长、成熟互相融合促进的。企业也在这逐渐升级的过程中不断成长发展。市场诞生期和企业初创期，往往就是靠一两个好产品站稳了脚跟，但是随着市场的发展和消费者认知的提升，企业与企业之间的竞争已经完全从单纯的产品之间的竞争升级为客户、业态和客户独特价值整合在一起的系统竞争。所以企业要从产品思维向事业思路转变，要从研究产品和技术向研究顾客和顾客认知转变。随着市场成熟度进一步提升，企业之间的竞争更加激烈和复杂，企业要进一步从单事业单元的点上竞争转变为多事业布局的体系竞争，体系竞争的背后就是拼实力，这个实力不是一时的实力，而是可持续性的实力，而一个企业要想具备可持续性的实力，就要把自身打造成一个可以自我激活、自我变革的有机体。所以能否从产品思维转变到事业思维，对企业是至关重要的，因为事业思维从产品和技术本身延伸到了顾客和顾客需求，这就是在“互联网+”时代，企业必须做出的思维转变。

2013 年 9 月 3 日，诺基亚前任 CEO 约玛·奥利拉在记者招待会上公布同意微软收购诺基亚的信息，奥利拉最后说了一句话：“我们并没有做错什么，但不知道为什么我们输了。”诺基亚如果能更早地自我变革，实现从产品思维到事业思维的转变，结果可能完全不同。

---

5. 步骤五：运营配称

企业对事业单元进行梳理并对每个事业单元做清晰的定位是企业进行策略研究的重要环节，但是做了定位和企业拥有定位是两回事，针对目标客户的独特客户价值要得以实现，必须要通过企业的实际运营来一点点打造和积累，这是一个系统、长期、持续的过程。如果企业不能从运营上进行有效配称，再好的定位也是空中楼阁。

比如京东的"多""快""好""省"就是其独特的客户价值定位，对于类似于京东这样的线上终端零售商来说，这样的价值定位是每个企业都想做到的，也是消费者都想要的，但是消费者对于京东的价值特性就更有体验感，为什么呢？因为京东就是围绕"多""快""好""省"的价值特性做了长期大量的资源投入和整合，并结合实际运营把"多""快""好""省"四个价值特性做到了极致。

那么如何把企业的运营过程和事业单元定位匹配起来呢？如图3－10所示，企业要结合运营实际，不断打造、夯实、传播事业单元定位，只有这样，定位才能真正在消费者心中扎根。下面就事业单元定位如何进行运营配称逐一进行阐述。

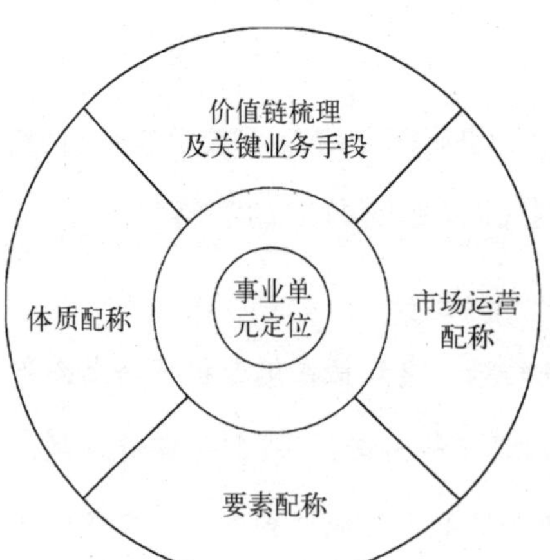

图3－10 事业单元定位的运营配称

（1）价值链梳理及关键业务手段

价值链也叫业务链，价值链的梳

理要结合企业的业务流程来进行。企业的业务流程一般包括市场拓展、产品研发、供应与生产、销售及售后几个大的业务环节，如图 3－11 所示。

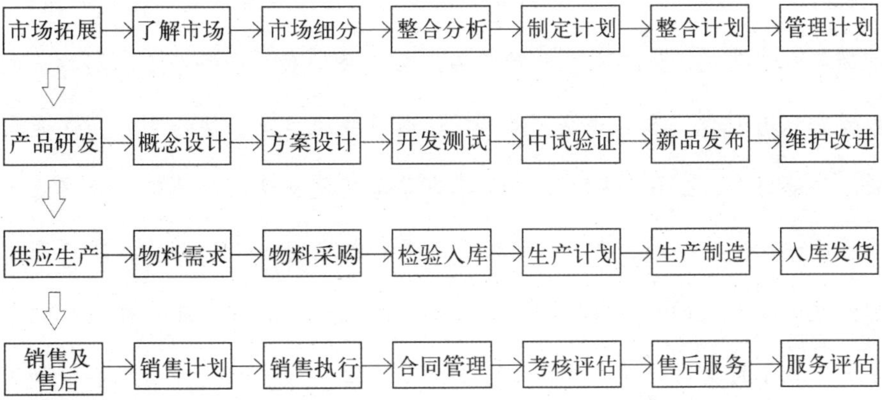

图 3－11　企业业务流程梳理

每个大的业务环节又有子业务流程，比如产品研发这个大的业务环节又包括概念设计、方案设计、开发测试、中试验证、新品发布、维护改进这六个子业务流程。一个企业一旦做好事业定位，接下来就要梳理业务流程，并在每个业务流程采取关键的业务手段去支撑事业定位，这样事业定位的独特价值才能变为现实并让消费者真切感受到，否则就是纸上谈兵。

为了更好地理解业务流程及关键业务手段与客户价值特性的关系，我们再以西班牙知名服装品牌 ZARA 为例子。

在服装行业竞争激烈的今天，西班牙服装品牌 ZARA 依靠“买得起的快速时尚”的战略定位取得了巨大成功，“买得起”“快速”“时尚”是其独特的三大价值特性，在这三个独特价值上，ZARA 给消费者提供的体验感比其他品牌更加强烈和明显，那么 ZARA 是怎么做到的呢？

ZARA 为了更好地实施“买得起的快速时尚”这一战略定位，采取了“快速”“少量”“多款”的产品管理策略，在保证买得起和时尚的同时，不断开发新款式，快速地推出新产品，而且每种款式在每个专卖店推出的数量都只有几件，人为造成“缺货”。通过快速设计、快速生产、快速出售、快速更新，ZARA 实现了专卖店商品每周更新两次的速度，让消费者能真真切切地感知到，ZARA 比其他品牌更新速度更快。为了打造“买得起的快速时尚”的独特价值特性，ZARA 围绕业务流程，在业务流程的各个环节做了大量的关键业务动作，如图 3－12 所示。正是因为采取了如下的关键业务动作，才保证了这样的独特价值得以实现。

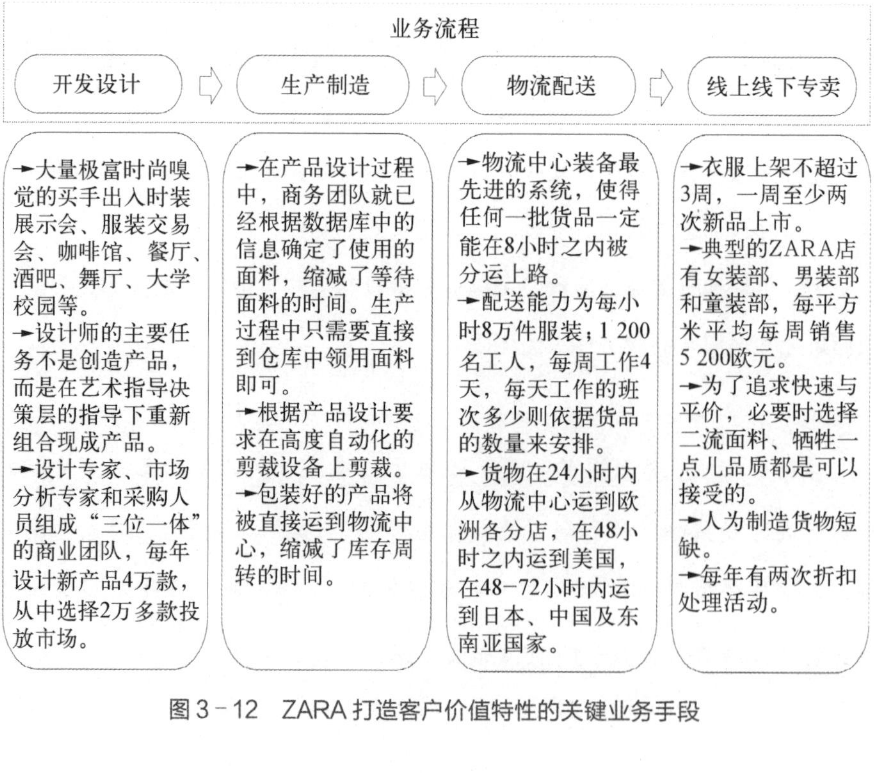

图 3－12　ZARA 打造客户价值特性的关键业务手段

通过 ZARA 的案例，我们明白一个道理，就是企业的运营要紧扣事业单元的价值特性定位来展开，价值特性是企业打造差异化、打动客户的唯一理由。理解了这个道理，就抓住了商业的本质，万变不离其宗，商业的本质就是不断给客户创造价值。所以价值链梳理以及在价值链各个环节围绕独特价值特性而采取的关键业务手段是运营配衬的首要环节，事业单元独特的价值特性定位就是通过价值链各环节的具体业务动作得以实现落地的，关键业务手段要尽量做到和价值特性强关联，做到精准、可操作。

（2）市场运营配称

市场运营配称主要围绕产品升级、拓宽渠道、定价和促销以及加大品牌传播四个方面展开。

产品升级是市场运营配称的第一核心。事业定位是让我们的品牌在顾客心中显得与众不同，而产品是基础，无论怎样的定位，产品永远是主角，永远是顾客关注的焦点。所以产品本身是传播定位的载体，顾客就是通过我们的产品来感知我们独特的价值特性的，这里的产品是广泛的概念，可以是具体的实物产品，也可以是一种服务。在产品研发上要做到以事业单元定位为基础，打造爆品，在主打产品上形成强烈的品牌区隔，而且要持续强化，不断进行产品升级，果断精简产品线，砍掉明显不匹配事业单元定位的产品，实现资源聚焦。定位理论的创始人之一里斯先生曾经提出，品牌的力量与所代表的产品数量呈反比，聚焦单一产品，从某种意义上来说就是聚焦品类升级，单一产品会让品牌在消费者心中建立更加鲜明的认知，可口可乐、长城汽车、东阿阿胶、香飘飘奶茶、老乡鸡快餐等都是在产品聚焦上取得了巨大成功。

拓宽渠道是市场运营配称的第二核心。渠道建设是品牌延伸的重要推动力，互联网时代，已经不是“渠道为王”，渠道成为了基础设施，渠道建设也要紧紧围绕定位，从渠道结构、范围、层级多维度系统思考。

定价和促销是市场运营配称的第三核心，稻盛和夫的京瓷公司有 12 条经营原则，其中有一条就是定价即经营，定价不能随意地定，更不能随意降价，不能一看到竞争对手降价就沉不住气，定价要和品牌定位相匹配。

加大品牌传播是市场运营配称的第四核心，事业定位明确后，在实践事业定位的同时，要加大品牌传播。在企业实际运作过程中，多事业、多品牌同时并存是一种常态，但是在品牌传播的时候，不能面面俱到，一定要根据企业的发展阶段，有选择性地进行资源投放。

品牌传播的手段主要包括广告和公关，在主打品牌信任状打造初期，企业要加大主打品牌传播的资源投入，当主打品牌站稳市场，成为强势品牌之后，比如市场占有率达到50%以上，而且有实实在在的顾客需求时，针对品牌传播的资源投入可以往新品类对应的品牌进行适当倾斜。总之，在一段时间范围内，要聚焦资源，始终向一个城墙口开炮，直至打穿。品牌传播是需要花钱的，如果企业能够学会借势，则可以以较少的投入取得较大的效果，这个"势"可以是来自区域优势、竞争对手、上下游合作方、消费趋势、自身核心优势等。企业要借优势，聚焦高势能市场，打造口碑，建立品牌认知，然后逐步扩展市场；在主打品牌没有在高势能市场形成强势品牌的时候，不能急于扩展市场，做市场就要做实一个扩展一个，扩展一个再做实一个。

湖南有一个做面筋食品的企业，该企业开创了健康面筋新品类，并且打造了"麻辣王子"这一新品牌，在打造新品牌的过程中，该企业首先就选定了湖南岳阳这个高势能市场。为什么说湖南岳阳是高势能市场呢？岳阳市下辖的平江县是全国公认的面筋之乡，这里的面筋被消费者认为是"正宗"的，具备了区域势能，而且面筋食品在湖南岳阳很受欢迎，可以借上消费者的需求势能。从事面筋生产的厂家在湖南岳阳一带最为集中，正

因为有众多企业在从事这个行业，一起把产业做大了，而该企业打造了健康面筋的差异化新品类，形成了明显的品牌区隔，又借了竞争的势能，在区域势能、需求势能、竞争势能这样有利的高势能市场精耕细作，形成了强烈的品牌势能，借助品牌势能再做好市场就是水到渠成的事情了。有很多企业，品牌定位非常好，但是因为急于进行市场拓展，没有形成强势品牌，最后只能草草收场。

（3）体制配称

在运营配称方面，市场是龙头，市场运营在升级产品、拓宽渠道、定价和促销以及加大品牌传播方面都需要相关的体制配套，具体包括相关的组织、制度和人事安排等。只有把事业定位渗透进体制中，这个定位才会越做越实。所以企业做好了事业定位，接下来就要围绕定位和市场运营来设计体制，为定位落地提供有力保障。

比如一个企业在明确一个主打品类和品牌定位后，往往不会一下子在市场上全面铺开，而是选择几个样板市场，在这几个样板市场聚焦资源、精耕细作，以最快的速度做到第一，然后再进行区域扩张。那么在体制设计上，就要加强样板市场拓展的组织建设和市场营销人才队伍建设，并出台一些可以鼓励员工进行市场拓展的激励政策。组织队伍建设和制度设计的过程就是体制配称的过程。关于体制设计，后面有专门的章节会作详细介绍，这里就不展开说明。

（4）要素配称

企业经营离不开经营要素，就像炒菜离不开食材一样，企业的经营要素包括人才、资金、信息、技术等，这些都是企业底层的、基础的配称，比如企业在市场运营过程中需要市场拓展的人才、营销策划的人才、品牌和公关的资金支持、一些独特的技术支持等，这些都是经营要素的配称。经营要素对企业来说不是一成不变的，也不是无止境的，要以事业定位为导向来动态整合经营要素，并围绕事业定位进行经营要素的聚焦。

6. 步骤六：新事业规划

任何企业都是从无到有、从小到大逐步做起来的，每个企业的创始人都想把企业做大做强，做大做强有两个路径，一个是通过“长胖”，另一个是通过“长高”。长胖就是基于现有业务的不断复制，原来有一个店，后来开第二个、第三个，或者原来生产基地在国内，后来产能扩展，开始在国外建厂，但做的业务都是现有的业务。

很多企业一开始都是通过长胖来扩大规模的，但是企业不能一味地通过长胖来谋求发展，就像一个人一样，一味长胖就不协调，所以在长胖到一定程度后，就要考虑通过长高来寻求新的发展，长高就意味着企业要进行新事业孵化。任何事业都是有生命周期的，定位再好的事业，最终都会慢慢萎缩，直至消亡。企业要时刻保持危机感，当企业单事业突破成功并扎根后，就要开始思考开发新事业，这样企业才能基业长青。作为企业的领导人，要能站在原点，冷眼观看每个事业的诞生、成长、衰亡，对外部环境的变化要有敏锐的眼光，该出手时就出手，果断开发新事业，从而不断优化事业结构，同时在资源上针对新老事业进行合理而灵活的资源调配，在新事业开发的同时，要投入精力进行事业型人才的培养和选拔。新事业规划是企业进行策略研究的重要内容，企业在做新事业规划时，需要注意以下几个方面。

（1）时机把握

什么时机孵化新事业最合适？有三种情况：一种是主干业务突破成功并扎根后，企业有一定的资源和精力来考虑新事业孵化，未雨绸缪；另外一种是老业务遇到瓶颈，增长放缓，而且通过对目前市场的分析，认为市场空间有限，没有发展前景，企业也不具备相对竞争优势，在现有业务上很难再取得高增长的时候，要适时进行新事业孵化，被迫转型；还有一种情况是基于企业战略，需要定向孵化新事业，以和原有事业形成遥相呼应之势，提升企业核心竞争力。

（2）方式把握

新事业是在公司内作为一个项目来孵化运作还是在公司外进行子公司化运作，要根据具体情况而定。这两种方式各有利弊，如果孵化的新事业和公司主营业务关联性大，公司非常擅长，机制和文化设计对公司现有运作方式没有很大的冲击，建议在公司内部孵化，反之就在公司外部相对独立地进行孵化，这样成功率更高。

（3）业务逻辑的把握

明确新事业和主干事业的关联关系，尽量做到业务关联，以便主干事业多年沉淀的优势资源在新事业中得以利用，形成一加一大于二的效应。

（4）组织建设与人才把握

新事业孵化要顺利进行，需要从组织建设和人才配套上系统考虑，要解决好集权与分权的平衡，既要提供有力支持又要避免限制太多。在人才选拔上要寻找有意愿尝试新事业的核心人才。

以上是关于企业经营策略制定的六个步骤，除此之外，在制定策略时还要注意一些具体事项，我们把这些注意事项概括为“策略制定七字诀”，即“选”“排”“关”“精”“聚”“变”“落”。选：事业要有所选择和取舍，要选择核心事业，有选择地砍掉非核心事业；排：事业重要度要有排序，不可胡子眉毛一把抓；关：事业之间要有关联性，构建业务关联多元化布局；精：事业定位要精准，包括客户定位、独特价值塑造、打造价值点的关键手段、资源投放都要精准；聚：资源要聚焦，运营过程的各个业务环节都要聚焦定位，让定位真正落地；变：要适时进行业态变革和新事业的开发；落：策略最后要变成具体的行动计划和任务，要狠抓落地。

三、策略实战案例：一个传统酒店集团的成功转型

有这样一个酒店集团，1988年成立，在当地负有盛名，主要围绕酒店提供住宿、餐饮、会务服务，面向当地企业、政府部门、中高端的个人及家庭客户。集团通过优质的产品和服务赢得了客户的认可，其核心管理层大都从一步入社会就进集团工作，一路摸爬滚打，有非常强的业务拓展能力，对集团有很高的忠诚度。

十八大以后，反腐倡廉深入推进，原来占集团主要收入的政府部门的业务量大大降低，同时由于精品酒店以及高端休闲酒店的发展对传统酒店业务形成挤压，互联网对传统营销方式造成冲击等原因，整个集团业务快速下滑。而管理费用居高不下，固定资产折旧金额巨大，利润逐年递减，老业务发展乏力，新的业务又不知道从何入手。面对这样的困境，企业如何破局呢？

按照常规的思维逻辑，既然企业利润骤减，到了盈亏边缘，那么就要想办法帮助企业提升利润。利润等于收入减去成本，所以我们可以从如何提升业务量、如何降低成本，进而如何提高利润上想出很多点子来。

这些对改变企业的现状的确会有积极的帮助，但是往往很难解决企业发展的根本性问题，因为这个思路有一个假设前提，就是企业还只能做以前的业务，甚至还只能按照以前的运营模式运作，这样的假设前提束缚了企业的思

维，所以企业只能局限于运营层面去思考，而很难从根本上解决可持续性发展的问题。也就是说，今天很多企业面临的问题，表面上是运营层面的问题，比如效率下降、管理基础薄弱、激励不到位等，而深层次的其实是企业的策略性或战略性问题，涉及企业的整体业务规划和布局，这时需要企业站在战略和策略的角度思考才能真正解决问题。图 3－13 是这个酒店集团成功转型的路径。正是酒店集团领导人的思维转变和对策略的有效把握，才把一个处于盈亏边缘的企业从竞争的红海带到了一个全新的而且有着巨大发展空间的蓝海。

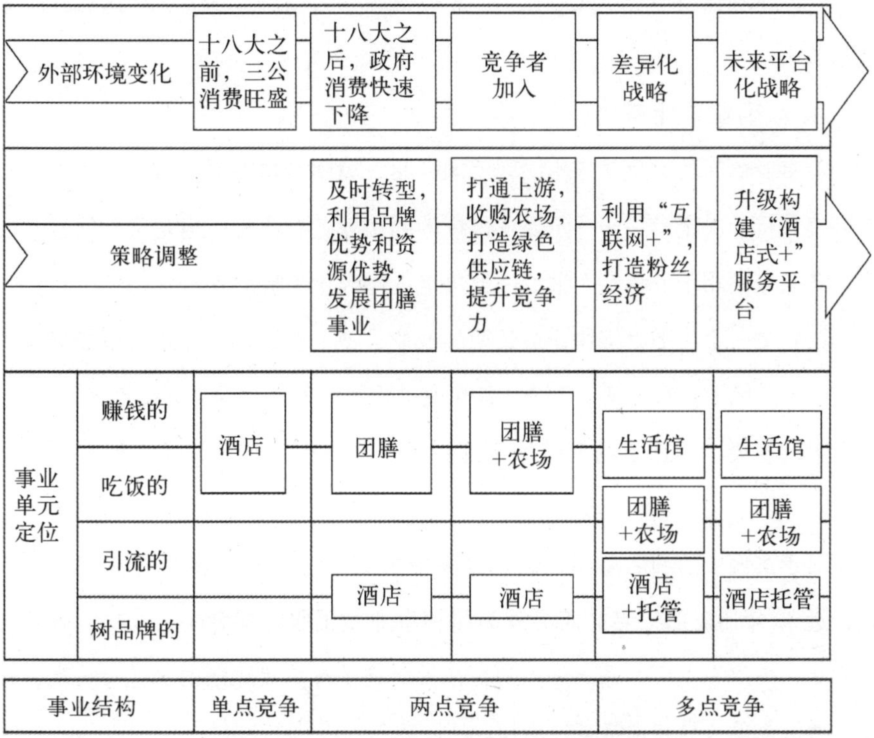

图 3－13　一个酒店集团成功转型的路径

我们先来分析一下该酒店集团的基本情况，首先从事业的概念来看，酒店集团先前只有一个事业就是酒店事业，所以酒店事业自然就是集团既用来吃饭又用来赚钱的事业。但是大环境变了，公司的业务量快速下滑，传统单一的酒店业务已经不足以支撑集团给予它的功能定位了，而且酒店行业整体竞争更加激烈，行业集中度越来越高，要想在现有的酒店行业结构下扭转局面，实现快速利润提升并可持续性发展，几乎是不太可能的事情。还有酒店本身属于重资产经营，仅五年一次的硬件改造费用都是千万元以上的投入，在这样的情况下，集团到底是在现有的酒店行业结构下从运营层面去改善，还是开始进行新的事业孵化，构建集团的业务关联多元化布局呢？

该集团选择的是重新调整策略，通过策略的有效制定及实施实现成功转型，具体体现在新事业单元孵化、产业链延伸和关联业务多元化布局这几个关键环节。

1. 新事业单元孵化

新事业单元的孵化是该集团转型的开始。集团经过充分的市场调研和内外部环境分析，决定第一步一定要从传统的酒店业务跳出来，但是又不能做和酒店业务完全不相干的事情。最后一致决定选择孵化团膳事业。

团膳是一个当下处于快速成长期的行业，整个餐饮行业一年的市场规模大概在3.5万亿元左右，其中25%—30%属于团膳业务，全国市场每年有8 000亿元以上的规模，而且市场规模每年都在以10%以上的速度发展，行业也相对分散。

对于案例中的酒店集团而言，团膳业务和原来的酒店业务是关联的。首先，近30年历史的知名酒店品牌为团膳事业做了很好的背书；其次，酒店餐饮的厨艺技术完全可以输出到团膳厨艺，而且是五星级酒店的厨艺；再次，以前一些沉淀的人脉资源都得以启用。

策略明确以后，集团上下思想高度统一，并且快速组建优秀团队来经营团膳事业。团膳事业的目标客户锁定两大类：一类是政务机关，包括当地的公安厅、政法委、财政厅等；一类是商务机关，包括当地的银行、证券公司等金融机构。不管是政务机关还是商务机关，现在都优先选择第三方来运营食堂，这是团膳事业的市场基础。在事业价值特性的打造上，集团综合了客户的需求、竞争对手的劣势及自身的资源和能力优势，重点从绿色、安全、丰富、多彩几个点上下功夫。经过了三年左右的发展，集团实现了150家以上的团膳客户的重大突破，团膳事业取代了原来传统的酒店餐饮事业，成为集团赚钱和吃饭的事业，团膳事业的孵化初见成效。

2. 产业链延伸

每个团膳网点每天都有500—2 000人用餐，因此每天都有大量的新鲜蔬菜需求，一种方式是从别处采购，还有一种方式就是往产业链的上游延伸。该酒店集团选择了往产业链上游延伸的策略，在当地收购大型农场，聘请专业人员种植蔬菜，并且自建物流，当天采摘，当天配送到各个团膳网点，实现了从“种子”到“筷子”的全产业链打通，在绿色、安全、健康上又为自己的竞争优势加了一道护城河。

团膳事业的客户是机关单位，属于B端，而这些单位里吃饭的员工属于C端，能否从B端延伸到C端呢？每个团膳网点的员工除了在单位就餐外，晚上下班回家还需要做饭，而这些政务机关和商务机关的公务员和商务白领们往往不愿意自己去菜市场买菜，虽然网上可以买，但是白天家里没人，送菜上门也比较麻烦，而且他们对于绿色、安全、品质的要求也很高。在对这些C端的个体进行调研，了解其需求之后，集团决定再做业务延伸，每天在给团膳网点配送新鲜蔬菜的同时，还专门在食堂边上设立一个新鲜蔬菜售卖点，很受欢迎。虽然价格高出市场价格，但这些白领对于一个月买菜多花几百元并不敏感，他们更关注的是蔬菜的绿色健康和便利，因此这一面向C端客户的延伸业务也获得了不错的收益。

3. 事业关联多元化布局

集团通过策略的调整，逐步从单一的酒店业务延伸到团膳事业、农场事业、新鲜蔬菜零售事业。通过近三年的发展，从零开始，开发了150余家机关单位客户，按照每家机关单位 1 000 名员工计算，有 15 万人接受该集团提供的餐饮服务。当然，除了餐饮服务之外，这些人还有很多其他的生活必需品需求，所以该集团在团膳和农场事业之外，又继续孵化新事业，开发了生活馆事业，生活馆为每个团膳网点的内部员工提供线上和线下的有特色的生活用品服务。得益于庞大的 C 端客户群体，生活馆有了稳定的业务收入，而且随着新的团膳网点的拓展，生活馆的业务也在同步稳健提升。除此之外，该集团利用多年积累的酒店管理经验，为一些缺乏管理体系支撑的酒店提供托管服务。

该集团通过策略调整，不断优化事业结构，实现了从单一的传统酒店的重资产运营模式到涵盖团膳、农场、蔬菜零售、生活馆、酒店托管几大事业的轻资产运营模式的转变，事业关联多元化布局逐步成型，每年的收入和利润都以两位数的比例快速增长。集团从只有一个传统酒店业务的单点竞争模式发展为了多个关联事业布局的多点竞争态势，企业的发展空间有了明显的提升，为该集团从区域市场深耕往全国市场扩充打下了坚实的基础。

4. 案例启示

通过分析该酒店集团的转型策略，我们可以总结几点启示：

① 企业虽然有一个清晰的战略，但是一到具体行动的时候，战略和具体行动之间总是衔接不上，最后导致战略执行走样，无法落地，其中最重要的原因之一就是企业不重视策略的研究，认为有了战略就万事大吉，殊不知策略才是衔接战略和具体行动的重要桥梁。

② 企业在制定策略的时候不要画地为牢，制定策略要守正出奇，在传统行业里依然按照传统思维去做，只能是死路一条。企业往往就是因为太专业，太了解本行，反而跳不出原来固有的思维模式，过往的成功和经验恰恰成为企业转型和制定有效策略的最大障碍，所以要想在困境中突围成功，企业领导人带头不断进行思维瓶颈的突破是至关重要的。

③ 企业在分析存在的问题的时候，除了从运营维度分析之外，还要从企业

的业务结构上进行分析，在提升运营效率的同时，企业要从新事业孵化和业务布局的角度来进行策略性思考，实现从追求运营效率到追求结构性效率的提升。

④ 企业在做新事业孵化的时候，要争取做到有关联性，也就是说新孵化的业务要尽量和企业的主业进行关联。这样的关联性可以体现在客户关联、价值特性关联或业态关联上。关联性业务一来可以降低经营风险，二来可以最大化发挥企业沉淀的资源优势。

⑤ 企业之间的竞争已经从单一的产品层面的竞争延伸到事业层面的竞争。产品好是基础，但是产品思维往往是站在自身的角度来看问题，而事业思维是站在市场和客户的角度来看问题，是基于产品之上的更完整的体系。企业要以市场和客户为导向，持续打造企业的独特价值特性。所以对于一个成长型的企业来说，在把每个事业做好的基本前提下，建立一个合理的、动态的、关联的事业结构是企业实现可持续性发展的重要保障。

有效的经营策略是支撑企业战略落地、实现企业可持续性发展的重要抓手，是实现把企业经营哲学转化为生产力的关键环节。要想找到有效的经营策略，从红海中寻找蓝海，企业领导人首先要突破思维模式，“冷眼看世界”，以朴素的心灵回归商业的本质，守正出奇，在更高的智慧中取得战略转型和升级的灵感，规划好企业的发展路径。在此基础上，把企业经营哲学转化为企业战略，再把战略转化为策略，根据策略制定年度经营计划，再分解为月度计划、周计划，最后到每天的战斗计划，这样就把高大上的哲学和企业每天围绕计划开展的实实在在的行动链接起来了，实现了企业从哲学到战略、战术、战斗的转化。在这个由虚到实的过程中，如果采用的策略不当，就会对企业经营产生致命的影响。

第四章

组织创新——心之体

组织设计是一门成熟的管理学科，是对以企业组织结构为核心的组织系统的整体设计，是指管理者将组织内各要素进行合理组合、建立和实施一种特定组织结构的过程。本书研究的不是组织设计本身，而是基于“向心力”系统经营实学的核心思想，从组织层面探讨什么样的组织设计可以更好地承载企业战略和策略，更好地培养经营人才、激活基层员工的活力、释放组织活力。并且结合当下“互联网+”时代的组织结构演变趋势，对企业组织结构设计提出一些新的思路和实操方法。

一、 组织的定义

从生物学的角度来看，组织是由一些形态相同或类似、机能相同的细胞群构成的。组织内不仅有细胞，也有被称为细胞间质（如基质、纤维等）的非细胞形态的物质。每种组织具备各自特定的机能。如果把企业当成一个有机的生命体，企业本身就是一个由多组织构成的系统，每个组织既有分工又有协作，组织中有形的部分我们称之为组织结构，无形的部分我们称之为组织机能。

1. 组织结构

组织结构就是组织的构成方式，通过组织结构，表明各个组织之间的存在方式以及各自的位置和职责。组织结构从形态上可以分为很多种，常用的组织结构有职能型组织结构、事业部型组织结构、矩阵式组织结构、平台型组织结构。不管哪种组织结构，本身没有对和错，要结合企业的战略和策略来评判，能够和战略和策略匹配的组织结构就是好的，否则就是不好的。

2. 组织机能

组织机能是组织结构背后维持组织正常运作，以及支撑有效分工和协作的责权体系、管理流程、控制体系以及能力体系。

组织结构和组织机能要相互匹配，企业运营的过程就是不断取得组织结构和组织机能平衡的过程。企业的战略或策略一旦调整，往往马上就涉及企业组织结构的调整，然后根据组织结构再去构建组织机能，包括明确组织责权利、梳理业务运作流程、匹配组织能力等，所以是组织结构在前，组织机能在后，而且是组织结构大于组织机能，但是组织机能短时间内很难快速建立起来，所以企业在确定战略后，要花精力打造组织机能。

组织是实施战略的重要保证，一等企业用组织，二等企业用人才。企业在创业阶段，往往靠一两个强将就可以打开局面，但是当企业具备一定的规模以后，光靠几个人是不行的，一定要从组织的角度来系统构建企业能力和核心竞争优势。企业经营莫过于三个核心要素：战略、组织与人才。一个企业，无论大小强弱，都会以一种组织结构的形式存在，不管这种组织结构是否合理。正确的组织结构可以有效承载战略，推动企业进步，而错误的或是不合时宜的组织结构会阻碍企业的发展。企业在战略清晰的情况下，应该大力推进组织建设与组织创新，发掘适合本企业的组织结构，最大限度地发挥人才的主动性和创新性，为实现企业战略转型打好基础。

二、传统组织结构存在的问题

传统的组织结构中，历史最久、最具普遍性的应该是金字塔型组织结构，如图 4－1。金字塔型组织结构和人类社会一样历史悠久，它是人类社会最基本

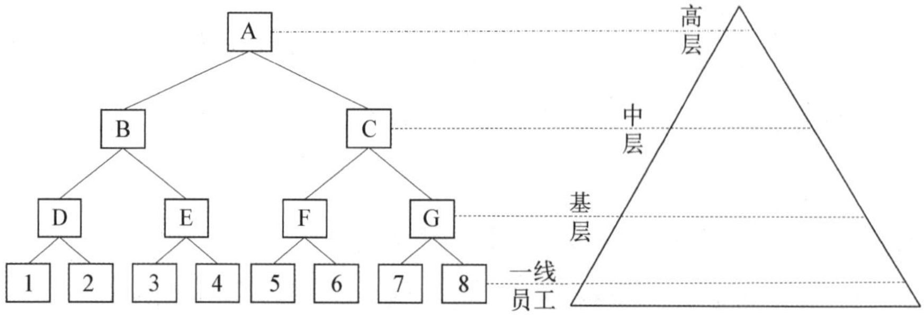

图4－1　传统金字塔型组织结构

的组织结构，目前企业沿用至今的多数还是这样的组织结构。

在金字塔型的组织结构中，权力最大的管理者在金字塔的塔尖，下面依次是高层、中层、基层管理者，最基层的是具体做事的一线员工，每一层都是按照上一级的指令做事，这样的组织结构更强调执行力和效率。任何事物都有两面性，当员工习惯于按照指令去做事的时候，虽然体现了执行力和效率，但员工的思维也慢慢僵化，有指令就知道怎么做，没有指令就不知所措，甚至为了避免犯错，宁愿等也不愿意主动做事，所以整个企业相当于是一头狮子带着一群羊在做事情，企业越大，带头人越累，就像是传统的绿皮火车，所有动力都来自车头，车厢越多，火车跑得越慢。

金字塔型组织结构比较适用于稳定的经济环境，整个经济大环境比较好，企业不缺业务订单，下面的员工只要按照要求干得快、干得好就行，但是稳定的经济环境被打破了，在今天个性化、动态化、消费者中心化的大环境下，企业更强调从单纯追求速度到更加追求质量、效率和创新并存进行转变。效率是主线，质量是保障，创新是基础，所以金字塔型的组织结构越来越不适应复杂的、多变的、个性化的时代。企业要变革、转型，都离不开企业基层活力的释放，但目前传统的金字塔型组织结构不利于企业激活基层创新，其原因主要体现在以下这些方面。

1. 老板就是企业的天花板

中国绝大多数民营企业的老板都是草根出身，稍有不慎，企业善始却不能善终。中国的民营企业平均寿命不到三年，为了面子、家族以及难以承受的客观风险，企业老板拼死也要让企业活下去，所以民企的老板们是中国学习能力最强的一个群体，他们在打拼的过程中死扛硬顶、跌跌撞撞，但却练就了一身好功夫。正是凭着这身功夫，他们把企业做得越来越大，老板也越来越自信，认为自己以前的做法都是对的，加上金字塔型组织结构的权力特征，下一级基本上就是服从和执行，或许再加上恭维，他会本能地享受这种成就所带来的自我满足，也会更加强化自己能力的重要性。少了冷静的审视、思考和自我变革的意识，企业老板盲目自信，不知不觉中成为了企业的天花板，自己越做越累，下面的人才成长缓慢，导致企业发展受到阻碍。

2. 管理层级多，制约效率和活力

管理大师德鲁克指出：“组织结构最常见的病症，也就是最严重的病症，就是管理层次太多。组织结构设置上的一项基本原则是，尽量减少管理层次，尽量形成一条最短的指挥链。”

金字塔型组织结构的多层级设置，延长了信息传递的路径，影响了信息的传递速度，还加重了信息内容的衰减，最终导致企业内部对于市场需求信息反应迟缓。一个中心的决策机制难以对个性化、动态化的市场环境及时作出反应，加上企业内等级观念和官本位思想严重，有时一个决定要通过层层审批而错失良机，影响组织运作效率。

这种组织结构在过分强调执行力的同时，带来的另外一个弊端就是员工的工作缺乏创造性，认为“领导让我怎么干我就怎么干”，被动执行，形成思维

惰性和依赖性。人人都这么想，整个组织就会缺乏活力，而且在这种组织模式下，员工往往只对这件事做还是没做负责，但不会对最终的结果负责，缺乏经营意识。

3. 缺乏顺畅的内部协作和外部沟通

金字塔型组织结构更加强调职能化分工，每个职能部门独立完成自身的业务，如果企业管理体系相对完善，在通过以市场为导向的端到端的流程体系保障协同的有效性的同时，实现专业化，这是最好的结果。但是很多企业都处于成长前期，并没有构建起完善的经营体系，这样的情况下，过分强调职能，就容易出现单打独斗、各自为战，甚至相互之间还经常扯皮和推诿情况，导致内部沟通协作不畅。内部沟通协作不畅，外部的沟通就一定会受到影响，最终影响到企业对市场和客户的响应速度。外部的市场压力，也很难传递到企业内部，企业资源投放也不够精准，因此管理失控或管理过死都会造成资源流失和浪费。

三、 组织结构演变趋势

工业时代，产品价值是由企业定义的，企业生产什么，消费者就买什么，生产什么、生产多少、定什么价格，主动权完全掌握在企业手中，是生产驱动消费（B2C）的时代。互联网时代，没有了中间环节，商业流动加快，产品价值不再由企业定义，而是由用户来定义，只有用户认可的、用户参与的、用户愿意分享的产品，才具有市场价值，是用户驱动生产（C2B）的需求化时代。所以，在互联网新经济时代，所有企业及其员工都不能只对老板负责，而更应该对用户负责，直面用户需求。直面用户需求需要企业的每一个人或者直接面对用户，或者直接服务面对用户的人。那么，怎么才能做到每一个人直接面对用户或直接服务面对用户的人呢？

最直接的做法就是进行组织结构变革。倒三角服务型组织结构和平台型组织结构正是为顺应信息化时代的发展趋势，有效地规避上述传统组织结构存在的种种弊端而设计的。那么什么是倒三角服务型组织结构，什么是平台型组织结构，其组织结构特征和背后的核心思想分别是什么？下面分别展开论述。

1. 倒三角服务型组织结构的构建

中国有一家把互联网和阿米巴经营结合得非常成功的企业，叫韩都衣舍。韩都衣舍电商集团创立于2006年，是中国最大的互联网品牌生态运营集团之一，凭借“款式多”“更新快”“性价比高”的产品理念，深得全国消费者的喜爱和信赖。

2007年，韩都衣舍的创始人赵迎光受一个朋友的邀请，去一家名为约瑟夫的韩国电商公司参观。那家公司有五层楼，有四百个员工，赵迎光先被朋友领去看公司的仓库，仓库每天发两万多件包裹，在2007年的时候，一个服装类电商一天能发一百件包裹就很了不起了，约瑟夫的发货量让赵迎光十分诧异，他跟朋友说：“我自己捣鼓电商六七年，很多事都没想明白，找不到出路，我可不可以见见你们老板?”经朋友努力，赵迎光与社长的饭局约在了当天晚上，这位时年38岁的社长告诉赵迎光三句话：第一，一定要做自己的品牌；第二，要从休闲女装开始做；第三，款式更新一定要快，性价比一定要高。原来，赵迎光多年来之所以做不大，是因为自己一直在做别人的渠道，这三句话猛然间点醒了梦中人。

从那以后，韩都衣舍开始自主进行品牌孵化。围绕韩风系品牌群、欧美系品牌群、东方系品牌群，公司通过自我孵化、战略收购、时尚云平台的搭建，完成了基于服饰品类近50个品牌的集群布局，并立足国内电子商务的广阔市场，独创了一套基于产品小组的单品全程运营体系（IOSSP），在最小的业务单元上，实现了"责""权""利"的相对统一。2010 年，韩都衣舍获"十大网货品牌"以及"最佳全球化实践网商"的称号。2012 年至 2016 年，在国内各大电子商务平台中，韩都衣舍连续五年行业综合排名位列第一。2016 年 7 月，韩都衣舍获批成为互联网服饰品牌第一股。

韩都衣舍的成功和创始人赵迎光的经营理念和战略眼光有直接的关系，赵迎光说："老板就是企业的天花板，老板的高度决定了企业的高度，从今天起我不要做企业的天花板，而是做地板，托起我们的员工，让员工快速地成长，让员工来成就企业的高度。"赵迎光的经营理念在韩都衣舍的组织结构调整中可见一斑。

下面就以韩都衣舍的组织结构变革为例来详细说明倒三角服务型组织结构的形态、特征和背后的经营思想，如图 4－2 所示。

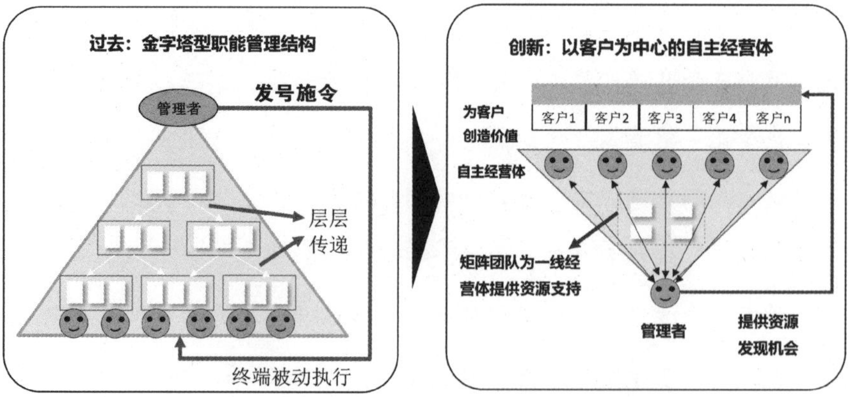

图 4－2　韩都衣舍组织结构变革

在倒三角服务型组织结构中，最上面是一个个小的业务单元，韩都衣舍称之为“三人小组”，公司把产品设计、导购页面制作与订单管理三个非标准环节交由“三人小组”负责，每个“三人小组”一般由设计师、页面制作专员和订单管理专员三个人组成，而供应链、IT、仓储、客服等可以标准化的服务则统一由公司提供。

“三人小组”的责、权、利设计非常关键。首先，在“责”上，根据所获资源，每个小组都有明确的销售额、毛利率以及库存周转率的要求，销售额决定了公司的市场占有率和规模，毛利率决定了公司的盈利能力，库存周转率决定了公司的运营效率，这三个指标是公司最核心的指标，每个“三人小组”都必须要负起责任；其次，在“权”上，既然要承担公司的核心经营指标，责权要对等，所以具体开发哪些款式、每款几个码、如何定价、库存深度多少、是否参加打折等权力全部归“三人小组”，也就是说每个“三人小组”都几乎拥有一个网店老板的所有权力；最后，在“利”上，销售额减乘以毛利率、提成系数与库存周转系数，就是小组奖金。韩都衣舍通过以上的机制设计，真正实现了责、权、利的统一。

“三人小组”的下面是管理后台，供应链、IT、仓储、客服等可以标准化的服务统一由相应部门提供。每个“三人小组”都是一个独立的自主经营体，承担实实在在的经营压力，不给公共部门压力，收入、小组排名、人员稳定性都会受到影响，所以为了经营得更好，“三人小组”自然会把压力传递到这些后台服务部门。

韩都衣舍创始人赵迎光说：“如果人力资源部门招的人培训后进入小组，待了两三个月就走了，小组长就会表示不满，要求人力资源部门解释。因为小组一共三个人，现实利益会直接受到影响，但如果发生在一个20—30人的部门，走一两个人影响不大，部门主管也许就不会太在意。”

正是300多个小组每时每刻的压力传递，倒逼这些后台服务部门日益优化其服务，整个平台的基础也日益牢固，“三人小组”也由最初的野蛮生长转向正规，每3—5个小组编成一个大组，每3—5个大组构成一个产品部，在充分竞争的同时，也可以更好地顾及整体利益。

倒三角服务型组织结构构建好以后，就是往里面装内容了，这个内容就是事业单元，也就是说整个组织都要紧紧围绕事业单元的定位和战略目标，以市场和客户为导向，强化自主经营、内部市场化、去中心化，充满活力地进行整体运作。韩都衣舍的事业单元是以品牌来体现的，在韩都衣舍的平台上，有近50个服装品牌在同时运作，这些品牌是企业经营的核心和主线条，每个品牌都要有灵魂人物，这些灵魂人物是有能力把某一类人变成品牌粉丝的人。

倒三角服务型组织结构的最下面是以企业最高领导者为首的核心经营团队，有些企业称之为“经委会”，它们主要负责企业战略制定、新事业孵化、机制设计和企业文化打造四大方面的内容。在四大方面的内容中，战略是方向，新事业是机会，机制和文化是环境，也就是说，在倒三角服务型组织结构中，“经委会”要能站在未来思考现在，做出正确的战略选择，及时进行新事业孵化和事业布局调整，“冷眼看世界”，该出手时就出手，并为每个事业培养或寻找合适的可以统领事业的经营型人才。在企业的机制设计和文化打造上，做到科学、合理、公平、公正、公开，为企业打造良好的经营环境，接下来就是让员工在这样的平台上放开手脚去干，赛马不相马，用时间去物色、筛选、淘汰人，最后沉淀下来的就企业所需要的既有正确思维，又有工作热情，还有经营能力的人才。

企业采用什么组织结构，和企业的特点及发展阶段有很大的关系，一般来说，企业具备以下几个特点的任何一个时，就是该考虑做倒三角服务型组织结构变革的时候了。

① 企业环境复杂多变，需要组织具有很强的适应性和快速反应能力，这时企业需要减少组织的管理层级，加强部门间的协调与充分授权，减弱组织内部的控制力，加强非程序化的决策能力，以实现组织的灵活性，更好地适应环境。

② 企业的事业是多元化的，而且事业之间关联性不大，领导又不可能对所有事业都非常精通，这种事业高度多元化的战略在核心流程可以共享的前提下，就要求组织结构具有更大的灵活性和更大程度的分权。

③ 企业规模扩张和产品类型急剧增多时，企业需要考虑组织结构变革。规模越大，管理幅度就越大，需要上级协调与决策的事务就越多，但是，管理者的时间和精力是有限的，如何解决这一对矛盾呢？企业规模越大，越要强调规范化管理，同时需要进行更多的分权，强化自主经营，而倒三角服务型组织结构就可以解决这对矛盾。

④ 企业事业发展很快，人才成为企业发展的关键瓶颈，企业需要快速培养和复制经营型人才，这时企业需要更多地强调自主经营和进行权力下放。

⑤ 以信息化建设为主要内容的管理水平不断升级，信息处理效率大幅提高，信息获取变得比以往任何时候都更加便捷，高效而准确的信息搜集及信息和数据处理，使得企业对个别能人的依赖越来越少，这时企业可以采用更加扁平化的组织结构来适应信息化时代的新型经营方式，以减少中层管理人员，提高效率，降低企业内部管理成本。

随着企业所在的行业和产业的环境变化以及竞争的日益加剧，企业都在寻求变革和转型，其中有很多企业在尝试组织结构变革，不断压缩管理层级，决策权力逐步下放，更强化员工自主经营，虽然感觉管理幅度比以前更大了，但是组织的效率比以前更高了，企业竞争优势也逐步得以加强。

通过以上对倒三角服务型组织结构的特点、具体的案例以及变革环境的描述，我们可以总结一下这种组织形态的几点好处：

（1）强化经营，倒逼管理

经营与管理这两个词我们都很熟悉，但是他们之间到底有什么区别，又有什么联系呢？

简而言之，管理是以实现员工价值为导向，经营是以实现客户价值为导向。管理更多的是顺向思维，你给我多少米我就做多少饭，一旦没有米就做不出米饭，责任不在我。经营是逆向思维，是以企业或企业家经营的意志为锚点来倒推，到这点不管怎样都要有结果，没有理由。所以管理是等米下锅，而经营是找米下锅，企业今天缺的往往不是等米下锅的管理型人才，而是能主动找米下锅的经营型人才。那么经营和管理有什么联系呢？如图4－3所示，经营和管理的关系有三种情况。

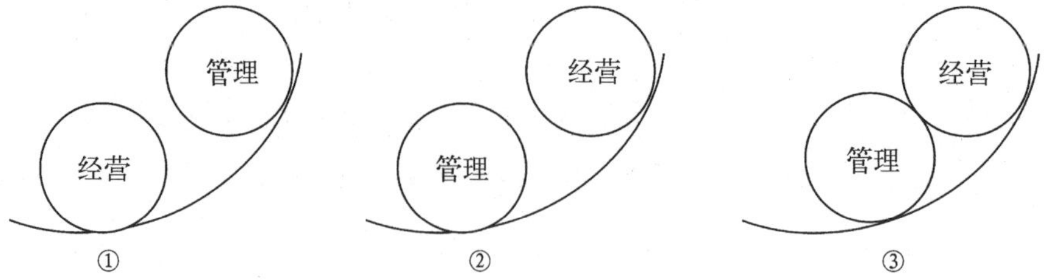

图4－3　经营与管理的关系

第一种情况是管理在前，经营在后，如果企业在某个特定发展阶段就是要强化管理，那就另当别论，如果这是一种常态，那就是属于管理过度。企业如果管理过度，就会存在流程烦琐、制度复杂、思维僵化、员工做事束手束脚、效率低下等现象，很多时候是为了管理而管理。一个个管理动作做起来轰轰烈烈，但是并没有给公司创造价值，甚至是在浪费公司的时间和金钱。

第二种情况是经营在前，管理在后，但是管理和经营之间脱节，管理跟不上业务发展需要，制约公司业务进一步发展，成长中的民营企业很多都是属于这种情况。民营企业发展一路走来很不容易，野蛮生长也好，跑马圈地也好，没有业务的支撑，企业就活不了，所以这种先冲业务再做管理的思路对于快速成长中的民营企业是非常现实的，也是非常必要的。于是我们经常看到企业创始人带头抓经营，他们一路冲在最前面，亲自关注市场、客户、订单、技术等业务，并且很快见到效果。同时，经营环境变化，企业竞争和发展压力加大，也迫使他们以更多的精力和热情去继续关注业务以促使公司的业绩增长。久而久之，企业内部的管理基础就弱化了，而且容易形成重业务轻管理的思想。随着公司业务的不断发展，管理的薄弱会越发明显，最后成为企业发展的瓶颈，这时如果企业还是盲目追求业务增长和规模，就可能会造成增长得越快，崩盘得越快。

第三种情况也是经营在前，管理在后，但是经营和管理是紧紧衔接在一起的。企业最理想的应该就是第三种情况，经营在前，管理在后，经营倒逼管理同步发展的模式。如何能实现经营在前，管理在后，而且管理和经营又不至于脱节呢？

倒三角服务型组织结构就是以此为核心思想的，在倒三角服务型组织结构的运作中，整个企业都要抓住经营这个主线条，一切管理活动都要直接或间接为经营服务。倒三角服务型组织结构最上面的经营体离市场和客户最近，他们充分关注市场和客户需求，塑造独特的客户价值特性，并积极进行业态变革，最大化地追求目标客户对企业品牌的认同，建立顾客对企业的信任度和忠诚度，追求企业效益的最大化。经营以实现客户价值为导向，管理以实现员工价值为导向，而客户价值是通过员工创造的，所以倒三角服务型组织结构通过最上面的经营体把市场压力往公司内部传递，通过后台职能部门加强以人为本的管理系统构建，并以企业体制设计（包括组织、制度和人事设计）和文化打造为保障，系统夯实企业管理基础，提升企业体制和文化竞争力，练好“内功”。所以经营是龙头，管理是基础，以经营拉动管理，两者紧密衔接、相辅相成。

（2）强化公司内部市场化

内部市场化就是公司在组织内部开展生产经营活动时也遵循市场经济的运行规律，进行虚拟的市场交易，以这样的方式来传递市场压力，优化人、财、物等资源配置，最大化地挖掘企业潜力，增强企业活力，在提高企业市场运作效率的同时提高企业的整体经济效益。

企业内部市场化，不同于“联产承包”，把阿米巴经营做成承包是中国企业推行阿米巴经营的最大误区之一，为此我们先重点讲一下阿米巴经营与承包的本质区别。

2018 年我受邀去浙江一家做服装的企业沟通交流，这家企业创业 13 年，年产值 2.5 亿元左右，企业老板在 2008 年就开始接触阿米巴经营，并于 2012 年正式开始在公司推行阿米巴经营，对四个事业部进行严格的独立核算，能够摊到事业部的费用全部摊下去，根据事业部的最终经营利润，公司拿出 30%用于激励。每个事业部除了其总经理超过一定额度的财务审批权限没有之外，其他权力全部下放到事业部。推行阿米巴经营的前三年，大家积极性很高，收入也有较大幅度提升，老板也觉得很省事，但是最近三年公司经营遇到了瓶颈，业绩开始下滑，公司发现大家算账的积极性明显下降，虽然通过核算报表数据发现了问题，但最后大家都把问题归咎于外部市场，而且事业部不希望公司干预自己的业务和内部管理，希望“一切我说了算”。同时因为经营不理想，每个事业部都希望抬高自己的内部交易定价来提升自己的利润，结果各事业部争执不休，内耗越来越大。老板发现苗头越来越不对，这明显不是自己想要的结果，可到底哪里出了问题呢？

其实，这家企业的问题就是把阿米巴经营做成了承包。“承包”准确地说应是“承包经营管理”，是指企业与承包者之间订立承包经营合同，将企业的“经营管理权”全部或部分在一定期限内交给承包者，由承包者对企业进行经营管理，并承担经营风险及获取企业收益的行为。

从定义上来看，阿米巴经营化小核算单位，建立内部市场买卖关系，独立核算，自主经营，自负盈亏不就是承包吗？事实上，两者虽然有相似之处，但却是天壤之别。

目的不同

阿米巴经营的目的是培养人，而承包的目的是赚钱，最好是赚快钱。不为了赚钱，谁愿意冒着风险去承包？阿米巴经营是以培养人为目的的，这个道理很多企业都明白，但是做着做着就忘了这一点。我也试着去跟这些企业老板沟通，想了解到底是什么原因。我发现有些关于阿米巴经营的宣传误导了企业老板。第一种误导性宣传就是说阿米巴经营可以解放老板，现在老板都很累，导入阿米巴经营以后，全员参与经营，老板就可以轻松了。其本意是通过阿米巴经营的推行把老板从救火式的烦琐事务中解放出来，把时间用在更重要的事情上。但是有些企业老板就理解错了，把让自己轻松当作推行阿米巴经营的出发点，怎么让自己轻松呢？把各个单位的账算清楚，把分钱机制定好，剩下的就是让各个单位自己去干，按照这样的想法，做着做着就慢慢把阿米巴经营做成了承包。第二种误导性宣传就是说阿米巴经营可以快速见效，所以很多企业都过分强调基于独立核算基础上的利益驱动，只要有利，大家就会拼命干，大家拼命干，就会给企业带来收益。殊不知，阿米巴经营对人才的培养是一个漫长的过程，在这个过程中，企业要有足够的耐心，要敢于承担员工在成长过程中犯错的成本和代价，而且企业算账不但要关注结果，更要关注过程。

上海有一家做热镀锌的企业，推行阿米巴经营非常成功，这家企业就非常关注车间主任经营能力的提升，让每个车间主任每周、每月对经营报表展开分析。为什么合格品率不够高？为什么人均劳效下降？指出问题到底出在哪里。车间主任通过自己的分析，挖掘真正的问题所在，并想办法解决，而且每次经营例会董事长都会亲自对每个车间主任的报告进行点评，半年下来，车间主任的经营思维和能力都有了很大的提升。

而很多把阿米巴经营做成承包的企业，往往只看结果不管过程，缺乏长期培养人才的耐心和决心，宁愿通过简单的利益驱动来达到目的，员工与企业的只是简单的利益交换关系，无形中就把阿米巴经营做成了承包。

目标不同

阿米巴经营是基于公司统一的经营目标，各级阿米巴的经营目标必须要和公司的目标一致，不仅追求当下的收益最大化，更需要严格遵守公司的理念和经营方针。当下收益最大化是眼前利益，遵守公司的理念和经营方针是长远利益；各级阿米巴的收益最大化是局部利益，公司整体收益最大化是整体利益。当局部利益和整体利益、眼前利益和长远利益产生矛盾的时候，阿米巴经营提倡从整体利益和长远利益出发，所以阿米巴经营化小核算单位，“分”只是表象，真正的目标是为了更好地“合”，正所谓“大河无水小河干，小河有水大河满。”在这样的前提下，企业实施量化分权，鼓励各级阿米巴创造性地开展工作，八仙过海，各显神通，保证每一个小集体都充满激情，高效、灵活地展开经营活动。

承包就不一样了，根据承包协议，我每年给你交多少钱就好，至于我怎么管人、怎么用人、怎么经营和管理，那是我自己的事。当局部利益和整体利益、眼前利益和长远利益产生矛盾的时候，承包人都是从眼前和自身利益考虑。这样就会造成很多负面的影响，比如牺牲产品的质量、客户的服务、企业的形象，甚至是企业未来的发展。短期内企业可能感觉减负了，而且还拿到了每年的收入，但是却埋下隐患，丢了客户、市场、品牌形象，最后只能是悔之晚矣。

通过这一点也可以看出，所有把阿米巴经营做成承包的企业，都有一个共同的特点就是不重视企业的经营理念和文化，也没有长远的发展规划和目标。当企业面临经营环境日益恶化，销售额逐年下降，利润逐年缩水，生存越发艰难的情况时，如果不能站在战略和策略的高度上，系统调整业务结构、产品结构、客户结构，下面的各级阿米巴账算得再清楚，机制再怎么有激励性，都不能解决根本性问题，甚至是杀鸡取卵，一边摘眼前的果，一边埋明天的雷。

理念文化不同

日本家族企业多采用“终身雇佣制”和“年功序列制”的管理模式，带有较强的人性化色彩，强调在企业文化理念的规范下追求集体共同富裕，从而实现企业追求效益的目的。企业的人事管理以员工追求自我实现的愿望为中心展开，员工也“以厂为家”，“家”就是公司的代名词，所以在良好的土壤环境下，阿米巴经营特别强调利他的思想理念，克己奉公，倒逼自己创造性地开展工作，敢于不断挑战高目标。而承包的理念是利己的，比如只要在自己承包期间设备还能用，大家都会透支地去用它，都不愿意花钱去修理而便宜了下一个承包的人。阿米巴经营的文化是“家”文化，企业就是一个大家庭，在这个大家庭中每个经营体、每个人都要凭自己的实力为这个大家庭创造价值；而承包是典型的“山寨王”文化，一切都想自己说了算，各自为政、占山为王。

所以，一旦企业混淆了阿米巴经营与承包的概念，就有可能会形成大家都以赚钱为目的的，利己的、各自为政的局面，这样一个完整的企业就会变成一盘散沙。实行公司内部市场化就是在保持企业整体性与一致性的基础上，各业务部门实行分权管理，同时在企业内部引进市场机制、竞争机制，通过内部市场化，让各部门直接面对市场，在市场压力下激发出巨大的创造力。

在倒三角服务型组织结构中，各个经营体之间可以引入竞争机制。在韩都衣舍，会有二十个业务小组在卖同一个品牌的服装，而且每天根据销售额排名，做得好的小组可以培养人出去再组建一个小组，做得不好的小组，组员就会对这个小组失去信心，慢慢就会流失掉，最后就剩小组长光杆司令一个人，这个组就自然消亡了。所以哪个组该做大，哪个组该做小不是某个领导说了算，而是市场说了算，从而减少了领导的人为干预。在企业里任何一个部门只要受到人为的保护，最后一定会滋生官僚和腐败。

除了经营体之间，经营体和后台服务部门之间，也要按照市场化的方式进行运作，既有分工又有协作和制约，比如如果采购部门的采购价格高于同行的采购价格，从采购部门购买材料的生产部门或营销部门就会提出要求，要求采购部门按照市场价格进行对标，降低采购成本，否则生产部门或营销部门的利润就不能实现最大化，如果一段时间内还降不下来，他们甚至可以直接到市场上购买。以前这些事情往往只有公司去干预，现在建立了内部市场化运作机制后，上下游之间的互相协作和制约得以加强，保证了企业整体成本最低，收益性最大。

经营体与人力资源或行政部门等职能部门之间的关系也由行政命令关系变为服务与被服务的关系，如果这种服务可以被定价的话，它们之间就有了等价交换的经济往来关系，如果不能定价，那经营体就要承担这些服务部门的一些费用。不管是购买服务还是承担费用，经营体都会“计较”，以前大家都不计较，因为谁都不需要对使用的公司资源付费，也不需要对最终经营结果负责，基本是靠行政命令干预，所以市场压力传递不畅，导致企业内部梗塞，拨一下，动一下，自我求生存、求发展的意识淡薄，自我驱动力发挥不足。实施内部市场化后，各业务单位从以前只对过程负责变为对结果负责，对公司资源的无偿使用变成了有价使用，行政关系变成了经济往来，经营的压力迫使经营体必须学会“计较”，一旦学会“计较”，就会对服务部门的服务质量提出要求，以此倒逼企业内部职能组织提供优质服务。同时为了避免出现机构臃肿、缺乏活力等问题，企业鼓励管理人员走到一线参与经营，精简管理队伍，有条件的单位还能积极面对社会，开展创收，最终也是降低了企业总成本，提高了企业的经济效益和竞争力。

（3）**更有利于培养经营人才**

相对于传统金字塔型组织结构，倒三角服务型组织结构让企业更贴近市场和客户，全员都在直接或间接地为客户创造价值，潜移默化中，人的思维会发生转变，由对领导负责转变为对客户负责，由关注过程到关注结果，由关注管理到以经营驱动管理。

同时，倒三角服务型组织结构的机制设计以更强调员工价值为核心，主张实力主义。所谓实力，就是思维、热情和能力在一个人身上的综合表现，最终要体现在经营数据上，是公平、公正、公开的。创造价值才能分享价值，真正做到以奋斗者为本，只有充分发挥基层员工的价值，才能开启企业的源动力，源源不断为企业创造价值。企业的管理者和后台服务部门只有为一线组织和员工提供有效的服务支撑，才能从中分享更多价值，在这样的激励导向下，员工和企业是双赢的。把责、权、利更好地落实到直接或间接创造价值的每个人，更利于有能力又敢于担当的经营人才从幕后走到台前。

相比之下，在金字塔型组织结构形态下，企业机制设计往往先从最高层领导开始，然后是中层、基层，最后是一线的员工，机制的激励作用自上而下逐层递减，真正的一线员工基本对公司的激励没有感知，做多做少一个样，做好做坏一个样。这导致人才的成长速度很慢，虽然公司投入管理成本，采取大量的管理动作来弥补员工动力的不足，但收效甚微。

再次，倒三角服务型组织结构形成了公司内部市场化，使得人人都要参与竞争，干部能上能下，加快了人才流动，提高了人力资源的运作效率，最终让合适的人做合适的事情，让员工可以施展才华。

最后，倒三角服务型组织结构伴随集权到分权的转变，使员工有更多自主决策的空间，可以让领导从琐碎的日常管理事务中解脱出来，集中精力考虑事关企业可持续发展的战略性问题，而员工在自我决策的过程中也会越来越懂得自我管理并学会如何为了好的经营结果作出选择和平衡。“不当家不知柴米贵”，一旦员工进入经营者的角色，就要学会自主决策，而且要对经营结果负责，这时员工思考问题的角度和层次就会不同，对自我的要求也会不同，内驱力也会越来越强。当员工自主决策的空间变得更大，面临的不确定性也变得更大，责任也更大，成长的速度也会更快。

倒三角服务型组织结构的构建，一定要伴随着企业领导人思维的转变、格局的升华、体制的配套和经营策略的调整同步进行。有些企业领导人认为，我把以前的组织结构倒过来画，不就是倒三角服务型组织结构了吗？怎么做了半年了，公司也没啥变化呢？殊不知，组织结构只是一种形式而已，如果企业从领导人开始，没有真正树立自我变革的意识和决心，倒三角服务型组织结构能带来的所有好处也会与企业无缘。

2. 平台型组织结构的构建

未来的世界将越来越趋向于个性化、碎片化，传统僵化的组织结构和一家企业的单打独斗，都很难跟上这个时代的步伐，在快速迭代和高度个性化的时代，一个伟大的企业必将是采用平台型组织结构的公司。亚马逊、阿里巴巴、京东、Google、百度、苹果、腾讯……这些都是平台型公司，平台型组织结构是组织结构演变升级的必然趋势。

什么叫平台型组织结构？平台型组织结构是倒三角服务型组织结构的升级，相对于倒三角服务型组织结构，平台型组织结构的最大特点是弱化了企业的边界，不求为我所拥有，只求为我所用。打破企业的边界、最大化地整合社会资源是平台型组织的典型特征。平台按照功能可以分为很多种，比如海尔的创业平台、阿里的交易平台、百度的搜索平台、腾讯微信的沟通平台等，从价值构造手段上来说，则可以归纳为孵化平台和交易平台两大类。

（1）孵化平台

孵化平台就是企业利用积累的资源优势，通常以项目化运作的方式来吸引更多的创意、人才和资源而进行共创、共享、共担的生态型组织。

适合做孵化平台的企业一般都是实业出身，而且经营多年，已经成为行业的领军者，本身就具备了比其他企业更好的整合社会资源的优势，有时甚至具有获取独占性资源的优势。国内最典型的当属海尔集团。

从2012年开始，海尔进入网络化发展阶段，把时间上的零距离和空间上的零距离作为最大的调整目标，过去利用信息不对称取得发展先机的日子一去不复返了，现在用户点击鼠标或手机就能随时决定企业的生死。这样一个新常态下，海尔认为每一个人都是市场主体，企业不再像以前那样靠单打独斗就可以一家通吃，企业的边界变得越来越模糊，如何从一个封闭的系统变成一个开放的生态圈，是摆在海尔面前的课题。于是海尔打破了原来的倒三角服务型组织结构，建立了平台型组织结构。海尔的平台上有三类人，第一类人是平台主，他不是管理多少人或多少部门，而是搭建一个平台，吸引创业团队。第二类人是小微主，海尔在内部成立了非常多的小微公司，小微主对小微公司负责，保证小微公司取得盈利。第三类人是创客，创客是小微公司的合伙人，在平台上创业。海尔搭建平台创业机制，孵化出了很多小微公司，小微公司直接为用户创造价值，不能为用户创造价值的小微公司就要消亡。小微公司就是在海尔平台上独立运作的真

正的公司主体，它想办法拿到外部的风险投资，同时海尔一块儿做投资，有了这两个投资以后，员工、总经理、创客就来跟投，这样海尔和员工就通过股权绑定在一起，每个小微公司风险共担，利益共享。

海尔的孵化平台有四种孵化模式。第一种是脱离主体的孵化，海尔鼓励员工创业，员工可以辞职，然后独立开公司，他们可以共享海尔的用户产业资源；第二种是企业内部平台孵化，基于海尔原有的产业创新，员工可以成立一家公司，作为原来的产品延伸；第三种是众筹孵化，吸引社会上各种各样的资源，大家一起筹资、筹钱、筹资源，成立公司；第四种就是生态小微，很多社会上的创客可以在海尔平台上共创共享，海尔开放用户资源和小微资源，打造创客加速平台和用户体验平台的共创共赢生态圈。

为了保证平台化构建的顺利进行和平台的健康发展，海尔在流程体系、营销模式、内部管理、人才培养理念和机制等方面都作了同步调整。第一，海尔的流程体系由以前的串行转变成并行，转变成并行以后，研发部门、生产制造部门、销售部门都必须为它的用户目标负责。比如过去生产部门生产完一台产品，如果质量和交货期满足要求就可以提钱了，但是现在不行，要等它的产品卖到客户手里，它才能拿到钱，这就要求它必须要围绕用户价值去做工作。第二，营销模式也发生了转变，从过去强调客户到今天强调用户，与用户互动起来，让用户参与产品设计。第三，内部管理去中心化，企业内部职能平台转变成两个大的平台，一个是共享平台，包括人力、信息、法务等，为所有平台提供服务，这个共享平台保证众多小微公司活而不乱，另外一个是驱动平台，重点考虑战略规划、机制设计和文化打造。第四，转变人才培养理念，采用动态合伙人机制，"动态"的意思就是如果你在这个平台上不能创造价值就很可能被取代，所以每个人为了保证自己能够持续创造价值，就需要不断学习，不断往前走。赛马不相马，让员工从过去的执行者变成现在的创业者，从过去的员工转变成现在的总经理，所以海尔有一句话是：让每个人都自己成为自己公司的CEO。

（2）交易平台

交易平台相比孵化平台而言，更关注用户需求，一端是需求方，一端是供给方，交易平台作为第三方存在，为供给方导入流量，为需求方提供产品或解决方案。孵化平台靠的是资源，而交易平台靠的是意志，交易平台在新成立的时候往往就是奔着平台去干的，以终为始，高举高打，大开大合，没有舍我其谁的意志，很难成功。交易平台的建设过程往往会伴随互联网、资本和“烧钱”。国内最典型的交易平台就是早期的阿里巴巴。

阿里巴巴就是从1999年专注国内外批发贸易的第三方交易平台开始发展的，其间经过多轮融资，发展注册会员，积累流量，后续经过收购兼并，不断扩大业务范围，今天的阿里巴巴已经不是一个只有淘宝、天猫的纯交易平台了，而是一个集阿里云、阿里物流、阿里影业、阿里音乐等多领域的交易平台和孵化平台的综合体。阿里在平台化建设的过程中，也在不断地进行组织结构变革。2012年7月23日，阿里巴巴集团宣布调整公司组织结构，从原有的子公司制调整为事业群制，把原有子公司的业务调整为淘宝、一淘、天猫、聚划算、阿里国际业务、阿里小企业业务和阿里云7个事业群，进行产业布局。2013年1月10日，阿里巴巴集团宣布再次对原有业务架构和组织结构进行相应调整，将7大事业群拆分成25个事业部，由各事业部总裁（总经理）负责，更加强调组织化小、权力下放，以激发组织活力。

现在的平台化公司远远不止海尔、腾讯、阿里、京东，平台化已经从一种组织形态上升为一种思维，这种开放的、尊重个性的、共创共享的、整合而大的平台思维伴随互联网技术的发展和资本的力量，使得平台的构建和发展比以往任何时候都更具有现实意义。正如《平台转型》（中信出版社2016年版）一书作者陈威如教授所说，平台思维不再是互联网行业的专用词，它可以用来解构价值链，可以被运用到组织结构的设计中，更能帮助企业形成竞争优势。平台带来的商业革命已经改写了现在及未来的企业生存规则，而这股浪潮已经从互联网行业蔓延到其他多种行业之中。如果说，过去10年是平台商业模式在互联网行业的爆发期，那么未来10年，将是平台商业模式在传统行业转型应用上的黄金时代。

（3）平台化建设的条件

平台和平台化思维是不同的概念，平台化思维的本质就是以用户价值最大化为导向的、开放的、共创共享的思维，以用户为中心、去管理、去中心化是其组织原则及特征。不管是什么类型、什么规模的企业，都可以具备平台化思维，强化全员参与经营和基层创新，激发组织活力。但是具备平台化思维不代表就可以做成平台，真正要做成平台，还需要具备以下条件：

平台领导人的坚定意志、格局与平台文化

平台领导人的坚定意志、格局与平台文化是意识形态的软实力，平台建设不可能一步到位，可谓十年磨一剑，其间面临质疑、困惑、迷茫、孤独，只能靠意志支撑，而且这个意志还不能只是领导人一个人的意志，要成为大家共同的意志，此时领导人的格局和人格魅力就更加重要。平台领导人要让真正优秀的人才不管经历什么样的风风雨雨都愿意追随自己一生，真可谓：一群人、一辈子、一条心，认定一个人、只干一件事。

具备优势资源或独占性资源

要想成为平台型公司，企业必须具备优势或独占性资源。例如，有一家企业经过近十年的积累，收集了250万个卡车司机的信息，其成立专门的团队进行针对卡车司机的平台的运作，增加卡车司机这一用户群体的黏性，目的就是要掌握优势资源，有了这样的优势资源，就可以撬动更多的资源，形成资源与资源之间的耦合效应，产生更大的价值，最后升级为一个生态系统，实现传统企业的互联网转型。

这种优势或独占性资源的获取，可能是经历了很长时间的积累，也可能是靠资本的力量快速起势，但资本不是万能的，打铁还需自身硬，资本是双刃剑，可能会帮一个企业，也可能会毁掉一个企业。

利用产业互动，加快平台建设步伐

一个企业要想完全靠自己的力量建设平台是很难的，而且平台建设速度很关键，讲究先入为主。当消费者对一个平台的品牌认知在心中已经形成烙印的时候，再想去撼动它的地位几乎不可能，除非它自己内部出问题。所以要利用产业与资本、产业与产业、产业与人才、产业与互联网、产业与学校等各种互动，耦合资源，提升平台建设速度与平台等级。

强大的后台管理

平台上有很多创业小团队，大家富有激情，冲劲十足，如果没有强大的后台管理，平台越大、业务越复杂，平台就越乱，最后就会崩盘。另外每个创业小团队都要面向用户轻装前进，这样才能快速响应用户需求，具备市场的敏感性，如果此时没有后台管理的支撑，就相当于前方在打仗，后方提供不了炮弹，就无法实现快速反应并满足用户需求，所以强大的后台管理是平台健康发展的基础。平台管理机能建设必须要和平台业务发展同步进行，其中互联网、信息化、人工智能、大数据都会成为重要的技术创新手段。

平台机制与人才培养

平台的建设过程就是培养人才的过程，在过去金字塔型以及直线职能制组织结构中，企业组织对人才往往单纯地强调“执行力”，即使是“精兵强将”，也都是被动执行，领导抬头看路，员工低头拉车。在平台化条件下，判断企业组织结构的好坏，关键在于看企业能否通过搭建赛场（平台）、设定赛道规则（机制）、选拔赛手（人才），真正做到赛马不相马，最终让具有经营意识和能力的人才主动从幕后走到台前，充分发挥他们的创造力，不断突破自己的天花板。要让员工有热情去突破自我，机制非常重要，如平台的量化分权机制、合伙人机制等。

紧紧把握用户需求，持续进行商业模式创新和平台战略升级

要想把平台建设好，企业需要根据用户需求持续进行商业模式创新，保持商业模式的动态性和可持续性，以此进行有效的供给侧资源整合。平台公司重点是做模式，产品公司重点是做绝活。平台一旦停止生长，就会危机四起。很多平台，特别是互联网平台，都是在边做、边研究、边调整中建立起来的，并不是事先都想好才做的，真的事事都想明白了，反而不敢做了，就像马云说的：“如果我早知道支付宝系统背后涉及那么多安全问题，当时我就不会做支付宝了。”但是在平台构建的过程中，企业必须要时刻保持敏感性，紧紧把握用户需求，持续进行商业模式创新和平台战略升级，否则必死无疑。

（4）一个传统企业的平台转型案例

在赢家通吃的平台环境中，传统企业的转型可谓困难重重。有这么一家物流软件企业，成立于2002年，一直发展得很好，经过10年时间已经

成为行业内领先的物流信息化软件公司。当时我国物流市场仍处于粗放经营阶段，初级物流服务多、高级物流服务少，单一物流服务多、一体化物流服务少，大部分企业仍然在离散的物流功能上过度竞争，把精力过多地放在成本降低和价格竞争方面。但是随着物流行业的发展和客户需求的升级，单一的软件产品服务已经无法满足客户的综合服务需求，也跟不上整个行业的发展趋势，所以企业慢慢出现缺乏动力及创新、增长乏力的局面，而且新进入的竞争者越来越多，整个行业血雨腥风。

后来这家企业成功转型，从一个物流信息化软件公司转型为集物流服务交易、物流过程管理和协作流程对接为一体的物流电子商务平台。平台拥有3.5万家中小微物流企业和生产制造企业用户，有250多万个从事干线营运的个体重型卡车会员入驻，平台销售额从2015年的20亿，2016年的47亿，2017年的100亿增长到2018年的170亿，预计2019年可以达到300亿，在整个物流行业鱼龙混杂、行业分散、竞争激烈的环境下，这家公司通过平台转型成功实现战略升级。总结起来，这家企业的平台化建设分为三个主要阶段。

第一阶段，企业从单一产品提供商发展成围绕核心客户的系列产品提供商，从第一款面向专线公司、信息中介的软件产品，到随后逐渐开发出面向货主、第三方物流、司机、司机社区的系列软件产品，系列产品皆可信息互通。在物流行业不断发展演变的过程中，企业紧紧围绕客户需求，在不断优化产品和提升物流业务运营效率的基础之上，开始构建物流电子商务平台，并通过产业与金融、互联网、人才的互动融合，加速平台化发展进程。

第二阶段，企业采用“平台+阿米巴”模式，在原有的平台基础上导入阿米巴经营模式，打造组织能力，激发组织活力，将无车承运、卡友地带、经纪人联盟三大平台下的事业单元全部按照阿米巴经营的运作模式展开独立核算，引入内部市场机制，在平台之间展开内部交易。阿米巴经营的运作模式，为平台的快速发展培养经营型人才，夯实组织能力，强化平台管理机能，并不断孵化出新的业务小组，成熟一个，就独立核算一个。企业还导入合伙人机制，通过近三年的“平台+阿米巴”模式的运作，平台业务每年翻番，人才与组织能力建设更好地匹配了业务发展的需要，为企业从向客户提供产品到向客户提供系统方案和经营管理模式升级打下了基础。

第三阶段，互联网生态战略，重构业务逻辑，打通卡车司机和无车承运及经纪人联盟的业务通道，在平台内部形成业务一体化运作系统，同时强化面向卡车司机的后服务市场，逐步形成以卡车司机为核心，围绕卡车司机生活和工作而进行业务垂直整合的生态系统，并结合大数据和智能化科技手段，强化平台管理职能，提升整个平台运营效率。通过阿米巴经营的深入推广，摸索出了一套适应物流行业的“微经营”阿米巴运作模式，在平台进行复制和推广。同时结合资本的力量，企业采用更高级别的生态圈运作模式，力求在关键战略上具备领先优势和持续成长的空间，建立平台商业模式动态演变机制，实现平台的持续繁荣和健康发展。

通过这个传统企业的平台化转型，我们可以得到以下几个方面的启示：

平台化是行业龙头企业转型创新的趋势和责任

随着互联网信息化技术的发展，传统行业已有的商业结构、技术水平、运作模式、人才特质都已不适应时代发展的要求，企业都在寻求创新和变革。作为行业的龙头企业，如果还是按照以前曾经优秀的做法，故步自封，迟早会被颠覆和淘汰，所以把握时代发展趋势，利用自身的优势，通过平台化进行积极地商业结构调整、技术创新、模式探索，有效整合社会资源，积极推动行业的转型和结构性效率的提升既是龙头企业的明智选择，也是龙头企业的社会责任。

平台文化和机制是吸引人才的核心

公司之间的竞争，最终就是人才之间的竞争，平台化建设中人才是关键，平台本质上就是人才的生态系统，没有合适的人才，再好的商业构想都无法落地，所以平台要想建得快、建得好，必须要能吸引大量的人才。但是任何一个平台都是从无到有的，在平台还没有十分成熟的时候，靠什么来吸引人才呢？最重要的就是企业家的格局、视野和意志以及企业平台化的机制设计。特别是在平台的建设初期，企业离不开一个灵魂人物，所以作为平台创始人，必须要思考自己凭什么能让优秀的人才愿意追随一生。

平台化是对用户需求的深度、精准挖掘

离开用户需求，一切商业模式都不会存在。在明确平台业务边界的前提下，要辨识平台用户的需求，并把握平台各类参与者加入平台商业生态系统的动机和需求，梳理他们之间的相互关系，进行平台功能模块建设以及平台业务流程梳理，目的就是垂直整合资源，为平台用户提供更好的服务和消费体验。对用户需求把握的精准度和满足用户需求的能力高低最终决定了平台的等级。

基层创新是平台发展的源动力

我们所处的商业环境已经从稳态经济、工业时代切换到了动态经济、“互联网+”时代，商业的本质不变，但是商业的逻辑产生了很大的变化。以前是战略决定组织，组织决定人才，现在是人才驱动战略和组织，所以最大化地在平台内部激发基层的活力和创新，是平台化企业实现组织效能、常葆组织活力的关键。要让真正有创业激情和创新思维的人才在平台上有用武之地，让平台成为吸引人、培养人、考察人、淘汰人、沉淀人的人才生态系统。

四、组织设计的原则

企业经营的成功，一半的原因是人才，另一半的原因是人才的组织形式，正确的组织结构可以很好地承载企业战略，推动企业进步，而错误的或是不合时宜的组织结构不但不能有效承载企业的战略、体现最高领导者的意志，甚至会阻碍企业的发展。

那么企业组织设计应该遵循怎样的原则呢？从实践的角度出发，企业组织设计要同时考虑到企业的战略目标、经营策略、宏观性原则、微观性原则、动态性原则、匹配性原则、功能定位原则，简称“组织设计七原则”。“组织设计七原则”不是教科书上的理论，也可能没有教科书上的那么系统，但是对企业组织设计实践具有很好的实践指导意义。

1. 原则之一：着眼于企业战略

美国著名管理学家钱德勒在其经典著作《战略与结构》（云南人民出版社，2002）中就提出战略与组织结构的关系。企业的经营战略决定着企业组织结构模式的设计与选择，反过来，企业经营战略的实施过程及效果又受到所采用的组织结构模式的制约。战略与组织的关系类似经济基础与上层建筑之间的关系：战略重点决定着组织结构，战略重点的转移决定着组织结构的调整，组织结构制约着战略重点的实施。

很多企业在实际经营过程中，对于组织设计是非常随意的，今天一个主意，马上把组织结构调整一次，明天想法变了，组织结构又调整一次。这种类型的企业，最核心的问题是企业战略不清晰，不是根据战略来设计组织，而是根据感觉在设计组织，所以企业在进行组织结构设计之前，必须要明确企业的战略。战略是站在未来思考现在，也就是说组织设计也要站在未来思考现在，充分考虑企业未来所要从事的行业、采用的技术、达到规模以及相应的资源配置等，为企业打造一个3—5年内相对稳定且有前瞻性的组织结构。从这个意义上来说，组织设计的路径一定要贯穿从战略到组织机构再到组织机能的全过程：战略在前，组织在后；组织结构在前，组织机能在后。也就是根据战略设计组织结构，根据组织结构拉动组织机能发育成长。

企业要采取什么组织结构是没有定式的，关键是看企业的战略，就像华为为什么不采取事业部制一样。

早在90年代初，事业部型的组织结构非常盛行，当年华为还专门请了国际知名咨询公司做了组织方面的咨询，但是最后也没有按照咨询机构的建议实施事业部制，为什么呢？就是因为华为的战略定位。华为的战略定位是要做通讯领域的集成服务商，客户是同一个客户，但是需要不同的产品和服务，如果按照事业部的形式，做固网的只提供固网的方案，做无线移动的只提供无线移动的方案，做企业网业务的只提供企业网业务的方案，就等于把客户资源割裂了，到底谁代替华为呢？谁也代替不了，甚至会出现企业内部不同事业部之间相互抢客户、抢地盘的现象，所以事业部组织就不适合华为的战略定位。华为采取的是以客户和利润中心为导向的职能中心制，把营销中心和产品中心定位为利润中心，营销中心按照片区划分，产品中心按照产品线划分。营销中心面向客户时，代表华为所有产品线，提供一揽子解决方案，在企业内部，每个产品线都是利润中心，要和营销协同，做好产品线的经营，所以从端到端的整体视角来看，经营单位既不是简单地按产品划分的，也不是按区域或客户划分的，它同时兼顾了这两种或多种维度划分经营组织的优点，而且，重要的是符合了华为公司的战略需要，力出一孔，在战略点上始终向一个城墙口开炮。

2. 原则之二：体现经营策略

如果说组织结构和战略之间还有点遥远的话，那么组织结构和策略之间的关系就更近了。对于一个企业来说，战略、策略、组织结构、人才这四个方面至关重要，策略是基于战略目标而采取的一整套举措和行动计划，战略是站在未来思考现在，而策略是站在现在思考如何做才能不断满足战略的阶段性目标，更好地实现未来。企业战略一旦确定，3—5 年内不会频繁变动，而策略不一样，随着外界环境变化、竞争对手的反应等要及时调整，策略一调整，有时就会涉及企业组织结构的调整。

比如，一个企业的战略目标是三年内要在区域市场达到 30% 以上的占有率，为了实现这一战略目标，就要制定相应的策略。通过分析发现，公司有近 50 个大大小小的客户，每个客户每年贡献的销售额都不大，但每年都要维护，维护成本还挺高的，经过研究，公司在策略上进行调整，决定通过聚焦大客户，加大大客户的市场拓展力度来达成这个战略目标。要按照这样的策略，组织结构就要进行调整。以前组织结构中只有一个销售部，销售部既要服务大客户，又要服务中小客户，现在既然要加大大客户的拓展，就可以专门成立一个大客户部，而且配备最适合做大客户营销的人员进入这个部门。

所以企业在做组织结构设计之前，一定要把策略先梳理清楚。

---

3. 原则之三：宏观性原则

企业经营既要关注当下的收益，更要关注将来的长远发展。要关注当下的收益，就要经营好各个利润中心以实现当下收益最大化，而要实现可持续发展，企业就要不断孵化新的事业，没有事业的迭代，就不会有企业的可持续发展，孵化的新事业到了一定的时候就会从成本中心转变为利润中心。

所以在设计组织结构时，要遵循宏观性原则，具体就是要明确四个方面的内容：哪些属于前台，即公司利润中心，哪些属于中台，即职能中心，哪些属于后台，即强有力的董事会，哪些属于正在孵化的新事业，如图4－4所示。企业在进行组织结构设计时，明确了这四个部分，就基本上把一个企业的组织结构的大轮廓勾勒出来了。

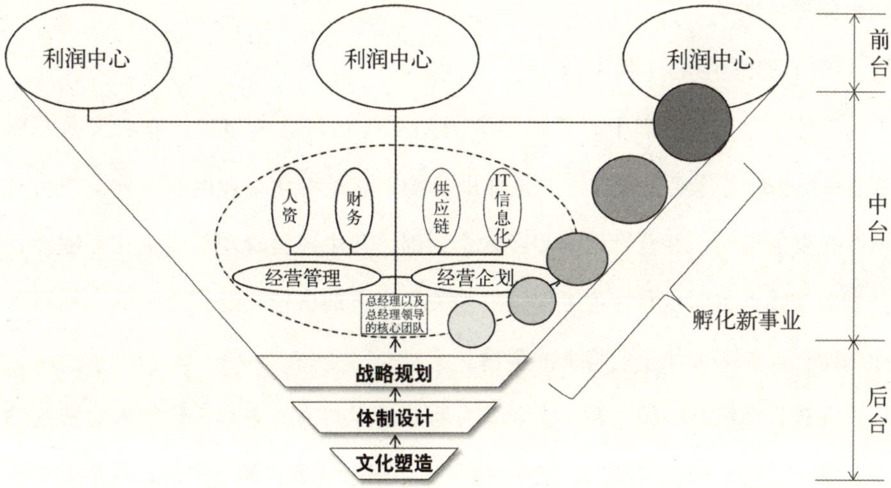

图4－4　企业组织结构

（1）利润中心（小前台）

利润中心就是企业当下收益的来源，没有利润中心，企业就生存不了，更谈不上发展。在设计组织结构时，企业首先必须识别哪些事业单元是利润中心，例如华为的营销体系和产品体系就是两个最大的利润中心，所有组织都必须紧紧围绕这两大利润中心，以市场和客户为导向，协同运作，发挥企业的整体优势。

为什么称利润中心为“小前台”？这是因为将来企业的组织结构演变趋势是组织将会不断化小，越来越强调权力下放和自主经营。互联网和信息化的发展更加强化了小前台的独立作战能力，让每个小前台利润中心可以更加灵活、敏捷、快速迭代，以贴近用户。同时互联网和信息化的发展也使得消费者的消费行为习惯发生快速变化，这也要求企业必须快速反应才能在越来越不确定的商业环境下更好地把握商机。

企业要想做大，直接创造价值的前台就要根据市场发展和企业战略目标不断复制和裂变，进而拉动公司的业务发展，这样企业也不会失去活力，所以小前台要尽量做多。

（2）职能中心（强中台）

职能中心是为利润中心提供强有力的支撑和服务的组织，有三大核心职责：一是企业总体经营管理，二是辅助机能，三是孵化企业的新事业。中台有两个重要的部门，经营管理部和经营企划部，其中经营管理部以企业年度经营计划为主线，主抓经营管理工作，更多关注当下的事情；经营企划部主抓新事业的孵化，更多关注企业将来的事情。

在进行组织结构设计时，企业要有明确的强有力的中台，比如人力资源部门、财务部门、供应链部门以及IT信息化部门。这里说的强中台，并不是指这些部门规模大，而是指它们要专业，业务能力强，职业素养高，为前台提供的支撑作用要强，整合资源的能力要强，强调规划协同、共享共建，并不断进行能力沉淀，对前台形成强有力的支撑，使得前台能更好、更快捷地服务市场和客户，否则它们就没有存在的价值。

拿美军作战来打个比方，现在美军作战冲在最前面的都是海军陆战队，他们是多功能的精干团队，具备很强的独立作战能力，而且是在最前线，对敌情最了解。他们往往会捕捉机会，呼唤后方的炮火支持。海军陆战队

就相当于是企业的小前台，即利润中心，后方提供炮火支持的就是重装旅，由专业的精英组成，聚集了飞机、导弹、大炮等优势资源，基于一线团队的呼唤给予炮火支持，在企业里，这个“重装旅”就相当于是企业的职能中心。

（3）**公司核心经营班子（精后台）**

公司核心经营班子属于公司的后台，重点抓三件事：战略规划、体制设计和文化塑造。

战略规划的核心是公司发展方向的确定和节奏的把握，具体展开包括市场战略、体制战略、要素战略和文化战略，要具备全局视野，进行战略把控，基于战略进行核心资源的获取、组织与协调，灵活地调配全公司的资源，对重大项目进行支持。体制设计的核心是围绕公司整体层面的组织、制度和人事体系的设计，目的是实现员工和企业之间从利益共同体、事业共同体最后到命运共同体的体制深化，最大化地激发员工的潜能。文化塑造的核心是重塑企业核心价值观，企业领导人带头践行，最终形成共通的价值观、共通的思维方式和共同的行为方式，实现上下同欲、理念共通。

（4）**孵化的新事业**

一个企业的可持续发展离不开新事业的孵化，没有新事业的孵化，就没有企业的未来。但新事业的孵化是需要勇气和智慧的，所有优秀的企业，比如华为、腾讯、阿里巴巴等，都是在新事业的孵化上不断探索创新，才为企业赢得了更大的可持续发展空间。

在图4－4中，小圆圈从小到大说明一个新事业从诞生到成熟的发展过程，就像孕育一个新的生命一样。在设计企业组织结构时，经营企划部就承担了这样的职责，但是这个部门的存在形式不是唯一的，有些公司不设专门的经营企划部，可以以项目组的形式进行事业孵化，一旦孵化成功，马上设立事业部利润中心，有些企业把事业孵化当作是企业的战略，所以在组织结构设计时就更加重视这方面的建设。

比如腾讯、阿里巴巴、海尔等企业搭建众创平台，就是专门进行新事业孵化的，其为创业者提供资源、资金、流量、培训等多方面的服务，实现"拎包入住"。不同企业在不同发展阶段，要根据自身的条件和能力来进行事业孵化的组织配套设计。

小前台、强中台、精后台的组织结构设置可以很好地实现前台组织灵活化、中台组织规范化、后台组织长远化的发展。华为总裁任正非提倡的"将支部建在连队上，让听得见炮声的人来做决策"、韩都衣舍的以产品小组为核心的全程运营体系、阿里巴巴的"大中台、小前台"都体现了这样的核心思想，既实现了大公司的资源优势和规范化优势，又不会失去小公司的灵活性优势。

4. 原则之四：微观性原则

组织设计的微观性原则包括一致性原则和专业化原则。一致性原则包括组织目标一致性、权责能利一致性、命令汇报一致性；专业化原则包括业务专业化、分工专业化、人才专业化。

（1）一致性原则

组织目标一致性

公司战略规划形成战略目标，战略目标要落地就要分解成年度经营计划目标，再分解为部门年度经营计划目标，再分解到月、周甚至是每天的工作计划目标，各级组织的各阶段目标一定要和公司总体目标一致，为了达成公司的总体目标，必须要努力达成各个分部的目标，充分体现出经营的意志。

责权能利一致性

所谓责权能利，是指责任、权力、能力、利益，这四个方面要一致。组织中各部门要有明确的权力和责任定位，权责不同，背后的利益设计不同，需要的能力也不同，责任在前，权力在后，能力在前，利益在后。

传统的管理更强调权力在前，一旦任命某人做了某个岗位的领导，一纸文书发下去，就意味着权力给了他，当先给权力再去谈责任的时候，人的天性都是趋利避害的，都希望拥有更多的权力，承担更少的责任，这样就造成责权不对等，一旦权力大于责任，就会产生官僚和腐败。所以“向心力”系统经营实学更强调责任在前，要想自主经营，要想更快地成长，就要敢于承担责任，而且这种责任是以经营的高目标来体现的，当然高目标不是盲目承诺，其背后必须要有清晰的经营策略支撑，按照通俗的说法就是必须“靠谱”，而不是随意地拍脑袋。只有具备清晰的经营思路并敢于承担更大责任的人才能拥有更多自主决策的权力，这种先有责任再给权力的做法容易实现责权对等。

责权一致了，接下来就是能力匹配，组织结构体现的是职务体系，但每个职务都需要其承担者具备一定的职务能力，我们称之为职能体系。职务体系和职能体系一定要匹配，职务体系是根据公司的战略和策略来设计的，职务体系必须要有职能体系的支撑，否则企业的战略就很难落地，这也是中国企业战略落不了地的一个非常重要的原因。

责任、权力、能力匹配了，最后就是利益，能力在前，利益在后，要想有利益，就要有实力，这种实力体现在做出的业绩以及可以达到的业务能力等级，绩效和奖金重点根据业绩来分配，工资重点根据能力等级来制定。

命令汇报一致性

上级下达工作指令，下级向上级汇报工作，可以越级投诉，但不能越级汇报，有些管理者并没有充分认识到这些问题，事无巨细，凡事都要过问，员工也喜欢越级汇报，慢慢就把中间的管理干部架空了，最后导致中间的管理干部不作为，而且一肚子怨气，同时高职位的管理者也会更加辛苦，这样会引起整个工作体系的混乱。

（2）专业化原则

业务专业化

企业的业务涉及市场、营销、研发、生产、采购、供应链等，企业在刚成立之初，往往没有清晰的业务划分，领导既干营销又干研发，其他人也都身兼数职。当企业达到一定的规模以后，相对于个人能力而言，组织能力建设就更加重要了，这时就要进行业务的专业化分工。业务的专业化分工要依据业务链来进行，业务链就是价值链，是从客户需求开始，一直到把产品和服务提供给客户满足其需求的端到端的全过程，一般包括客户需求、研发、采购、生产、入库、销售、发货、回款、售后服务等各业务环节。在做组织业务专业化设置时，最好结合业务链来设置专业部门，让专业的人来做专业的事情，至于专业分工具体细化到什么程度，企业要根据自身的发展阶段和特点来灵活把握。

分工专业化

分工专业化主要考虑的是业务一线部门和职能部门的分工，要尽可能专业化，经营组织中必须同时存在业务一线部门和职能部门两类组织。业务一线部门，比如营销部、生产部，它们为企业直接创造附加价值，离市场和客户最近，是适合做独立核算的利润中心，对经营结果负责。职能部门包括经营企划、经营管理和人力资源、财务、供应链、IT 信息化等部门，其中经营企划和经营管理部门更偏向于公司总体业务的管理，人力资源、财务、供应链、IT 信息化等部门更偏向于具体职能的管理，这些部门不直接创造附加值，但是它们可以支撑业务一线部门最大化地创造价值。

中国民营企业都是先冲业务再做管理，一般都是先建立起业务一线部门，在企业业务发展成长过程中再慢慢建立、完善和强化职能部门。在业务一线部门和职能部门的定位上，有些企业业务一线部门的话语权比较大，有些企业职能部门的话语权比较大，到底哪个对哪个错，很难下定论，要根据企业的发展阶段和自身的成长历史来定位。一般来说，在企业成长前期，业务发展很重要，这时业务一线部门相对强势一点，当企业达到一定的规模，管理就变得越来越重要，职能部门的地位开始慢慢得到提升，特别是到了成熟期的集团型企业，总部职能部门会变得更加强势。但这并不是理想的结果，理想的结果是让业务一线部门成为小前台，让听得见炮声的人来做决策，经营决策权力下放，职能部门作为中台，围绕三大核心职责——企业总体经营管理、企业辅助机能、孵化企业的新事业，夯实中台基础，更好地为前台提供支撑和服务。

人才专业化

要用专业的人做专业的事情，在专业化人才培养上，企业领导人要有理念和格局，要避免两个主要的误区：① 领导人总认为自己是企业里能力最强的。如果领导人有这样的思维，他就会下功夫去学习、锻炼，自我培养，日积月累，他果真如愿以偿，成为企业里水平最高的那个人，但是他同时就成了企业的天花板，他的能力就决定了企业的最高能力水平。个人的力量是有限的，这样的企业是很难做大的，因为优秀的人才成长不起来，他们会选择更加开放和宽广的舞台。② 领导人总喜欢选择和自己同类型的而且又不如自己的人，领导的下属也按照这样的思维去选人，以此类推，就形成了类似于俄罗斯套娃的现象，一个套一个，越套越小，结果是企业都是同质化的人才，而且一个不如一个。

在今天的“互联网+”时代，企业和事业边界都越来越模糊，跨界经营显得更加普遍，如果都是同质化人才，事业的多元化发展很难成功，比如阿里巴巴，虽然是多元化发展，但是每一个事业都是找全球最适合干这个事业的顶级人才来运作的。

5. 原则之五：动态性原则

一个企业的组织结构不是一成不变的，企业在发展过程中会涉及组织结构的调整，那么哪些情况下需要调整组织结构呢？首先，一个企业应该设置什么样的组织结构，设置多少部门，多少层级，往往是由企业的战略和策略决定的，所以一旦企业的战略和策略进行调整，组织结构必须同步进行调整；其次，企业在运作过程中，流程体系不健全，影响运作效率，需要进行流程再造，往往会涉及企业组织结构调整；再次，企业发展到一定阶段，需要不断进行管理升级、业务升级，往往会涉及组织结构重组。健全的组织结构是企业发展的基础，市场环境瞬息万变，企业必须在需要的时候及时进行组织结构调整。

6. 原则之六：匹配性原则

企业组织结构的设计既要和战略和策略匹配，又要和企业自身的资源、能力和人才匹配，关于和战略和策略的匹配在组织结构设计原则一、二中已有说明，不再累述，除此之外，在进行组织结构设计时还要考虑到企业当下的资源、能力和人才。没有资源和能力支撑，没有合适的人才，再好的组织结构也是形同虚设，不能真正发挥作用，履行职责，反而会影响到企业整体组织体系的运作。匹配性原则就是要求企业研究并适应外部环境，提前进行核心资源、能力和人才储备，尤其是人才储备，是企业百年大计，也是困惑企业家一生的问题。

7. 原则之七：功能定位原则

在企业组织结构中，不同层级部门的功能定位是不同的，具体可以分为战略功能定位、战术功能定位和战斗功能定位。

（1）战略功能定位

战略功能定位的部门要站在企业整体最优的角度来思考企业长远的成长和发展，部门人员必须懂得研究外部环境和市场，及时作出反应。这些部门的经营者必须具备长远经营的意识和敏锐的洞察力，不能目光短浅，要能在关键时刻做出正确选择。战略功能定位的部门有董事会的战略委员会、公司总部的经营企划部等。

（2）**战术功能定位**

相对于战略功能定位，战术功能定位更强调的是当下的收益，通过内部资源的有效利用，实现局部最优，事业部和子公司层面的组织属于战术功能定位的部门。但这不是绝对的，要根据公司的分权程度而定，如果分权比较彻底，比如集团进行财务管控，战略和运营都交由下属事业部或子公司自主管理，这个时候的事业部或子公司也会有战略的功能定位。

（3）**战斗功能定位**

事业部或子公司的下一级具体部门有战斗的功能定位，它们关注的是具体的工作任务，对过程的效率负责。

各组织部门要针对三层功能定位，找准自己的功能定位。

在实际运作过程中，有些企业的某些功能定位是模糊的，甚至是缺失的，比如很多企业都有采购部，采购部既管采购执行，又管供应商，但在具体的运作过程中往往更多关注的是其采购执行的战术职能，而弱化了供应链管理的战略职能，包括供应商的寻源、供应商的关系管理、供应商的绩效考评以及与供应商的战略合作等。

除了功能模糊和缺失之外，还有些是属于功能错位，所谓功能错位就是本该抓战略的，结果去抓战术了，抓战术比抓战略会更快见到效果，所以就乐此不疲。同理，本该抓战术的人觉得自己的事被别人做了，那自己也得找点事去做啊，那就去抓战斗吧，抓战斗比抓战术就更容易看到成果，所以就更乐此不疲，最后本该搞战斗的人觉得自己的事情既然上级这么喜欢，那就让上级去做吧，但自己也得找点事情去做啊，那就去讨论公司的战略吧，结果本该在一线战斗的人整天在夸夸其谈，谈论公司的战略规划，这就是典型的功能错位。一旦功能错位，组织系统的运作就会紊乱，领导忙得要死，下属无所事事，基层的活力激发不出来，优秀的人才也留不住，所以在组织结构中明确各部门的功能定位至关重要。

五、组织设计的步骤

我们先看这样的一个场景：

一辆汽车迎面飞驰而来，急速停下，几乎在车停下的同时，车身被撬起，四个旧轮胎被拆下，四个新轮胎被换上并拧紧，同时油箱被加入80—100升油，整个过程仅仅需要6—7秒钟，6—7秒钟之后，这辆车就立即飞驰而去。这是F1赛车进站维护的场景，它协调的艺术性让人叹为观止，6—7秒钟要完成这些事情，几乎是不可能的，那这是怎么做到的呢？我们看看具体的过程：赛车一进站，21名维修人员共同参与，各有分工，且工作环环相扣。12位负责更换轮胎（每个轮胎3位，1位负责拆、上螺丝，1位负责拆下旧轮胎、1位负责装上新轮胎），1位负责加油枪，1位负责加油管，1位负责加油机，1位负责灭火器，1位负责前千斤顶，1位负责后千斤顶，1位负责当赛车前鼻翼受损，必须更换时需要用到的千斤顶，1位负责检查发动机气门的气动回复装置所需的高压气瓶，1位负责举牌和用无线电与车手联系，最后一位负责擦拭车手安全帽。

我们来分析一下F1赛车维修环节如此精致、高效的组织运作系统涉及哪些重要的环节。首先必须有组织目标，F1赛车比赛是一个团队比赛，虽然人们注视的只是车手，其实维修环节也是整个赛车比赛的重要环节，大家都有一个共同的组织目标，就是赢得比赛。除了有共同的组织目标之外，团队成员必须有清晰的职责定位，大家各司其职，同时每个岗位上的人都要是专业能手，只有符合能力要求的人才能胜任这项工作。最后，通过一套完善的组织运作流程

体系来协调各个环节的运作，保证各个环节环环相扣。通过 F1 赛车的例子，我们可以看出组织设计是一个系统工程，涉及很多重要的环节，而不是画一个组织结构图那么简单。企业在成长发展的过程中，都会经历组织结构调整或组织重新设计，企业很重视，但又很迷茫，有没有一种比较科学的组织设计方法呢？本书基于多个企业组织设计的实际操作案例，总结出组织设计的基本步骤，具体展开包括以下几个环节：

1. 战略和策略思考

先有战略，再有组织，战略驱动组织，离开战略谈组织没有意义。在战略落地的过程中还涉及采用的策略，策略有时也需要组织进行同步调整，所以在组织设计之前，必须要清晰战略、明确策略。企业在做年度经营计划的时候，会进行战略复盘和策略梳理，这时也会涉及组织调整，所以企业的组织设计一般是结合企业年度经营计划的制定来系统思考的。组织设计的第一个步骤和前面讲的“组织设计七原则”的第一条“着眼于企业战略”、第二条“体现经营策略”是相对应的。

2. 搭起大架子

通过第一步，企业进一步明确了战略定位和策略思维，并有了清晰的经营目标和方针，接下来就是在此基础上进行组织的框架设计，以实现组织对企业战略和策略的有效支撑作用。组织的框架设计，要结合“组织设计七原则”的第三条“宏观性原则”来展开，梳理事业单元，明确事业布局，搭建前台组织、中台组织和后台组织的整体框架，划分出事业部或子公司以及总部管理中心级别的组织。

在搭建整体框架的时候，企业要有一定的前瞻性和抱负，不能过于拘泥于眼下的现实，俗话说“筑巢引凤”，如果你只是筑一个麻雀窝，凤来了也容不下，所以企业在进行组织整体框架搭建时，要体现出远大的抱负和坚定的意志。

3. 收起小摊子

组织的整体框架明确后，接下来第三步就是基于这样的框架，进行事业部、子公司或总部中心以下的具体的组织结构设计，这部分的设计要结合“组织设计七原则”的第四条“微观性原则”、第六条“匹配性原则”以及第七条“功能定位原则”来展开，具体操作参照功能定位原则以及微观性原则中的一致性原则和专业化原则，明确部门设定、部门职责分工、人事安排等，梳理职务体系，明确规定各层次、各部门以及每一岗位的权限、责任，一般用职位说明书或岗位职责等文件形式表达。同时根据匹配性原则，梳理职务体系背后的职能体系，明确各岗位能力素质要求，按职务、岗位及技能要求，配备合适的管理人员和员工。

4. 制度流程体系构建

在总体组织设计框架下完成了职务体系和职能体系的构建，接下来就要构建企业制度流程体系，这部分设计同样要遵循“组织设计七原则”的第六条“匹配性原则”，通过规范工作程序、工作标准和业务流程，保证组织的有序运转。

全面的制度流程体系建设要从经营、管理和业务流程三个维度系统展开。经营流程包括企业战略规划、事业部或子公司的年度经营计划的制订、发布及修订相关的流程体系。管理流程包括财务管理、人力资源管理、行政管理、组织绩效评估与变革管理、外部关系管理、环境健康与安全管理、信息技术与知识管理和质量管理等方面。业务流程体系要围绕从市场到产品研发、供应与生产、销售及售后的端到端的全业务流程的体系化建设。具体展开包括：梳理业务流程、构建高端业务框图、梳理高端业务流程、定义流程过程、流程结构分级和流程体系与文件体系对应关系层层深入，构建企业端到端的流程体系，保证组织运作的有序和高效。

5. 组织评估与完善

组织设计是一个动态的过程，不会一蹴而就，也不会一成不变，要根据

“组织设计七原则”的第五条“动态性原则”，及时搜集组织运行过程中的信息，对组织进行评估，打造企业端到端的组织能力和核心竞争力，确保组织可以实现企业的战略意图。那么，组织评估如何进行？有没有相对系统的组织评估方法？

根据前面介绍的“组织设计七原则”以及组织设计的步骤，“向心力”系统经营实学从核心价值观、战略和策略、组织形态、制度流程体系、资源和能力、人才这几个方面归纳出组织评估的基本方法，简称“组织评估六要素”。这六个要素中，战略和策略、组织形态、制度流程体系属于硬性要素，而核心价值观、资源和能力、人才属于软性要素，不管是硬性要素还是软性要素，综合起来就是企业文化、体制和经营要素的核心竞争力。因此，“组织评估六要素”的任何一个存在问题，都会影响组织运作的整体效果，企业要及时进行组织的调整优化或重新设计。

六、独立经营体的组织划分

“向心力”系统经营实学强调化小核算单元，激活全员智慧，所以组织结构明确后，从核算经营的需要出发，就需要明确到底哪些组织可以进行独立核算，哪些组织作为后台支撑。这就需要企业在已有的组织结构的基础上进行划分，识别出具体的独立经营单位，为后续的独立核算经营做准备。

如果企业在做组织设计的时候就是奔着化小核算单元、实现独立经营的思路去干，那么在组织设计的过程中自然而然地会进行独立经营体的划分，然而很多时候企业并没有主动按照这样的思路去做，而是迫于经营压力，想通过化小核算单元的运作模式来改变经营现状，这时在做独立经营体划分的时候，就要反向进行一些战略和策略的思考和组织结构的整体优化，不能为了划分而划分。下面结合一个案例，介绍一下某企业通过独立核算经营体划分而进行的整体组织结构优化。

1. 案例：某企业的组织结构调整

图 4－5 是某企业在进行独立经营体组织划分之前的组织结构图。这家企业从事家具五金的国际贸易，于 2008 年成立，用 10 年时间做到 1.5 亿元左右的销售规模，每年业务量还以 20%的速度增长，总体来说，企业经营情况不错，在市场上逐步建立了良好的口碑。但是最近 2—3 年企业领导感觉企业管理慢慢变得复杂了，部门之间的协调工作量越来越大，甚至有些扯皮和推诿的行为，员工的"狼性"不如以前。企业总共 102 人，其中真正做市场营销业务的只有 36 人，其余的基本都在中后台，对一个以贸易为主业的公司来说，人员结构存在一定的问题，中后台过于臃肿。

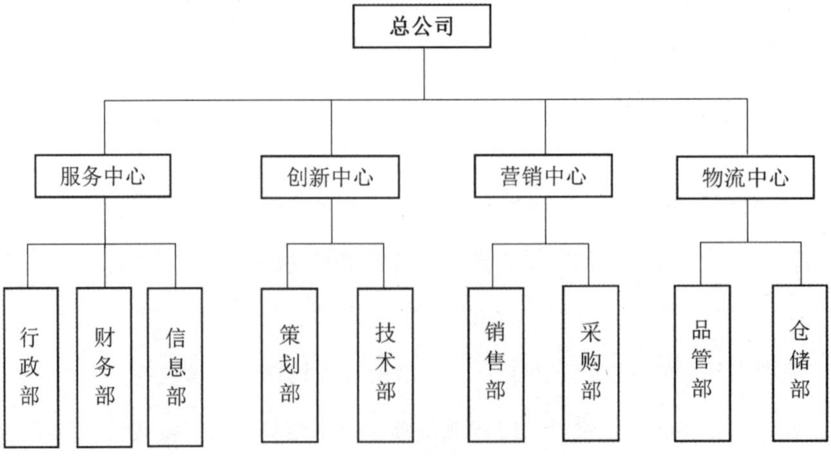

图 4－5　调整以前的组织结构

按照"小前台、强中台、精后台"的组织设计思路，这家企业经过深思熟虑，将组织结构调整为图 4－6 所示的组织结构，按照片区和业态划分成12个事业部，每个事业部平均配3—5名销售人员、1名采购人员、1名技术服务人员，总共5—7人。事业部是公司的前台，虽然人数不多，但是麻雀虽小五脏俱全，每个事业部内部都包含销售、采购和技术服务三个角色，它们相互协同。在新的组织结构中，采购和技术从原来的中台前移到前台，直接面向市场和客户，更好地提供服务。在新的组织结构中，每个事业部平均6个人，12个事业部共72人，比原来的36人在数量上翻了一番，这意味着，有36个中后台人员移到前台。

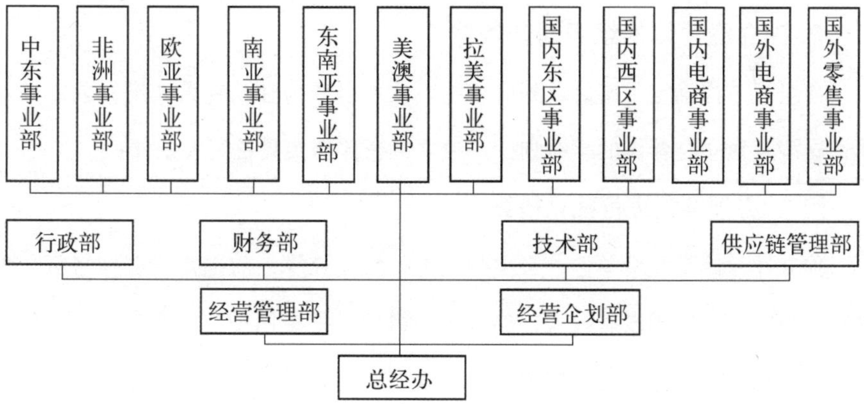

图4-6 调整以后的组织结构

原来的中台部门进行整合，人员大幅精简，同时新成立三个部门，分别是供应链管理部、经营管理部和经营企划部，强化中台的中枢管理和统筹职能。采购职能下沉到前台事业部以后，供应链管理部更加强调供应链的战略管理职能，比如供应商的寻源、供应商的关系管理、供应商的绩效管理以及供应商的战略合作。设立经营管理部的目的是以公司年度经营计划为主线，强化企业经营管理的统筹，重点抓战略和年度经营计划的落地执行，追求当下的经营收益最大化。设立经营企划部的目的是加强国际和国内宏观环境分析、行业趋势分析和新的技术动向跟踪研究，为公司战略决策提供可靠依据，并思考公司未来发展的业务延伸和业务布局。通过这样的组织结构调整，企业的运营状态发生了很大的改变，扯皮推诿现象明显减少，而且竞争意识、市场意识、服务意识明显增强，业绩也有了很大提升。

2. 独立经营体的组织划分条件

在组织结构确定下来后，到底哪些单位可以作为独立经营体进行独立核算呢？这涉及独立经营体的组织划分，独立经营体需要具备三大条件：

（1）必须要能进行独立核算

独立经营体是经营单位，必须要能进行独立核算，前提是要有销售额，如果一个组织只有费用没有收入，那么这个组织只是费用中心或成本中心，只有当一个组织有了收入，又有费用，收入减去费用就是利润，这时这个组织才是利润中心。那么怎么样才能进行独立核算呢？也就是说如何计量一个组织的收入呢？一个组织提供给别人的不管是产品还是服务，在数量明确的条件下，只要解决一个问题——定价，这个组织的收入就可以计量了，也就可以作为独立经营体独立核算了。具体如何定价呢？在后面的核算系统部分会详细介绍不同行业的具体的定价方法。

（2）必须保持业务的相对独立性

要想进行独立核算，独立经营体必须要保持业务的相对独立性，如果两个业务之间相互牵扯，难以分别评价，则不要划分成两个独立经营体独立核算。

有个做热镀锌的企业，通过特殊工艺，在金属零件表面覆盖一层锌，以达到保护零件不生锈、延长使用寿命的目的。镀锌后零件表面往往会形成一些锌渣和毛刺，需要通过人工打磨来去除，这样就存在两个业务小组，一个是镀锌的业务小组，一个是刮锌渣的业务小组，那么这两个小组可以作为两个独立经营体分别进行独立核算吗？

我们先假设可以分别独立核算，那么会出现什么样的情况呢？一旦作为一个组织进行独立核算经营，销售额最大化同时费用最小是每个经营体必须遵循的基本经营原则。对于刮锌渣的小组，他们就希望镀锌后表面锌渣越多越好，这样它这个组织的收入才可以最大化，但是锌渣越多，就说明镀锌质量越差，锌的损耗就越大，这又是公司不希望看到的结果，这样就会发生刮锌渣这个经营体所追求的和公司所希望的不一致的情况，也就是说对镀锌和刮锌渣这两个小组来说，价值是很难独立分开评价的，它们之间有着必然的联系，所以就只能合在一起作为一个独立经营体进行独立核算。这样为了实现费用最小化，他们在镀锌时就尽量减少锌渣浪费，以节约原材料。对于刮锌渣这个后道工序而言，他们和前道工序是同一个经营体，属于利益共同体，为了团队整体利益最大化，他们也不希望锌渣多，而且会把后道工序的情况及时向前道工序反馈，便于前道工序改进，可见分开核算和合在一起核算，思考问题的出发点是完全不同的。

（3）经营导向与公司经营方针相一致

一旦把一个组织当作独立经营体，它的经营导向就要和公司的方针要求保持一致，如果不能保持一致，就会走偏。

比如上文讲到的一个传统企业平台化转型的例子，这个企业围绕卡车司机用户专门成立了一个事业部来运营卡车司机社群，每年都会投入一定的运营费用，目的就是增强卡车司机对公司的黏性，所以前面几年只有投入，财务上没有任何产出，如果按照独立经营体进行独立核算，事业部就有可能放弃战略性费用的投入，然后早早想着如何向卡车司机卖东西赚钱，如果是这样的话，就会因为短期的利益而影响公司打造物流信息化平台的长远发展。

所以一个事业还没有完全成熟的时候，不适合作为独立经营体进行独立核算，但是不进行独立核算，不代表对其工作没有要求，企业可以通过一些关键任务和里程碑对其工作进行考评，等事业孵化成熟以后，可以马上转化为独立经营体进行独立核算。

根据以上三个条件，企业内部都会有若干个独立经营体，这些独立经营体是分层级的，以一个制造型企业为例，整个企业就是最大的独立经营体，我们称为一级独立经营体，企业下面的事业部或子公司是二级独立经营体，事业部或子公司下面的生产部门是三级独立经营体，生产部门下面的车间是四级独立经营体，车间下面的班组是五级独立经营体，班组下面的工序是六级独立经营体，甚至到个人是七级独立经营体都是可以的。企业在刚开始推行独立经营的时候，应该划分到哪一级要根据企业的实际情况来看。

一般来说当企业存在以下几种情况时，独立经营体适合划分细一点：

① 企业管理基础好，人员素质、经营意识和管理系统都可以支撑划分较细的独立经营体展开独立核算。

② 企业业务发展对人才需求高，需要培养更多的经营人才。

③ 企业要强化内部市场，希望在多个同级别的独立经营体之间展开竞争。

④ 需要核算到更细的层级，以看清楚企业更细致的经营状态。

当存在以下几种情况时，独立经营体划分适合先粗一点，后续再逐步细化：

① 企业经营人才稀缺，管理基础薄弱，需要自上而下逐层推进。如果一开始就一味地力求化小独立经营体，基层人员的经营能力和意识却不到位，而上一级的独立经营体自己也没有完全搞懂，指导也不到位，就容易出现理解偏差并造成行动偏差。一旦出现偏差，再想纠偏就需要更高的成本。

② 企业业务不稳定，在市场、产品和运营模式等方面还需要不断摸索和调整策略，这时独立经营体不宜划分过细，过分强调内部运营效率而忽略了组织的结构性效率，用小米创始人雷军的话说，就是用战术上的勤劳掩盖了战略上的懒惰。

总之，独立经营体的划分粗一点还是细一点，不是绝对的，企业要根据自己的实际情况，灵活把握节奏，既要讲科学，也要讲艺术，除了参照以上原则外，更要充分体现经营者的意志。从企业长远发展来看，独立经营体的划分一定是伴随企业人才队伍不断壮大和管理基础不断夯实而趋向于越来越细，这样“人人参与经营”才会真正成为现实。

第五章

核算系统——心之法

阿米巴经营思想的创立者稻盛和夫通过一手稻盛哲学一手算盘，一生成就了三家世界500强企业，其中算盘就是我们本章要讲的核算系统。

稻盛和夫在拯救日航的过程中，为了快速提升日航管理层的经营意识，首先就导入核算系统。按照传统的管理思维，我们总认为事情做出来是最重要的，什么时候把账算出来并不重要。有这种想法是很糟糕的，因为账是每天算、每周算还是每月算，效果是大不相同的，稻盛和夫提倡的是每天算，时时算，而且还不主张简单地根据算账的结果来奖励或处罚。那还要算账干什么？对于习惯了一切为了考核的企业来说，估计是很难理解的。

稻盛和夫认为，通过算账把企业经营情况算清楚，是好是坏就一目了然，做得好，哪怕不奖励，相关员工也会很高兴，做得不好，哪怕不处罚，相关员工也会感到惭愧和羞耻，这就是人的良知。所以算账并不是为了考核才算账，而是为了激发人的良知，算账的过程就是磨炼意志和灵魂的过程。

“向心力”系统经营实学的核算系统，以启发人的良知，开启人的心力，营造人人利他的氛围为出发点，是企业哲学落地的重要基础，是企业人才培养和组织能力打造的重要抓手，是人人参与经营的道场，是企业通过会计的手法对经营展开的PDCA循环的管理体系。那么核算系统到底如何建立，包含哪些内容，如何与企业的实际经营活动相融合呢？下文将详细展开论述。

一、核算系统的运作机理

1. 稻盛和夫人生成功方程式

人生的成功=正确的思维×热情×能力。

这三个核心要素缺一不可，三个核心要素中最重要的就是思维。日常工作中我们往往认为能力是最重要的，但是能力强不代表思维方式就正确，比如现在的高智商罪犯，这些人能力都很强，有些都是高智商高学历，但是思维方式错误，最后误入歧途。能力和热情最低分是零分，最高分是一百分，而思维方式是有正负之分的，最低分是负一百分，最高分是正一百分。思维、热情与能力这三者之间为什么是相乘而不是相加呢？我们举个例子来看一下。

比如希特勒，我们试着给希特勒的人生成功方程式打打分。希特勒能力很强，是个演讲天才，能力可以打一百分；希特勒的热情也很高，极端的纳粹法西斯，都达到了疯狂的地步，热情也打一百分；那希特勒的思维方式打多少分呢？他鼓吹民粹主义思想，发动第二次世界大战，给世界人民带来了巨大的灾难和难以磨灭的创伤，所以思维方式打负一百分。如果用加法计算的话，希特勒的人生成功方程式的结果是一百分，和历史明显不符，如果按照乘法计算，结果就是负一百万分，这还是符合历史事实的。

所以人生成功方程式三要素之间不是简单地相加，而是内在的系统统一，任何一项为零整体就是零。其中，思维方式又更重要，它直接决定了事物的性质。人和人之间最大的区别就是思维方式的区别，而人生最痛苦的恰恰也是思维方式的转变。

人生的成功要从思维、热情和能力这三个核心要素来系统考量，那么如何培养人正确的思维，如何激发人持久的热情，又如何培养人的能力呢？

在企业环境中，思维要靠经营哲学来引导，并且通过企业领导人带头实践，做到言行一致、以身作则、表里如一，以此来感染员工。员工的持久热情要靠梦想来培养，靠高目标来引导，靠机制来保障。

能力要靠什么来培养呢？我们不妨来看看企业老板的能力都是怎么练出来的。企业能存活下来说明老板的能力都不差，老板最基本的能力就是算账，算账就要算投入和产出，企业是先有投入还是先有产出呢？换句话说，企业是先花钱还是先赚钱？常识告诉我们，只有先花钱才能赚钱，所以老板的能力是花钱花出来的。既然是花钱花出来的，有哪个老板从来没花过冤枉钱呢？所以延伸一下来说，老板都是花了无数的冤枉钱才练就了较高的经营水平和能力的。同理，要想把员工的能力培养起来，让他们像老板一样懂得经营，企业就要让员工学会花钱。

一说到花钱，很多人觉得花钱谁不会啊，其实不然。认为花钱容易是因为他们只管花钱不管结果，试问有几个老板可以潇洒成这样？尤其是创业期，企业老板恨不得一分钱当作两分钱用。中国民营企业的老板，尤其是早期的一批人，是因为没有正式工作，被逼无奈才选择创业的，他们的基础最差，走的弯路最多，花钱压力最大，所以他们削尖了脑袋去学习。他们的学习能力最强，成长也最快，他们既可以花小钱，也可以花大钱，既会花为了当下的钱，也会花着眼长远的钱。现在很多企业都实施预算管理，大家认为只要在预算额度之内花的钱都是合理的，很少有人去算投入产出的账，员工只对花钱负责，不对结果负责，所以都想办法尽量多花一些，特别是到了年底，如果预算的钱花不完也要想办法花掉，否则来年的预算额度就要下调了，这就是老板和打工者的区别。

企业通过核算系统，让员工参与实际经营，在经营实战中得到历练。企业要逐步下放权力，鼓励员工学会花钱。员工花钱的水平到底是高还是低，就要通过核算系统来及时进行数据的统计、分析、总结和改进，在这个过程中，员工慢慢学会自主决策和平衡，最终目标就是实现销售额最大化的同时费用最小化，结果就是利润最大化，人的能力就是在这个过程中逐步提升起来的。

2. 核算系统的构成及运作机理

核算系统是企业培养经营人才的道场，通过核算系统，员工参与企业经营实践，在不断发现问题、分析问题、解决问题的 PDCA 循环过程中提升能力。如图 5－1 所示，核算系统包括经营会计、业绩分析和循环改善三大部分，这三大部分的设计都紧紧围绕着企业员工的能力提升。

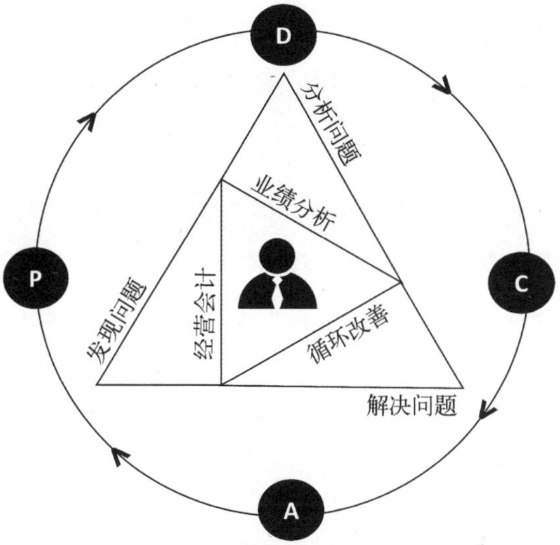

图 5－1　核算系统构成及运作

核算系统通过经营会计发现问题。经营会计就相当于企业经营的罗盘，通过经营会计报表把企业经营的各个维度的数据透明化、精细化、量化，让问题无处藏身。核算系统通过业绩分析挖掘问题背后的问题，直至找到问题的根源，然后制定有效的对策进行改善，并逐步建立分析的系统化、结构化思维。

核算系统最终通过循环改善解决问题。问题往往都出在管理层，但是解决问题都靠基层，所以管理者要深入现场一线，带动所有员工进行循环改善，按照发现问题、分析问题、解决问题这三个步骤日积月累地实践，人的能力就会提升起来。

核算系统的逻辑并不复杂，但是核算系统可不仅仅是算个账那么简单，核算系统更不是数字游戏。我们知道核算系统是围绕“发现问题、分析问题、解决问题”来运作的，这里还有一个看似简单但又非常重要的概念，就是到底什么是问题，问题从何而来。

问题的本质就是现状和目标的差距，企业只要想进步，就要不断设立高目标，任何企业在任何时候都会有问题，不同的是有些企业能主动地把问题暴露出来，而有些企业却把问题被动地留给了客户和市场。优秀的企业都是能主动设立高目标，倒逼自己成长的。有了差距就形成了问题，针对问题就要分析原因，通过原因制定方案，根据方案采取行动，行动有效，差距得到弥补，问题得以解决。接下来再制定更高的目标，更高的目标和现状一比较，又会形成新的差距，再找原因、制定方案、采取行动，如此往复，所以核算系统就是企业通过会计的手法对企业经营展开的不断螺旋上升的 PDCA 循环的管理体系。

二、 核算系统之经营会计

经营会计帮助企业及时发现问题，是核算系统非常实战的工具，最早是松下幸之助发明的。

松下在 1927 年就实行事业部制，对每个事业部进行独立核算，而且绝不用任何一个盈利的事业部的钱去弥补任何一个事业部的亏损，真正做到

独立经营，自负盈亏。当时松下用财务会计进行核算，但是发现财务会计报表过于专业，一般人看不明白，让员工用一个自己都看不明白的报表去算账，效果肯定不会好，后来松下就发明了简单而实用的经营会计报表，并把经营会计比喻成指南针，指导企业的经营活动。

稻盛和夫曾这样说：“无论是在公司还是出差，我都第一时间看每个部门的‘阿米巴经营会计报表’。通过观察销售额和费用等内容，可以像看一个一个故事一样明白那个部门的实际状态，经营上的问题也自然而然地浮现出来。”所以经营会计就相当于是企业经营的罗盘，一旦会计出现紊乱，经营就会失去方向。

经营会计在松下和稻盛和夫这两代人的努力下，不断创新、发展，在日本企业中得到广泛的应用。

1. 经营会计与财务会计的区别

财务会计包括三大报表：资产负债表、损益表、现金流量表。这三大报表都非常专业，非专业财务人员基本看不明白，基层的管理人员和员工就更不用说了，他们甚至连接触报表的机会都没有，但是我们又要员工参与经营和算账，连报表都看不懂怎么可能把账算好呢？所以经营会计报表的发明解决了核算的难题。

经营会计报表与财务会计报表的区别主要体现在以下几个方面：首先，编制的依据不同。财务会计报表是按照国家会计准则来编制的，有严格的标准，而经营会计报表没有固定的标准，企业不同，报表格式就不同，哪怕同一个企业在不同的发展阶段，报表格式也会不一样，所以经营会计报表更显个性化。其次，用途不同。财务会计报表更多用于向公司的外部进行报告，主要是给股东、税务机关、利益相关者看的，经营会计报表主要是面向企业内部，给企业中高层用做经营分析和决策用的。再次，时效性不同。相对于财务会计报表，经营会计报表要更准确、更及时地反映企业的实际经营状态，这样才能对经营有实际指导意义。最后，制作人员不同。财务会计报表的制作人是财务人员，而经营会计报表的制作人是各级经营者，只是原始数据由财务提供而已。

经营会计报表与财务会计报表虽然有很多区别，但也不是毫无关联，经营会计报表的很多数据都是来源于财务的原始数据，有些财务数据可以直接取用，有些需要进行二次加工。

2. 经营会计报表的运作原理

经营会计报表的运作原理非常简单，类似于中医看病，可以总结为“相”“数”“理”，怎么理解呢？大家都知道中医看病，首先是看面相，舌苔颜色等，这就是看“相”，然后再帮你把把脉，看看脉搏每分钟跳动的次数，这就是“数”，最后根据脉搏跳动的情况来推测你的五脏六腑的运行好坏，这就是“理”。经营会计报表的运作原理就像中医看病一样，首先经营会计报表的科目设计，因企业业态不同而不同，做制造业的和做餐饮的报表科目就不一样，科目名称和科目的归类都不同，通过一个企业的经营会计报表的科目名称和结构，基本可以知道这家企业的业务类型，这就是看“相”。有了科目，就要定期统计这些科目的数据，就相当于定期给企业进行体检，输出各项指标的数据，这就是“数”。最后根据科目数据的变化情况，就可以推理分析企业经营的情况，哪些方面在进步，哪些方面在退步，并分析背后的原因，这就是“理”。把握了经营会计报表的运作原理，就能化繁为简，让这一工具为我所用。

3. 经营会计报表的科目结构

为了更好地理解经营会计报表的科目结构，我们把经营会计报表与财务会计报表做一个对比，如表5－1所示。从直观感觉来看，经营会计报表比财务会计报表要简单很多，只有五个科目，分别是销售额、变动费、界限利益、固定费、经营利润，其中销售额减去变动费等于界限利益，界限利益减去固定费等于经营利润。那么这五个科目分别有什么含义呢？

表 5－1　经营会计报表与财务会计报表

财务会计报表	
1. 销售额	×××
减 销售成本	×××
2. 营业总利润	×××
减 销售费用	×××
管理费用	×××
财务费用	×××
3. 营业利润	×××
4. 营业外损益	×××
5. 本期纯利润	×××

经营会计报表	
1. 销售额（收益）	×××
2. 变动费	×××
3. 界限利益	×××
4. 固定费	×××
5. 经营利润	×××

（1）销售额

销售额就是经营体的主营业务收入，非主营业务收入是不能计入经营会计报表的销售额的，理由很简单，因为这些非主营业务收入会让经营会计报表数据失真，比如制造型企业的边角料、废纸箱等作为废品卖了会有收入，但是这些不是企业经营的主体，也不可持续，所以不计入销售额。另外有一些企业会存在应收账款，有些应收账款会成为烂账，对于这种有可能成为烂账的应收款，要从销售额中减去。暂时没有烂账风险的应收账款虽然可以计入销售额，但是也使公司的资金被占用，如果这笔钱存在银行会有利息，那现在被占用，就有资金成本，所以要通过应收账款资金占用利息科目来管理应收账款，这个值越大，说明企业的应收账款情况在恶化，就需要予以关注。

一个经营体要实现独立核算，首先必须解决销售额的问题，如果没有销售额，只有费用，那不是一本完整的账，这个经营体也只是费用中心，而不是利润中心。对于销售经营体来说，它的销售额就是卖产品给外部客户得到的收入，那么对于生产经营体来说，它的销售额又从哪来呢？销售额只能来源于客户，生产经营体的客户就是销售经营体，生产按照销售的指令进行生产，并把合格的产品及时交付给销售经营体，就取得了内部销售收入。所以在企业内部，要想解决各个经营体的销售额，就必须按照内部市场化机制进行买卖，要实现买卖，必须具备两个前提：一是明确内部买卖关系，二是对买卖的产品或服务给予定价。

明确内部买卖关系

企业内部买卖关系的梳理，可以参照表5-2进行。表5-2纵向是买方，横向是卖方，业务流贯穿需求分析、研发、采购、生产、入库到物流、销售、回款的全过程，不同类型的企业其业务流不完全相同。业务流的各个节点就是业务环节，各业务环节背后对应到具体的业务部门。只有符合独立经营体划分条件的业务部门，即存在买卖关系，才能作为独立经营体纳入这个表。

表5-2　内部交易关系表

	卖方								
买方	业务流	需求分析	研发	采购	生产	入库	物流	销售	回款
	需求分析	市场部	★研发部	★采购部	★生产部	★仓管部	★配送部	★销售部	销售管理部
	研发	★研发部							
	采购	★采购部							
	生产	★生产部	¥	¥		¥	¥		
	入库	★仓管部							
	物流	★配送部							
	销售	★销售部			¥	¥	¥		
	回款	销售管理部							

纵向买方和横向卖方如果有买卖关系，就在交叉点标记“￥”符号，照此所有的买卖关系都会呈现在这张表格中。独立经营体之间买卖的可以是实体产品，也可以是一种服务。独立经营体核算到哪一级，内部交易关系就要梳理到哪一级，比如在表中有个生产部，说明核算层级在生产领域只到生产部就不再往下细分了，如果是核算到生产部以下的车间，那出现在这张表中的就是具体的车间，而不是生产部。

内部交易关系的梳理，有三个重要的环节：① 根据企业组织结构图，明确独立经营体和核算层级；② 梳理企业业务关系，画出各独立经营体的交易结构，清楚业务流程，明确业务环节；③ 根据业务链的上下游确定买方和卖方，一个角色可以既是买方也是卖方，最后用内部交易关系表明确交易结构。

内部交易定价

明确了内部交易关系，接下来就要针对买卖的产品或者服务进行定价，具体的定价方法因行业不同而不同，以下列举几种常用的定价方法供参考。

● 市场交易定价

所谓市场交易定价，就是交易的产品或服务在市场上有公允的价格，那就参照市场价格进行定价。比如有个企业的某个车间可以发电，发的电可以卖给其他车间用，针对工业用电市场上是有公允价格的，那就按照市场的公允价格进行内部交易的定价。市场交易定价是一种相对简单的、买卖双方又比较容易接受的定价方法。

● 标准成本加成定价

标准成本加成定价是以测算的标准成本为基数，然后加一定的利润空间来定价的方法。以对于生产和营销两个经营体为例，生产部门按照测算的标准成本加上一定的利润空间后卖给销售部门。对于生产部门来说，要想利润最大化，就要想办法降低制造成本和制造费用，如果实际成本比标准成本低，生产的利润空间就大，反之就小。另外生产部门也会想办法怎么更好地服务销售部门，因为销售部门接不到订单，生产部门就成了无源之水了。对于销售部门来说，要想销售额最大化同时费用最小化，就要找准目标客户，卖出客户能够接受的最高价格，而且通过有效的营销模式尽可能多卖一点。

这种定价方法的前提是要做详细且准确的标准成本核算，好处是有了标准成本的基础数据后，企业的改善目标就比较明确，但也有一个弊端，就是按照内部标准成本测算来定价，往往会脱离市场，导致定价过高而卖不出去，同时对市场的压力感知不强烈。

固定比例定价

有些企业产品或服务类型很多，有上百种甚至上千种，如果每个产品或服务都测算一个标准成本，工作量巨大，为了简化，就采用固定比例定价。所谓固定比例定价就是有业务关联的两个经营体按照一个固定的比例来分享价值，比例不变，价值高大家一起受益，价值低大家一起受损。固定比例定价有两种，一种是根据核定的销售价格按比例分配，一种是根据核定的毛利按比例分配，如图 5－2 所示。

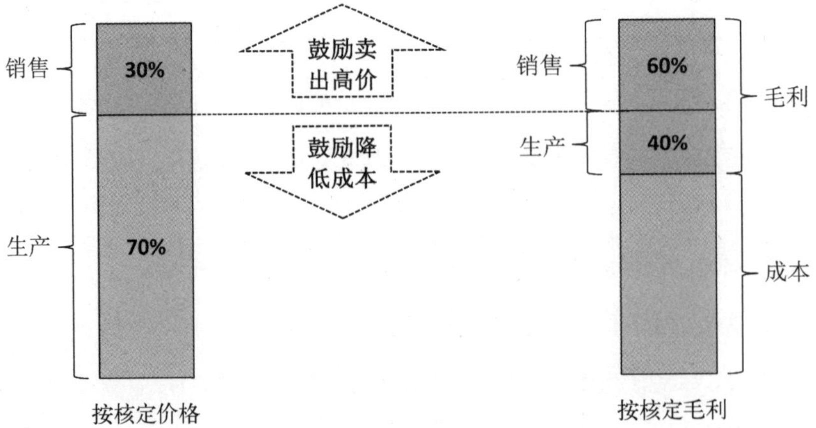

图 5－2　固定比例定价

比如，某产品核定价格是 500 元，按照固定比例（3∶7）定价，每卖一个产品就要给销售部门 15 元作为销售的销售收入，剩下 35 元作为生产部门的销售收入，销售部门要想实现利润最大化，就要争取多卖，并争取卖出客户可以接受的最高价格。对于生产部门而言，要想办法尽量降低成本，这样大家都在各自可以作为的空间作出努力。

对于按照核定的毛利进行比例分配的情况，就要事先核定产品的标准毛利，然后把毛利按照一个比例在销售和生产部门之间进行分配，如果按照6∶4的比例进行分配，那么销售部门就要想办法通过提高售价来提升自己的毛利率，生产部门要想办法通过降低成本来提升自己的毛利率。

固定比例定价不管是以上哪一种情况，销售部门和生产部门各自承担自己的成本和费用，至于比例到底是3∶7还是6∶4，或是其他的比例，每个企业可以自己进行测算，尽量让收益在两个经营体之间均衡分配。

工程项目定价

工程项目定价主要适合工程建设类企业的内部交易定价，工程建设类企业，一般都是项目运作制。一个工程项目短的往往要一年，长的要三至五年，销售额是整个工程结束后的总销售额，但是至少每个月都要算一次账，那么每个月的销售额如何来定呢？这就需要把工程项目的整个销售额按照一定的规则进行折算，折算到每一个月，再和每一个月的成本费用进行配比分析，这样就可以通过每个月的核算来加强工程项目的过程管理。

一般折算的方法是用总销售额除以计划总费用，再乘以某月的计划费用，得出的就是某月的计划销售额，再根据某月的实际进度折算出实际销售额。一边是计划的销售额和计划的费用，一边是实际的销售额和实际的费用，就可以对两者进行对比分析，以此来把握销售额、进度计划和费用计划的实际配比情况，从而加强过程管理，确保整个工程项目按照计划实施。

附加值比例定价

随着独立核算的逐步深入，核算的颗粒度会越来越细。对于制造型企业来说，核算的部门将由工厂到车间到班组，最后到工序逐步细化，当核算到工序的时候，下道工序就是上道工序的内部客户，就会涉及各工序之间的定价。有些企业的工序与工序之间的流转实物是看得见摸得着的，而有些企业则不然，比如化工类企业，工序和工序之间的流转都是在管道中进行，看不见摸不着，针对这样的情况，工序和工序之间的定价应该怎么做呢？附加值比例定价法就适合所有制造型企业工序之间的定价，如图 5－3 所示。

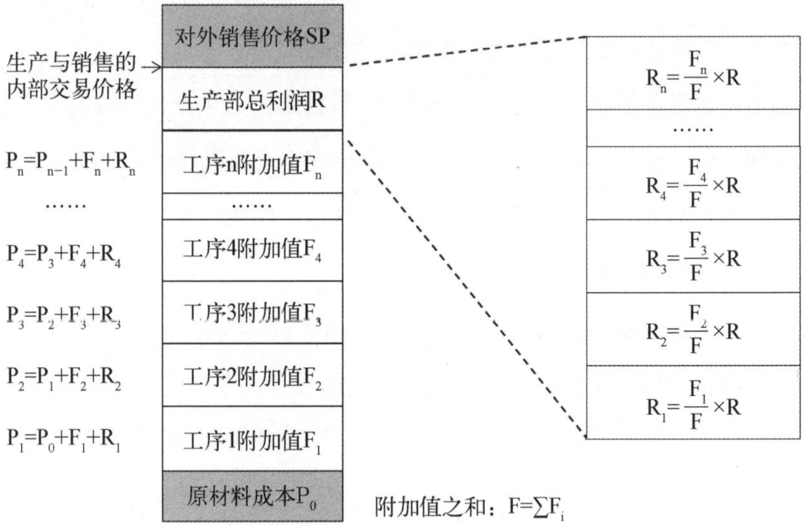

图 5－3　附加值比例定价法

将产品的总附加值按各工序创造的附加值的比例进行分配，然后用标准成本加上附加值来确定各工序的内部交易价格的方法，叫“附加值比例定价法”。为了简化，我们都以单件来计算，第一道工序给第二道工序的定价 $P_1=P_0+F_1+R_1$，其中 P_0是原材料成本，F_1是工序 1 创造的附加值，也是工序 1 在原材料的基础上产生的标准成本（包括辅料、人工、制造费用）。每道工序都有一个事先测算的标准成本，产生标准成本的过程就是创造附加值的过程。R_1是工序 1 分得的利润，它是根据生产部门的总利润（生产部门总利润 R＝生产与销售的内部交易价格 P－各工序标准成本之和 F－原材料成本 P_0）乘以各工序的附加值占生产部门总附加值的比例得来的。计算附加值的时候一定要以标准成本来算，而不能以实际成本来算，否则就会出现哪个工序效率低下，浪费严重，成本高，反而分得的利润就越高的情况，这显然不合理，所以必须以公司核定的标准成本来计算附加值，如果实际成本比标准成本低，经营体就赚了，否则就赔了。

关于定价除了以上几种常用的方法以外，还有一些其他的方法，这里不一一列举。定价本身并不复杂，复杂的是企业各经营体往往就定价问题争执不休，特别是当企业简单地把经营结果和组织收益直接挂钩的时候，定价问题就越发变得敏感，对于卖方来说，都希望价格定得越高越好，而对于买方来说，都希望价格定得越低越好，最终难以达成共识。有没有一个办法可以定出绝对公平合理的价格呢？答案是否定的，那为什么还要定价呢？

在掌握定价的具体方法之外，更重要的是要理解定价的目的到底是什么。通过定价实现了经营体的独立核算，其目的不是为了分钱，而是通过算账让员工和组织不断发现问题、分析问题、解决问题，并在这个过程中不断强化经营意识，提升经营能力，同时也可以判断员工或组织哪个进步大，哪个进步小，通过定价给自己设立一个参照。定价的本质就是为了衡量组织的进步提供一个“参照物”，所以从衡量一个组织或个人的进步性来说，定价的高低并不重要，重要的是看它的变化。如果不能认识到这一点，定价问题永远无法解决。

基于这样的定价理念，企业在考评导向上就不能简单粗暴地完全按照经营结果的静态值来进行业绩评价，很多企业定价出问题，并不是定价本身出问题，而是在定价的基本理念和企业的考核导向上出问题了，误导大家过于计较定价本身，而不去关注如何改变现状，不断取得进步。

（2）变动费

变动费是指与销售额成正比关系，或者短期内以拿回销售额为目的而产生的费用。比如原材料成本、运输费用、营销提成，都是与销售额成正比关系的，销售额变大，它们也会同步增加。促销费用、宣传推广费用、会务费用也属于变动费，虽然它们和销售额不呈严格的正比关系，但是它们是以短期内拿回销售额为目的而发生的。为什么要在变动费的定义里加一个"短期内"呢？因为从长期来说，企业所有的费用投入最终都是为了拿回销售额的，比如电视广告费用，一旦签了半年的合同，不管眼前是否可以拿回销售额，这笔钱是必须要支出的，属于沉没成本，它不是为了短期内取得销售额而支出的，所以不属于变动费的范畴。

对于经营会计报表的费用理解，要有别于传统的财务控制思维，传统的财务控制思维对于费用的管理是上限管理，不要超过预算上限，越低越好，但是对于经营会计报表的费用管理，要根据经营的目的来衡量，如果变动费的使用可以拿回更多的销售额，我们应该鼓励更多地去使用这样的变动费。人的能力在核算过程中主要是通过花变动费来提升的，要在花变动费的过程中学会如何取舍、选择和平衡，最终能够实现收益最大化。

变动费除以销售额等于变动费率，销售额一样的情况下，变动费率越低越好，变动费率越低，说明变动费的使用效率越高，相当于"花小钱办大事"，一个企业如果可以持续"花小钱办大事"，说明它的花钱策略是得当的，背后一定有系统的竞争力在支撑。

（3）界限利益

界限利益是由销售额减去变动费得出的，有点类似我们常说的毛利，但是它和毛利是不一样的。毛利是销售额减去销售成本（制造成本+制造费用），而界限利益是销售额减去变动费，变动费中包括了制造成本（原材料成本+直接人工成本）和部分制造费用，如水、电、气等费用，但是制造费用中的其他费用如管理人员工资、固定资产折旧、无形资产摊销、劳保费用等都不在变动费之列，而是归在固定费用中，变动费相对销售成本虽然少了一些其他制造费用，但是多了营销费用。将计入变动费的营销费用和未计入变动费的部分制造费用进行比较，如果计入的营销费用大于未计入的其他制造费用，那么界限利益就会低于毛利。哪些类型的企业会出现大量的营销费用而只有很少的制造费用呢？偏向销售型的公司就会出现这种情况，相反，偏向生产型的公司，界限利益就会比毛利大一点。

界限利益减去固定费等于经营利润，如果界限利益大于固定费，企业就会盈利，如果界限利益小于固定费，就会亏损，所以企业要考虑如何以投入的固定费为基础，活用变动费，拿回更多的销售额，从而取得更大的界限利益。

界限利益除以销售额等于界限利益率，界限利益率和界限利益这两个指标直接显示了企业的盈利能力和盈利水平，界限利益率越大，说明企业盈利的能力越强。但是这个能力能否更大地得以发挥还取决于销售额的大小，只有销售额尽可能的大，才能充分发挥盈利能力，界限利益才会大，企业的盈利水平才会高。了解了界限利益和界限利益率的概念，我们不妨思考一下，如何做才能提高界限利益和界限利益率，背后分别需要哪些核心能力来支撑呢？

（4）固定费

固定费就是不与销售额成正比例关系的费用，或者说变动费之外的所有费用都是固定费，人员工资、社保、福利、固定资产折旧、日常办公费用等都属于固定费。企业的经营都是先从固定费投入开始的，比如招人、买设备、建厂房都需要固定费的投入，固定费的大小代表了企业的生产能力的大小，但是企业能否把这个生产能力充分发挥出来就是另外一回事了，如果不能充分发挥，就会造成固定费的浪费，比如资产闲置、组织臃肿、人浮于事，这不是企业经营所希望看到的结果。

对于固定费的管理也要有别于传统的费用管理，固定费不是越大越好，也不是越小越好，固定费要和企业的经营规模相匹配，企业到底要以多大的固定费投入进行经营活动，是由企业的战略驱动的，最终体现的都是经营者的意志。

（5）经营利润

经营利润就是企业最终经营的结果，利润最大化是每个企业的追求，怎样才能实现利润最大化呢？就是销售额最大化，同时费用最小化。为什么费用最小化前面要加"同时"二字，如果没有"同时"二字，单纯的销售最大化不见得是好事，可能是销售额越大亏得越多。单纯的费用最小化也不见得是好事，可能是企业该投入的不敢投入，经营过于保守而错失发展良机，所以只有当销售额最大化的同时费用最小化，结果才是利润最大化。

从另外一个角度也可以看出，虽然利润最大化是每个企业的追求，但并不是企业想要高利润就会有高利润的，关键还是要在销售额最大化和同时费用最小化上下功夫，这是一个系统工程，涉及公司的战略、策略、体制、文化、组织能力和人才等方方面面，任何一项出问题，都不能实现可持续的利润最大化。

（6）生产效率指标

以上是经营会计报表的五大科目的定义，经营会计报表除了以上五大科目，还有一些衡量生产效率的指标，比如人工费的使用效率、人员的使用效率、固定费的使用效率、店面积的使用效率等，企业业态不同，衡量生产效率的指标也不同。

（7）经营会计报表设计方法

了解了经营会计报表的科目结构和科目定义，再来看看如何设计企业的经营会计报表。

首先，必须明确核算层级，如果只核算到公司层面，那就只要设计公司层面的经营会计报表，如果要核算到事业部层面，那就既要设计公司层面的报表，还要设计事业部层面的报表，以此类推，核算到哪一层。就要把报表设计到哪一层。具体核算到哪一层没有严格的标准，企业要根据自己的管理基础和人员素质条件来决定，总的原则是由上往下、由粗到细逐层深入。

其次，经营会计报表的科目设计一般采用三级科目结构，以销售额为例，销售额是一级科目，销售额又可以分为内部销售额和外部销售额，属于二级科目，内外部销售额可以继续细分，比如分为A产品销售额、B产品销售额、C产品销售额，那么A、B、C产品的销售额就属于三级科目。从一级科目逐步延伸到三级科目，科目数据更加细化，便于企业发现更细致的问题，但是太过细致，报表又显得过于复杂，所以一般就划到三级科目即可。如果需要分析三级科目以下更细致的数据，就从报表之外的底层数据进行展开分析。

销售额的二级和三级科目可以根据不同的维度进行灵活调整，可以根据客户的维度设计科目，比如大客户的销售额、中客户的销售额、小客户的销售额，也可以根据地域的维度设计科目，如华南区销售额、华东区销售额，也可以根据产品的维度设计科目，如A系列产品销售额、B系列产品销售额。总之我们想看到哪个维度的数据，就按照哪个维度去建立经营会计报表的科目结构。

经营会计报表的科目分类只是参考，没有严格的划分标准，企业根据自身特点可以灵活调整。经营会计报表的科目名称应能直接体现是费用还是收入，所以收入、成本或费用的科目后缀最好带有“收入、费用、成本、损失、支出、税收、折扣”等词，比如A产品销售收入、运输费用、原材料成本、不良质量损失、库存资金占用利息支出、促销折扣等。

再次，要对经营会计报表的科目进行明确的定义，使大家对科目的理解是一致的。比如销售额，什么是销售额呢？如果没有明确的定义，有人认为只要发货就算销售额，有人认为发货并开票才算销售额，有人认为只有回款才算销售额，理解不同，其结果是不一样的，这样在分析问题时就没有一个统一的衡量标准。所以报表科目设计完成后，要对报表的每个科目进行定义说明。最后，还要对经营会计报表科目的数据进行说明，具体包括报表科目的计划值说明和报表科目的数据来源、统计频率、数据提供部门的说明等。

三、核算系统之业绩分析

《随感》杂志2006年第一期刊登了姜少杰写的一篇文章，题为"小处的优美与大处的壮阔"，文中描绘了这么几幅图画。

第一幅画：一片鲜艳的红，上沿呈现锯齿状，不知何物。

第二幅画：画上立着一只双目圆睁的大公鸡，金黄色的嘴，绿色的翅膀扑闪着，那片红原来是它的冠。

第三幅画：这只公鸡站在一堆木头上，两个小男孩趴在窗台上紧紧盯着它，作跃跃欲试状。

第四幅画：这是一个农家的院子，院子里有五头羊、三只鸭，一只小白狗在追着鸭子满院子跑，院子的小主人即那两个小男孩，一心一意要逮住那只公鸡。

第五幅画：镜头拉远，原来上述这些都是玩具，一个扎着马尾巴的小女孩在认真地摆弄着它们。

第六幅画：一个老人，花白的头发，在看电视。仔细看，上面所有的画面竟然是电视里的一个镜头。

第七幅画：一座繁华的城市，一辆电车缓缓驶过，老人与电视居然是电车上贴的广告画。原来如此。

别急，事情不会就这么结束。

第八幅画：沙漠边上的小镇，邮差正在把一封信交给一位女士。那座繁华的都市，原来是信封右上角邮票上的图案。

请发挥你的想象，下一副图画会是什么？

这和作经营会计报表的数据分析有相似之处。我们以为自己已经看到了问题的全部，实际上有可能只是冰山一角，当经过不断的分析实践，分析能力越来越强的时候，我们感觉自己已经达到了某种境界，但实际上依然有很大的提升空间，这个空间是什么呢？就是不确定性，人与人最大的差距永远都是体现在面向不确定的事物时所进行的分析和采取的行动上。核算系统的业绩分析就是帮助经营者建立分析问题的框架及结构性思维，以便更好地找到问题的根源并采取有效的对策，把公司有限的资源用在刀刃上，所以业绩分析环节是真正见功底的环节，最考验人，也最能培养人。

虽然业绩分析面临很多不确定性，但是在不确定性中有没有相对系统和完善的分析框架可供参考呢？我们先通过一个例子来初步了解一下业绩分析的主要内容。表 5－3 是某企业 2014 年 9 月份的经营会计报表，在这个报表中，企业 9 月份的整体经营情况从销售额、变动费、界限利益、固定费到经营利润都有了量化的结果。而且每个科目都有计划值和实际值，计划值就是这个月的目标，实际值就是实际经营的结果，目标和结果之间一比较就会发现存在差异。差异就是一种客观事实的量化体现，就像人的验血报告一样，有清晰的数据来体现异常的情况，但是这些异常到底是什么原因导致的呢？这些从经营会计报表上有时很难直接得出结论，我们不妨通过表 5－3 来演练一下，看看企业经营到底存在哪些问题。这些问题按照紧急程度来排列，哪个是优先级最高的？

通过数据，我们可以发现企业经营存在的一些主要问题：销售额远远没有达成计划的要求，比计划少了 332.7 万元，计件工资的占比上升了 0.53%，水电费的占比上升了 0.69%，不良质量成本的占比上升了 1.14%，原材料和半成品以及成品的库存资金利息占比在上升，工资、设备折旧费用在上升，这些因素都会对企业经营的结果产生不利的影响。

表5-3 某企业经营会计报表

单位：万元　　2014年9月1日—2014年9月30日

项目		计划·金额	计划·占比	实际·金额	实际·占比	差异
销售额	总销售额	500.00	100%	167.30	100%	-332.70
变动费	原材料成本	343.19	68.64%	101.97	60.95%	-7.69%
	计件工资	30.00	6.00%	10.92	6.53%	0.53%
	辅　料	2.92	0.58%	0.37	0.22%	-0.36%
	水电费	2.79	0.56%	2.09	1.25%	0.69%
	招待费	0.00	0.00%	0.00	0.00%	0.00%
	差旅费	0.00	0.00%	0.00	0.00%	0.00%
	推销费	0.00	0.00%	0.00	0.00%	0.00%
	包装物	2.60	0.52%	0.46	0.27%	-0.25%
	不良质量成本	3.17	0.63%	2.96	1.77%	1.14%
	半成品与原材料占用资金利息	2.47	0.49%	1.94	1.16%	0.67%
	成品占用资金利息	2.20	0.44%	2.25	1.34%	0.90%
合　计		389.34	77.87%	122.96	73.50%	-4.37%
界限利益		110.66	22.13%	44.34	26.50%	4.37%
固定费	折旧	6.92		7.06		0.14
	社保	4.09		5.38		1.29
	福利	3.01		1.18		-1.83
	维修	1.49		0.44		-1.05
	工资	11.98		13.74		1.76
	办公、通信等	0.24		0.03		-0.21
	差旅	0.48		0.2		-0.28
	研发耗料&试制费	1.99		1.79		-0.20
	其他	1.79		0.28		-1.51
合　计		31.99		30.1		-1.89
经营利润		78.67	15.73%	14.24	8.51%	-64.43

如果只是分析到这个层面，所有人的分析结果肯定都是一致的，因为这些都是数据直接反应出的问题，如果我们再往深层去分析，实际经营利润比计划少了 64.43 万元，那么在以上这些影响因素中，哪一个对经营利润的影响程度最大呢？销售额比计划少了 332.7 万元，不代表企业经营利润就少了 332.7 万元，那么销售额减少 332.7 万元，到底对经营利润产生多少万元的净损失呢？所有这些问题背后的本质原因是什么？有效的对策又是什么？如果继续分析下去，同样的一份经营会计报表，不同的人最后得到的结论就会不同，采取的对策也会因人而异。

还有，这个企业的招待、差旅、推销费用的计划值和实际值都是零，没有产生这些费用，表面上是替公司省钱了，但是却反映出企业在营销上没有清晰的对策，在销售额没有完成的情况下，企业就是要灵活使用这些费用把更多的销售额拿回来。相比之下，如果企业的销售额目标达成了，这些费用却没有发生或者即使发生了，但是相对于销售额的占比在下降，而且这样的状态还可以持续，那就是好事，说明企业的花钱水平在上升，经营能力在上升，可以花小钱办大事了。

由此可见，经营会计报表的数据分析不是孤立的，往往要把多方面的因素关联在一起分析才能下结论。经营会计报表的科目也不同于企业一直在用的 KPI 指标，KPI 指标都是相对孤立的，单个 KPI 指标好就是好，不好就是不好，而经营会计报表的单个科目的数据变化，很难说好还是不好，要进行关联分析才能做出全面判断，所以经营会计报表是一个系统，牵一发而动全身。

接下来将从经营会计报表的分析特点、分析结构、分析内容三个方面详细介绍业绩分析的系统框架。

1. 经营会计报表的分析特点

（1）变动费按比例进行管理，固定费按绝对值进行管理

对于变动费的分析要从变动费相对于销售额的占比即变动费率来分析，变

动费的绝对值说明不了问题，比如变动费计划是 1 000 万元，实际是 2 000 万元，到底是好还是不好呢？表面上看，实际使用的变动费超出了计划的要求，感觉是不好的，这是传统的成本控制思维。实际上要通过具体分析才能得出结论。比如变动费计划是 1 000 万元，对应的销售额是 1 亿元，而实际上变动费是 2 000 万元，如果销售额是 3 亿元，说明这个变动费超额使用的效果就很好，多花了 1 000 万元的变动费却多带来 2 亿元的销售收入，这个钱花得值；反过来，如果实际变动费是 2 000 万元，对应的销售额不是 3 亿元，而是 1.5 亿元，说明多花的 1 000 万元变动费只带来 5 000 万元的销售额上升，而按道理 1 000 万元的变动费可以带来 1 个亿的销售额，这时，这个变动费从 1 000 万元变成 2 000 万元就是不好的。由此可见，变动费单纯通过其绝对值的大小是无法评价好坏的，对于变动费要以变动费率来进行管理，变动费率是变动费和销售额相除得来的，只要变动费率不上升，企业要鼓励花更多的变动费换回更多的销售额。变动费率越低，同样销售额的情况下说明花钱的水平越高。

变动费是按照比例来进行管理的，固定费则不然，固定费的管理是按照绝对值进行管理的，因为固定费和销售额不是成正比关系的。比如固定费是 100 万元，对应的销售额是 1 000 万元，当销售额是 2 000 万元时，不代表固定费一定是 200 万元，固定费可能还是 100 万元，或者稍有增长。再比如，企业有可能在一个时间段大量投入固定费，但是并没有立即带来销售额的提升，这部分费用的投入既不是和销售额成正比，也不是以短期内拿回销售额为目的，按照比例来管理固定费就没有意义了，所以固定费要按照绝对值来进行管理。

（2）适当的时候用销售量代替销售额

对做钢材贸易的企业来说，钢材的价格受行情影响，波动频繁，甚至每天的价格都不同，而且企业基本没有定价的权利，企业能做的就是尽可能多卖，并实现良好的回款，以保证正常运营的现金流。这种类型的企业，在对其销售部门进行独立核算时，会发现销售额和变动费率的波动性特别大，而这些变化哪些是钢材价格波动造成的，哪些是销售自身的原因造成的，往往很难辨别，给分析造成了很多不确定性。为了简化分析过程，排除不可控的影响因素，我们可以用销售量代替销售额，这样就规避了价格因素的影响，而销售量是营销人员完全可控的，这样，变动费率就变成了变动费相对于销售量的占比，而不是相对于销售额的占比，这样既可以简化分析，又不影响对问题的识别和把握。

（3）累计分析与当期分析同样重要

如果核算周期是一个月，那么每个月企业都要用经营会计报表作一次经营分析，比如现在是 4 月 10 日，我们要对 3 月份的经营情况进行分析，但同时也要对 1—3 月份的经营情况进行累计分析。通过当月分析可以发现当月的个性化的问题并及时改善，但是核算的周期越短，数据的波动性就越大，通过某一个月的数据往往不够说明问题，所以就要作累计分析，累计分析一来可以抵消波动性，数据相对平稳，比较能够反应出真实问题，二来企业可以对标年度经营计划目标，知道截至某月，公司的年度经营计划在何种程度上得到了满足，还有多大的差距，这样，剩下的几个月调整策略确保年度目标的达成就会更加有针对性。

（4）指标的关联分析优于指标的孤立分析

经营会计报表的每一个科目看似一个个 KPI 指标，其实不然，KPI 指标相对独立，每个 KPI 指标都有各自的判断标准和目标，达到目标要求的就好，达不到的就不好，通过 KPI 数据本身就可以得出好与坏的结论。但是经营会计报表的每个科目可不是这么简单，整个经营会计报表就是一个系统，各个指标之间有着千丝万缕的联系，单看一个指标很难判断是好是坏，要作指标的关联分析才能得出结论。

比如在经营会计报表的变动费中有一个科目是"宣传推广费"，某个月计划要花十万元的宣传推广费用，但是当月实际只花了三万元，请问是好还是不好呢？光从单个指标来看，费用少花了七万元，应该是好事，为公司省钱了，但是如果我们作关联分析，结论可能就不一样了。计划花十万元的宣传推广费用对应的计划销售额是五百万，但是实际只花了三万元，实际的销售额只有三百万元，这种情况下少花了宣传推广费就不好，之所以没有把更多的宣传推广费用花出去，是因为压根就不知道怎么花这个钱，策略不清晰，所以就没有相应的行动产生，因而就没有相关的费用发生。

（5）经营分析要时刻把实际值与计划值进行对标

企业作经营业绩分析的逻辑一般都是这样的：首先制定阶段性的工作目标，比如月度工作目标，我们称之为月度计划值，经营会计报表的各个科目都要有对应的计划值，然后到月底了就会有实际的经营结果，比如拿回来多少销售额，花了多少钱，取得了多少利润等，我们称之为实际值。

在业绩分析过程中，实际值与计划值的对标至关重要，所谓有问题或没问题都是相对于计划值而言。企业的月度计划目标是从年度计划目标分解来的，年度计划目标又是从战略目标分解来的，战略目标又是从企业愿景分解来的，企业愿景又是根据企业的理念而来的，所以计划是一条贯穿企业经营的主线条，它把企业理念和企业具体的运营衔接起来，计划的达成至关重要，它直接体现了经营者的意志，所以要严肃对待计划的制定，言必行，行必果。

（6）经营分析要灵活和注重实效

针对不同的企业，经营分析会有不同的分析重点和分析方法，关键是要有效，经营会计报表不是企业进行业绩分析的唯一工具，企业可以结合自己的业务特点，选取重点分析对象，适当的时候可以把经营会计报表予以简化。

比如对于一些制造型企业的车间来说，最理想的当然是按照经营会计报表的格式来进行数据的统计分析和改善，但是这些车间的主任大都没有受过良好的高等教育，他们有实战经验，但是系统的分析能力偏弱，针对这种情况，经营分析就可以灵活一点，只对一些关键指标如吨原材料、吨辅料、吨能耗、吨人工费用等进行数据的统计、分析和改善。这样的分析虽然没有经营会计报表那么系统，但是更直接，尤其对于最基层的员工有一定的指导意义，使他们的分析和改善更加简单聚焦。

---

2. 经营会计报表的分析结构

经营会计报表有销售额、变动费、界限利益、固定费、经营利润五个科目，这五个科目不是相互孤立的，而是有内在关联性的。关联性体现在两个维度，第一个维度是科目和科目之间是关联的，第二个维度是科目和企业的竞争力和能力是关联的，不同的科目对应企业不同方面的竞争力和能力，要进行关联分析才可以得出全面且准确的分析结论，这样后续的改善才可以做到有的放矢，否则就会出现只见树木不见森林的现象。要怎么作关联分析呢？经营会计报表的科目又是怎样关联的呢？我们把经营会计报表科目两个维度的内在关联性进行总结，形成结构性的分析框架，如表 5 - 4 所示。

表 5 - 4 阐述的就是经营会计报表分析时所需要参照的关联分析，界限利益及以上的部分，就好比是冰山在海面以上看得到的部分，这部分体现了企业的显性竞争力，表现在顾客认知、商品价值、业务形态和事业构造等方面的竞争优势，界限利益以下的部分，就相当于是冰山在海面以下看不到的部分，属于隐性竞争力，表现在企业经营体制、要素、文化和综合竞争等方面的竞争优势。

表5-4　经营会计报表分析结构对照表

<table>
<tr><th>科　目</th><th>实 践 意 义</th><th>关联
科目</th><th>关联竞
争优势</th><th>关联
能力</th><th>报表
结构</th></tr>
<tr><td>销售额</td><td>以固定费为基础，活用变动费，把资金、品牌、人才、技术有效结合，形成产品和服务，不断满足客户需求的过程。</td><td>/</td><td>顾客认知
优势</td><td>顾客需求
满足能力
顾客需求
引导能力</td><td rowspan="4">冰山
上部
显性
竞争力</td></tr>
<tr><td>变动费</td><td>拿回销售额的手段，直接反映经营的策略，最终体现经营的意志。</td><td>/</td><td>商品价值
优势
业务形态
优势</td><td>研发能力
营销能力
供应链能力
制造能力</td></tr>
<tr><td>界限利益
（销售额-
变动费）</td><td rowspan="2">界限利益衡量盈利水平，界限利益率衡量盈利能力，盈利能力强不代表盈利水平高。提升界限利益和界限利益率的方法如下：
1. 变动费不变，销售额上升；
2. 销售额不变，变动费下降；
3. 变动费和销售额都上升，销售额上升幅度更大；
4. 变动费下降，销售额上升；
5. 变动费和销售额都下降，变动费下降幅度更大。</td><td rowspan="2">销售额
变动费</td><td rowspan="2">事业构造
优势</td><td rowspan="2">业务组合
能力
产品组合
能力
商业模式
创新能力</td></tr>
<tr><td>界限利益率
（界限利益/
销售额）</td></tr>
<tr><td>固定费</td><td>企业从蚂蚁变成公鸡，从公鸡变成老虎，从老虎变成大象，从大象变成恐龙的过程就是不断投入固定费的过程，固定费代表企业的生产力，固定费的投入涉及企业经营的战略，最终反映企业经营的意志。</td><td>/</td><td>经营体制
优势
经营要素
优势
企业文化
优势</td><td>体制设计
能力
资源整合
能力
文化传播
能力
组织能力
体系建设
能力</td><td rowspan="2">冰山
下部
隐性
竞争力</td></tr>
<tr><td>经营利润</td><td>利润只是一个结果，有什么样的果就一定有什么样的因，所以要由果追因，就是以固定费为基础，更多地活用变动费，拿回更多的销售额。</td><td>销售额
变动费
固定费</td><td>综合竞争
优势</td><td>综合能力</td></tr>
</table>

在作经营会计报表分析的时候，企业要把握好科目背后的深层含义，如果是显性竞争力的问题，就要立足于市场，从顾客认知、商品价值和业务形态上作调整，如果是隐性竞争力的问题，就要从内部管理上下功夫，重点从体制建设和文化建设上考虑如何充分调动员工的工作热情、归属感和共同经营意志。

竞争优势的背后对应的是企业能力体系，从表5－4的能力体系来看，从上往下，越来越趋向于企业的基础性、系统性和根本性能力。经营会计报表数据的波动背后一定代表某一种或某几种能力在波动，有些问题通过短期的运营改善就可以有效解决，有些问题要上升到企业系统能力的提升上，才能从根本上有效解决，所以经营会计报表的分析过程就好比是照相机镜头的拉远和拉近，既要拉近，看到细节，又要拉远看到整体。有些企业通过经营分析发现，它的主要问题已经不是运营层面的问题，通过日常的运营改善难以解决，必须要上升到企业策略和战略的高度上进行调整才能解决，这些问题我们称之为结构性问题。企业必须要从客户结构、商品结构、事业结构、商业模式上下功夫，如果只是停留在运营管理层面，最终只能是小打小闹而错失良机。经营分析环节是发现问题和解决问题的桥梁，是发现问题后的进一步深入，也是解决问题的基本前提。

3. 经营会计报表的分析内容

经营会计报表的分析内容具体展开包括以下四个方面：① 根据既定的经营计划目标，盘点经营总体情况，做到胸中有数；② 对各个经营单位的经营情况作评价，比如各个经营单位目标完成情况如何，哪些进步了，哪些退步了；③ 展开详细分析，针对经营会计报表的各个科目，把实际值进行和计划值进行对标，识别差异，并重点对不好的差异展开分析，直到找到问题的根本原因并制定改善的课题；④ 制定下一个经营周期的新的经营计划目标。下面结合一个企业的具体案例来详细阐述经营会计报表的分析过程。

表5－5是某生产通讯器件的制造型企业2014年9月份的一份经营会计报表，针对这份经营会计报表，我们参照以上讲的分析内容来展开经营分析。

表5－5 某企业经营会计报表

单位：万元　　时间：2014年9月1日—2014年9月30日

项目	分类	计划		实际		差异
		金额	占比	金额	占比	
销售额	总销售额	500.00	100%	167.30	100%	-332.70
变动费	原材料成本	343.19	68.64%	101.97	60.95%	-7.69%
	计件工资	30.00	6.00%	10.92	6.53%	0.53%
	辅　料	2.92	0.58%	0.37	0.22%	-0.36%
	水电费	2.79	0.56%	2.09	1.25%	0.69%
	招待费	0.00	0.00%	0.00	0.00%	0.00%
	差旅费	0.00	0.00%	0.00	0.00%	0.00%
	推销费	0.00	0.00%	0.00	0.00%	0.00%
	包装物	2.60	0.52%	0.46	0.27%	-0.25%
	不良质量成本	3.17	0.63%	2.96	1.77%	1.14%
	半成品与原材料占用资金利息	2.47	0.49%	1.94	1.16%	0.67%
	成品占用资金利息	2.20	0.44%	2.25	1.34%	0.90%
合　计		389.34	77.87%	122.96	73.50%	-4.37%
界限利益		110.66	22.13%	44.34	26.50%	4.37%
固定费	折旧	6.92		7.06		0.14
	社保	4.09		5.38		1.29
	福利	3.01		1.18		-1.83
	维修	1.49		0.44		-1.05
	工资	11.98		13.74		1.76
	办公、通讯等	0.24		0.03		-0.21
	差旅	0.48		0.20		-0.28
	研发耗料 & 试制费	1.99		1.79		-0.20
	其他	1.79		0.28		-1.51
合　计		31.99		30.10		-1.89
经营利润		78.67	15.73%	14.24	8.51%	-64.43

（1）经营总体情况分析

表 5－6　经营总体情况　　单位：万元

项　目	计　划	实　际	完成率	绝对值差额
销售额	500.00	167.30	33.46%	-332.70
变动费合计	389.34	122.96	31.58%	-266.38
界限利益	110.66	44.34	40.07%	-66.32
界限利益率	22.13%	26.50%	119.75%	4.37%
固定费	31.99	30.10	94.09%	-1.89
经营利润	78.67	14.24	18.10%	-64.43
经营利润率	15.73%	8.51%	54.10%	-7.22%
投入人数	166.00	113.00	68.07%	-53.00
人均劳效	0.67	0.39	58.21%	-0.28

根据表 5－6 显示的经营数据，9 月份总体经营情况如下：

① 经营利润 14.24 万元，比计划值少 64.43 万元，完成率只有 18.10%；

② 经营利润率 8.51%，比计划利润率低 7.22%，完成率 54.10%；

③ 销售额 167.3 万元，比计划值少 332.7 万元，完成率 33.46%；

④ 变动费 122.96 万元，比计划值少 266.38 万元，完成率 31.58%；

⑤ 界限利益 44.34 万元，比计划值少 66.32 万元，完成率 40.07%；

⑥ 界限利益率 26.5%，比计划界限利益率提升 4.37%；

⑦ 固定费为计划的 94.09%，比计划减少 1.89 万元；

⑧ 人均劳效 0.39 万元，只达成计划目标的 58.21%。

在做经营分析时，企业要先对每个参与独立核算的经营体分别作各自的总体情况分析，以便对企业各级经营体的经营情况有总体认识，在此基础上，企业对每个经营体的总体经营情况进行综合评价和排名。评价和排名时企业可以考虑选取一些关键指标，对每个关键指标设定权重，然后根据实际完成情况进行打分，每项打分的累计结果就是总得分，根据总得分的高低就可以进行排名，以提升大家的危机意识和竞争意识。

具体选择什么关键指标以及设定什么样的权重，因为每个经营体特点不同，可以个性化定制，但也有一些可以参考的原则，一般指标的选取涵盖了销售额（反映市场规模）、界限利益和界限利益率（反映盈利能力与水平）、人均劳效（反映运营效率）、经营利润（反映经营结果）四个维度。具体权重设定要结合经营体当下的经营导向有所侧重，如果某经营体当下更强调市场规模，那么衡量这个经营体的几个关键指标中销售额这个指标的权重就要相对大一点，如果是追求收益，界限利益和界限利益率的权重就大一点，如果是生产制造型企业，那效率的指标权重就大一点。通过总体经营情况分析，我们对各经营体的总体经营结果有了大概的了解，但是这样的分析还不足以支撑我们去采取精准的对策并进行有效改善，所以还要作进一步的分析，就是差异分析。

（2）**经营差异分析**

所谓差异分析，就是针对实际值和计划值的差异进行分析，从中找到造成差异的根本原因，并明确改善的方向，为下一步制定有效的对策打好基础。差异分析要由粗到细、由大到小、由总体到局部逐层展开，主要从销售额（反映市场规模）、界限利益和界限利益率（反映盈利能力与水平）、人均劳效（反映运营效率）、经营利润（反映经营结果）四个维度展开，如表5-7所示。

表5-7　经营差异分析表模板　　单位：万元

项目	计划	实际	差异	原因分析
销售额	500.00	167.3	-332.7	客户（电信运营商）正在进行在网产品的质量检查和整改，短期内停止一切发货，待整改完成后启动发货，对销售额的达成造成主要影响。

（续表）

项目	计划	实际	差异	原因分析
界限利益	110.66	44.34	-66.32	第一层原因： 销售额减少332.7万元，导致界限利益损失59.39万元； 计件工资上涨0.53%，造成界限利益损失9 344元； 水电费上涨0.69%，导致界限利益损失12 165元； 不良质量成本上涨1.14%，导致界限利益损失20 098元； 原材料、半成品和成品库存上涨，共导致界限利益损失27 679元；以上是导致界限利益共损失66.32万元的主要原因。 第二层原因： 在第一层原因的基础上进一步分析，包括展开底层原始数据，精准锁定原因范围等。
界限利益率	22.13%	26.5%	4.37%	通过产品升级，改变了产品的成本结构，提升了界限利益率； 通过降低采购成本举措，降低了产品原材料采购成本，提升了界限利益率。
经营利润	78.67	14.24	-64.43	销售额减少332.7万元，导致经营利润损失73.6万元； 界限利益率上升4.37%，为经营利润贡献7.31万元； 固定费下降1.89万元，为经营利润贡献1.89万元。 以上共导致经营利润损失64.43万元。
人均劳效	0.67	0.39	-0.27	销售额大幅下降，界限利益大幅下降。

差异分析的核心是找到根本原因，不同的企业，同样的数据结果，其背后的原因千差万别。要找到根本原因，就要把握好四个基本原则：① 要有打破砂锅问到底的精神，不能只停留在问题的表象，要通过表象看本质，一个简单的方法就是连问五个为什么。② 要作展开分析，比如界限利益和界限利益率的实际值和计划值有差异，就要分析具体是什么原因造成的。还需要把变动费展开

作详细的分析，才知道具体的原因，有些问题还需要展开到经营会计报表以外的更底层的数据进行分析，因为经营会计报表的空间结构有限，不可能把所有原始数据都堆上去。③ 原因分析既要分析外因，更要分析内因，比如销售额没有达到计划目标，如果分析原因都是市场环境恶化，那么企业就没有改进的余地了。同样的市场，为什么有的企业就经营得好呢？企业经营关键还是在内因上，所以企业就要多从客户的选择、产品的差异化、业态模式的创新上找原因。④ 要多深入一线，问题一般都出在管理层，但是解决问题都在基层，管理层必须深入一线，只有在一线才能听到最真实的声音，看到最真实的情况，也最能及时地了解情况。

原因分析是多维度和多层次的。所谓多维度就是要从多个指标的关联性上做分析，比如某个企业界限利益比计划值下降了，影响界限利益的因素是销售额和变动费，销售额和变动费是相互关联的，变动费是手段，销售额是结果，而销售额反过来又可以进一步影响变动费的使用，所以不能孤立地进行某一个方面的分析就草草下结论，要把销售额和变动费关联在一起分析才更全面，这就是多维度分析。

而多层次就是要从战斗、战术和战略多个层次展开分析，比如我们通过多维度分析得出界限利益下降的原因是采购成本上升，那么我们就要找到当月影响采购成本上升的最主要的原材料是哪几类，以及对应的供应商是哪家，然后针对这个具体的材料和供应商去谈判，如果再下一个月变成另外一个材料和供应商，那就再针对另外一个材料和供应商去谈，见招拆招，这就是战斗层次的分析。如果我们通过半年以上的累计分析，可以找出一些共性的问题，比如发现所有采购成本上升的材料都存在独家供应的现象，这是一个共性的问题，针对这个共性的问题展开的就是战术层次的分析，战术层次的分析相对于战斗层次的分析来说，见效的周期会长一些，但考虑问题的层次会深一些，作用更持久一些。再往下，我们通过一年以上的累计分析，并结合同行的竞争分析，发现我们在供应链的建设上存在系统性问题，这个系统性问题不仅仅是采购成本高，还包括供应链的柔性和稳定性，这时就要从供应商的寻源、供应商的关系管理、供应商的绩效管理和供应商的战略合作等方面系统展开调整，来配合公司战略目标的实现，这就是从战略的层次上来考虑了。如果企业是每月核算一次的话，那么当月的分析更多的还是要从战斗层面展开并采取快速行动，以取得立竿见影的效果，但同时也要作累计分析，通过累计分析引发对企业策略和战略的思考，做到既见树木又见森林。

（3）**改善课题制定**

任何企业在任何时候都会存在问题，只要企业不安于现状，敢于不断进取，就会不断设立新的目标，自然就会不断存在差距，有了差距，就需要不断改善，所以改善是永无止境的。但企业的资源是有限的，在同一时间做了这件事情往往就没有更多精力去做其他的事情，所以改善课题到底聚焦在哪些方面才能最直接地体现经营者的意志呢？唯一的依据就是所有的改善都必须紧扣“经营”，脱离了经营的改善就是为了改善而改善，虽然做的也是正确的事，但却不是最有效的事。

改善课题的内容包括课题名称、课题衡量标准、量化指标和改善对策四个方面。以上文表5－5的经营会计报表为例，我们发现不良质量成本上升是一个比较突出的问题，而且通过详细的展开分析，发现不良质量成本上升主要是A产品的焊接报废率高造成的，所以提高A产品的焊接一次直通率成为当下需要改善的课题。改善课题要满足SMART原则——具体的（Specific）、可衡量的（Measurable）、能够达到的（Attainable）、相关的（Relevent）、有时限的（Time-bound）。如何衡量这项改善的成效呢？我们设立一次直通率指标，目标是98.7%（原来是96.5%），通过一次直通率这个指标来衡量这项改善的效果。具体怎么改善就需要制定有效对策，如表5－8所示。

表5-8　经营改善课题模板

改善课题	衡量标准	量化指标
提高A产品的焊接一次直通率	一次直通率	98.7%
对策1：优化产品结构	加大内腔空间，提高焊接耦合棒的强度。	
对策2：调整焊接耦合棒的尺寸	优化焊接耦合棒的结构尺寸，降低焊接变形系数。	
对策3：优化焊接工装	优化焊接工装，降低焊接时间，减少工件变形。	

企业后续要进行对策的效果评估以确认课题改善有没有效果，确保形成闭环。对策和课题的效果最终一定会在下一个经营周期的经营会计报表的数据中体现出来，如果没有体现，就要重新优化调整，直到产生效果。

改善课题不是企业改变经营现状的唯一途径，因为改善课题是通过对每月的经营数据分析得出来的，在相对稳定的经营环境下，企业可以通过数据的精细化管理，不断持续改善，但是有些企业的经营并不是相对稳定的，企业需要在战略和策略层面作出重大调整，而这样的调整需要落实到一些重要的任务上，短期内在经营数据上还体现不出来，如果只是限于经营量化数据的分析去改善，而忽视了战略和策略层面的方针和重要课题，那就是以战斗上的勤劳掩盖了战术和战略上的懒惰。所以要系统、全面地关注日常运营，企业必须将通过数据分析得出的改善课题和基于战略和战术的方针而形成的重要任务进行有效结合。

（4）新的经营计划制定

经营会计报表分析内容的第四部分就是新的经营计划的制定，经营计划的制定包括定性和定量两部分内容。定量就是经营会计报表所有科目的计划值的确定，这个计划值就是下一个经营周期的经营目标，后续把实际经营结果和这个计划值进行对比，就会发现差异，针对不好的差异重点进行分析，找到原因并进行改善。计划值的设定非常关键，计划值太低，怎么做都可以达成，企业和员工就不会进步，反过来计划值太高，怎么做都达不成，企业和员工就会失去信心。如何制定合理的计划值呢？根据实践总结，“向心力”系统经营实学提供计划值设定五大大原则，简称“计划制定五原则”，分别是自主性原则、挑战性原则、匹配性原则、动态性原则和关键性原则。

① 自主性原则：将来企业发展的一个必然趋势就是更加强调自主经营，自主经营的一个重要体现就是自主制定计划，计划的本身就是一种承诺，计划的制定体现了经营者的姿态，是利他还是利己，是保守还是敢于突破。只有自己主动制定计划，执行力才更强。

② 挑战性原则：计划值的设定既要符合科学，更要体现经营意志，有挑战性的计划值可以倒逼企业和员工快速成长。企业要有良好的机制和文化，让企业内部团队和个人都敢于也愿意不断挑战高目标。

③ 匹配性原则：经营会计报表的计划值是根据年度经营计划分解而来的，每天、每周、每月的计划值的确定必须和年度计划进行关联，要不断和年度经营计划进行对标。

④ 动态性原则：计划是会变化的，如果年度计划需要作调整，那么就要同步进行月、周、天计划的调整。

⑤ 关键性原则：经营会计报表的所有科目都要有计划值，但对经营会计报表的所有科目的管理是有主次之分的，不同企业或者同一个企业的不同发展阶段，关键科目的定义会不同，企业要根据自己的经营战略和策略方针，同时结合实际运营状态，进行关键科目的界定和计划值的设定，并从资源投入和过程管控上进行重点关注。

总体经营情况分析、经营差异分析、改善课题制定、新的经营计划制定这四个部分是经营会计报表业绩分析的主要内容。经营业绩分析有一个非常重要的组织形式，就是定期召开经营业绩分析会，经营业绩分析会一般由经营管理部组织。定期召开经营业绩分析会的主要目的一是便于及时发现问题、分析问题、解决问题；二是统一大家的经营思想和意识，明确企业的工作方向，更好地形成合力；三是利用业绩分析会，发挥集体智慧，群策群力；四是培养人才和识别人才，在业绩分析会现场，各级经营体负责人都是经营的主角，他们在汇报经营情况的过程中得到了锻炼，同时他们发现问题、分析问题、解决问题的态度和能力也会一览无遗。关于如何有效组织召开经营业绩分析会，下文通过一个案例进行具体说明。

4. 案例：如何成功召开业绩分析会

上海永丰集团是亚洲规模最大的热镀锌企业，已经走过了 42 个春秋，该企业从 2017 年开始推行阿米巴经营，取得了非常好的效果，其成功的一个重要因素就是开出了具有永丰特色的业绩分析会，总结起来，这些特色主要体现在以下几个方面。

特色一：一把手的参与

永丰集团有六个分公司，六个分公司轮流主持每月的业绩分析会，不管是近在上海，还是远在东北鞍山，董事长都全程参加，从未缺席。每次开会的时间，提前一个月就要确定下来，并且要经过董事长本人亲自确认。董事长每次不但参加会议，而且在会场也不会处理其他事情，每次都是坐在会场的第一排，每个分公司老总以及分公司下面的车间主任进行业绩汇报时，他都认真进行记录。凡事就怕认真，一把手都如此认真，大家自然就不敢不认真。

特色二：排名、奖罚机制

永丰集团六个分公司的一级阿米巴（分公司）和二级阿米巴（车间和销售部）加起来共有20个，每次业绩分析会议上，每个汇报人都要被现场打分，为此，他们专门设计了一个打分表。如表5－9所示，他们从企业文化、会议纪律和巴长汇报三个维度，12个细项进行打分评价，其中巴长汇报权重最大，占70%，涵盖了经营数据准确性、联系工作实际情况、改善的有效性、方法和工具的应用等方面。通过打分，对所有巴长进行排名，并配套奖罚机制，从而形成了你追我赶、力争上游的竞争氛围。

表5－9　阿米巴业绩分析会议考评打分表（永丰集团）

考核项目	考核内容	评　分　标　准	标准分
企业文化	拳操舞锻炼	不迟到，不早退，不缺席，迟到或早退扣3分/人，缺席，全部扣除。以点名和签到表为准。	10
	道德经诵读	诵读道德经全神贯注，口齿清晰，大声诵读，发现玩手机，不认真诵读的扣3分/人。	5
会议纪律	会议考勤	不迟到，不早退，不缺席，迟到或早退扣3分/人，缺席，全部扣除。以点名和签到表为准。	5
	会议请假	参加阿米巴会议人员如遇公司安排或私人事务，可以请假，但按照3分/人扣分。	5
	午宴晚宴	不迟到，不早退，不缺席，迟到或早退扣3分/人，缺席，全部扣除。以点名和签到表为准。	5
巴长汇报	经营数据	1. 及时、完整、准确、真实，发现1处不符合要求扣1分。该标红的未标红，1处扣1分。 2. 没达到计划值目标的，每个科目扣1分。	30
	10个典型产品	产品有照片、有参数（完整）、有参考价值、有对比，评分人根据实际情况给分。	10

（续表）

考核项目	考核内容	评　分　标　准	标准分
巴长汇报	1个质量整改事项	有整改前、整改后的对比照片，有鱼骨图分析工具，有具体整改措施。	5
	1个重点整改事项	有整改前、整改后的对比照片，有鱼骨图分析工具，有具体整改措施。	5
	QCDE汇报	表格填写及时、完整、准确、真实，有数据分析，有清晰的对比照片。	10
	5WHY分析	5个“为什么”的分析是否到位，是否符合逻辑，有没有针对性、参考价值。	5
	汇报时间	每位车间巴长25分钟，上下浮动10分钟，销售巴长10分钟，上下浮动5分钟，总经理巴长20分钟，上下浮动5分钟。汇报时间超过范围的，扣5分/人。	5
合　计			100

备注：巴长汇报项目，整体得分低于60分的，责任巴长罚款500元，其上级巴长连带罚款300元；整体得分高于80分，责任巴长奖励300元，其上级巴长奖励200元。

参加考评打分人员：XX，XX……

特色三：　文化熏陶

大家可能觉得纳闷，开个会还要什么文化熏陶，其实这一点非常重要。永丰集团多年来坚持全员学习《道德经》，每次业绩分析会基本都在酒店召开，董事长认为，干部如果管理得好，离开公司3—5天对工作不会有影响。所以会议期间大家都是全身心投入，每天早晨5点集合，全体参会人员操练拳操舞，会议正式开始前，全体诵读《道德经》，会议开到哪里，这样的文化氛围就带到哪里。在这样的文化氛围熏陶下，大家都心怀感恩之心和敬畏之心，带着这样的心境来开会，效果自然不一样。

特色四：会前自查自纠

为了提高会议效率，同时训练每个巴长自己的自查自纠能力，永丰集团制定了“巴长自查自纠五步法”：第一步，当月改善课题是否符合二八原则？所谓二八原则，就是有没有抓住经营的主要问题，而不是胡子眉毛一把抓。第二步，上期课题回顾是否针对对策形成闭环？上个月通过经营分析采取的改善对策，到底有没有效果，通过一个月的实践，要进行总结，有效果的对策要继续实施，没有效果的对策要重新调整，从而形成闭环。第三步，五个“为什么”分析是否精准？也就是有没有找到问题背后的问题。第四步，本期课题对策是否和五个“为什么”分析密切关联？对策的制定一定是基于对问题的精准把握，做到有的放矢。第五步，QCDE 改善覆盖面是否全面？规范性是否合规？也就是 QCDE 改善课题有没有对各项对策形成有效支撑，有没有真正实现基层员工的广泛参与。

根据五步法的要求，每个巴长在会前自己检查报告的内容，一方面进一步提升了巴长的自我诊断能力，另一方面大大提升了报告质量和会议效率，让大家有更多的时间聚焦在业务本身的探讨上。

特色五：阿米巴老师+技术专家+董事长点评

业绩分析会议一个非常重要的环节就是点评，通过有效的点评，让巴长意识到自己的不足，同时也为巴长的工作提供了很有参考性的思路和方法。永丰集团的点评采取阿米巴老师点评、技术专家点评和董事长点评三者相结合的方法。点评的侧重点各有不同，阿米巴老师的点评重点在阿米巴操作的系统性、逻辑性、规范性以及一些具体的工具和方法的掌握程度上；技术专家的点评重点是从技术层面提出质疑，并提供分析和解决问题的具体技术思路和方法；董事长点评更多从企业经营的角度，结合每个阿米巴的工作目标、巴长的工作状态、进步性等作综合点评，对于进步快做得好的，现场就予以表扬，对于做得不好的，现场就予以批评甚至是处罚。而且点评的时候，分公司老总带着所有二级巴长全体列队站在讲台上聆听，使得点评环节有了仪式感，有时会像聚会般，充满欢声笑语，有时又充满严肃和敬畏，鸦雀无声。

特色六：紧密联系实际工作大胆创新

永丰集团在阿米巴经营的推行过程中，大胆创新，总是在寻找既符合阿米巴核心思想又符合永丰实际情况的模式。以业绩分析会为例，他们把业绩分析会和工作实际紧紧结合在一起，提出了10+1+1模式：10代表10个典型产品，从各个方面围绕产品特点进行工艺参数的积累和研究，目的是形成永丰自己的绝活，两个1分别代表一个质量整改事项和一个重点整改事项。所有这些都必须在每月的业绩分析会上进行汇报，业绩分析会不再是一场一个人说一群人听的汇报会，而是一个综合了阿米巴培训、技术培训、工作检查、群策群力、自我反省、文化熏陶、人才培养等多方面功能，道、法、术相融的，培养人才和识别人才的道场！

四、核算系统之循环改善

发现问题就要分析问题，分析问题是为了解决问题，核算系统的落地最终是要落实到解决问题上，只有通过不断地解决问题，能力才能不断提升，企业经营的水平才能不断提高。

解决问题的方式有很多种，其中一个重要的抓手是改善课题，通过改善课题把企业各级经营单位通过当期的经营会计报表数据分析得出来的问题予以落地实施解决，这些改善课题是当期各级经营单位的主要改善方向。

有这么一个经营单位，它的销售额一直上不去，通过分析发现，主要是因为A产品的老客户销售额在大幅下降，根据这个问题这一经营单位就提出一个改善课题，就是提升A产品的老客户市场占有率。怎么做才能提升A产品的老客户市场占有率呢？通过研究他们制定了三条对策：第一条对策是针对老客户的需求重新优化产品设计；第二条对策是对老客户进行分级管理，制定差异化的营销方案；第三条对策是上门拜访老客户，提升老客户售后满意度。具体怎么优化产品设计，怎么分级管理，怎么拜访提升满意度，其实没有严格的标准，这时候就需要发挥基层员工的智慧，群策群力，一起参与到课题的改善中来。

“向心力”系统经营实学强调人人参与经营，人人参与经营并不是让最基层的每个员工都去做经营会计报表，都去作经营业绩分析，人人参与经营是指人人参与改善。基层员工参与课题的改善可以通过“QCDE提案”的方式来进行，QCDE提案是从质量（Quality）、成本（Cost）、交付（Do）、技术（Engineering）这几方面全方位进行改善。如图5－4所示，QCDE是最基层员工参与经营的抓手，若干个QCDE提案都是指向某一个改善课题，若干个改善课题指向更高一级的改善课题，最终都要上升到企业的战略课题和年度经营计划上来；反过来说，企业的战略课题和年度经营计划就是通过核算系统层层分

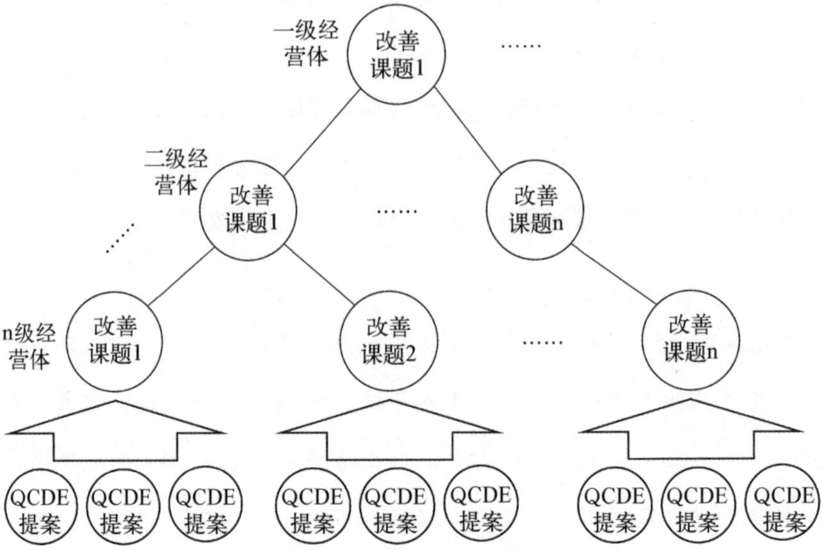

图 5-4　QCDE 提案与改善课题分级

解，让企业的每一个员工参与其中，最终实现战略和年度经营计划的落地。

QCDE 提案和合理化建议有什么区别呢？最大的区别就是合理化建议更多是围绕管理思维在做，而 QCDE 提案做的虽然也是管理的事，但它是紧紧围绕企业经营的。也就是说企业可以改善的空间无处不在，但是当下最需要进行的改善应该要有所聚焦，根据什么来聚焦呢？就是当下的经营。紧紧围绕经营展开相关的改善，才是最有效的改善，具体来说就是根据当下经营的问题产生改善课题，根据改善课题的方向再展开更多的 QCDE 提案，通过 QCDE 提案，激活基层员工的潜能和智慧，共同努力为经营服务。

整个核算系统的操作要实现"三个衔接"：第一个衔接是改善课题和上一级经营单位的改善课题方向之间的衔接，直至和公司年度经营计划和战略的衔接；第二个衔接是有效的对策和改善课题之间的衔接，光有改善课题，没有有效的对策来支撑，这个改善课题很难落地；第三个衔接是 QCDE 提案和改善课题的对策之间的衔接，每一条对策的实施都可以通过若干个 QCDE 提案从不同角度创造性地开展。只有抓住这三个衔接，核算系统才能真正落地。

1. QCDE 改善提案模板

表 5 - 10 是 QCDE 改善提案的模板，下面按照顺序对提案模板的每一部分内容作详细说明。

表 5 - 10　QCDE 改善提案模板

部门	岗位	场所	提案人	提案时间

课题		类别		时间	

1. 不良现状描述

定性	
定量	

2. 改善计划

◇ 计划：

序号	具体计划	完成期限	责任人
1			
2			
3			

◇ 可能引起计划无法顺利执行的关键要点：

3. 资源请求

4. 预期结果

提案有效执行月份数	预期月收益	年预期总收益

- 部门：提案人所属部门。
- 岗位：提案人所在岗位。
- 场所：提案涉及的工作场所。
- 提案人：谁提出的提案。
- 提案时间：提交提案的时间。
- 课题：写课题名称，简单明了，一看就知道要做什么；课题范围不要大，小建议大奖励，大建议只鼓励。
- 类别：如降低成本、提高效率、技术改进、提升质量等。
- 时间：填写提案完成的时间，时间跨度不要太长，一个月为宜，最多不要超过三个月。
- 定性：定性描述改善课题的背景，以及在这样的背景下，造成的影响，比如质量、成本、效率等方面的负面影响。
- 定量：对定性部分的负面影响，用数据来进一步阐述，一般会体现在运营数据或最终的财务数据上。
- 计划：将计划分解成一条一条可执行的任务，任务要有可衡量的目标输出，责任人应唯一、明确。
- 可能引起计划无法顺利执行的关键要点：指某个环节失控或资源不到位，可能导致提案无法执行的风险点。内部关键要点是仅依靠提案人所在部门的资源（人力、物力、财力）就可以规避的风险点，外部关键要点是需要外部资源的协同配合才能规避的风险点。
- 资源请求：资源请求与外部关键要点相关联，需要描述清楚对象、协助内容及期望目标。
- 预期结果：描述清楚提案执行的预期结果，结果应量化成每月和全年收益，预期结果可以作为 QCDE 改善提案审批的依据、QCDE 改善提案结果评估的依据以及 QCDE 改善提案成果激励的依据。

实际操作中，基层员工在填写提案报表的时候容易在以下几个地方出现问题：

① 提案名称：名称描述过于复杂，有的甚至是一段话，建议以“提升 xxx 效率”“降低 xxx 成本”“减少 xxx 材料用量”等形式来描述提案名称，以简短的一句话描述清楚要干什么。

② 定性和定量部分的描述：定性部分的描述中又有定量的内容，而定量部分的描述中也有定性的内容，混在了一起。定量的描述，要讲浪费了多少，而不是节约了多少。

③ 计划：描述不清楚，计划各条任务之间缺乏逻辑衔接，可操作性不强，或者难以衡量。

④ 担心提案越往后越少：有些企业在做提案的时候，担心到一定的程度，就没有提案可以提了，实际情况正好相反，就像一片长满野草的庄稼地，要除草，一般都是从个头大的野草开始，这些个头大的野草就相当于是一些大的问题，这些问题一旦解决，收益会非常可观。等这些大的野草被除去后，剩下的是更多的细小的野草，而且这些野草还在不断产生，可谓“野火烧不尽，春风吹又生”。所以企业没有提案可提的情况是不存在的，改善永无止境。

2. QCDE 改善提案的管理

（1）QCDE 改善提案的管理流程

图 5-5 是 QCDE 改善提案的管理流程，这样的流程管理，使得 QCDE 改善提案形成闭环。

企业需要重点搞清楚 QCDE 改善提案与一般日常工作的区别，不能把日常本该做的工作都做成 QCDE 改善提案，日常工作讲的是“做什么”，QCDE 改善提案讲的是“如何做更好”，更强调创新。QCDE 改善提案来源于日常经营过程中的特定的具体问题，有明确的范围、目标、时限和衡量标准，脱离了具

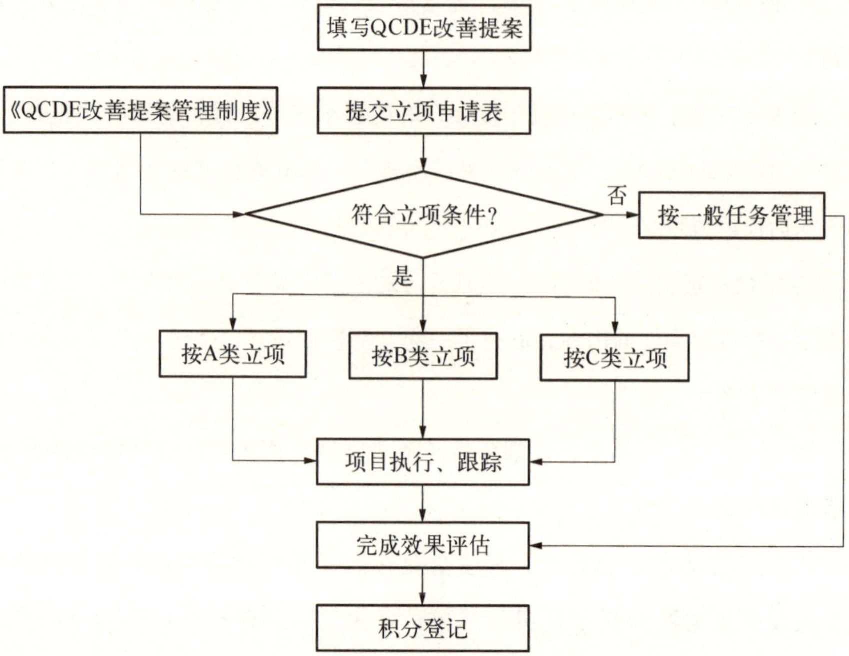

图 5-5　QCDE 改善提案管理流程

体问题去谈 QCDE 改善提案，往往就会把一般性日常工作做成了 QCDE 改善提案。QCDE 改善提案虽然有别于日常工作，但是和日常工作又是有关联的，它来源于日常工作，又高于日常工作，因为对改善成效的总结提炼，可以沉淀为企业的 know-how（技术诀窍），这些 know-how 反过来又可以促进企业的日常工作做得更好。

有一个生产型的经营单位，每天的日常工作包括生产任务安排、产量汇总分析、现场了解生产进度、各工序巡检、质量辅导、作业指导书检查、日考勤统计、临时性紧急问题处理等。目前从这个经营单位的经营情况来看，主要存在品质稳定性差和辅助材料用量超标的问题。为了有效解决这

两个问题，该经营单位需要在日常管理的各工序巡检、质量辅导和作业指导书检查方面展开研究，如果有了创新的想法，QCDE 改善提案就产生了。

所以 QCDE 改善提案的产生可以概括为四个步骤，称为 QCDE 改善提案形成“四步法”如表 5－11 所示，包括明确日常性工作、明确经营存在的问题、围绕经营问题聚焦工作范围、围绕聚焦的工作范围思考如何做得更好。通过这四个步骤，日常工作就会衍生出很多很有创意的 QCDE 改善提案，员工的智慧通过 QCDE 改善提案就得以展现和发挥。

表 5－11　QCDE 改善提案形成“四步法”

日 常 工 作	经营问题	需强化的日常工作	怎么做更好
1. 计划排产 2. 人员安排 3. 线型调试 4. 质量异常处理 5. 生产物流领用 6. 现场 6S 管理 7. 现场人员安排 8. 异常订单处理 9. 计划达成跟踪 10. 发货质量问题解决 11. 外部沟通协调 12. 下工作日计划 13. 信息公布	1. 型号多、数量少 2. 基材质量问题 3. PVC 膜色差 4. 胶水稳定性不好 5. 物流利用率不高 6. 人员安排不紧凑 7. 临时插单混乱	计划排产 人员安排 质量异常处理 现场 6S 管理 发货质量 异常订单安排	发动所有员工，群策群力，思考“怎么做更好?”任何一个有创意又能有助于解决当下经营问题的想法，都是 QCDE 改善提案的来源

（2）围绕 QCDE 改善提案的制度和文化建设

QCDE 改善提案充分反应基层员工参与经营的意识和智慧，有些 QCDE 改善提案并不能给公司带来巨大收益，但是积少成多。

广西有一个做安全门的企业，他们的产品在喷漆之后要进高温房烘烤，为了便于产品溯源，需要在产品上贴一个标签，但是这个标签经高温烘烤后容易脱落，需要再重新贴一个，既浪费材料又浪费工时。有个生产线的员工就提出了一个 QCDE 改善提案，建议用一个小铁片代替纸质标签，用细铁丝挂到产品上，不但可以避免脱落，而且可以循环利用，这个提案如果得以实施，预计一年可以节约 1.8 万元。

一个提案一年才节约 1.8 万元，感觉微不足道，但是这家企业有 800 名员工，如果每人每年都做这么一条 QCDE 改善提案的话，就可以给公司带来将近 1 600 万元的净收益。我们来算一笔细账，这个企业年销售额 3 亿元，如果想通过扩大销售额来提升 1 600 万元利润的话，假设净利润率是 10%，至少要增加 1.6 亿元的销售额才能实现这个目标，对于一个 3 亿元销售额规模的企业，要想再增加 1.6 亿元销售额，相当于增加 50%以上，在当下竞争激烈的环境下几乎是不可能的。但是通过从内部挖掘潜力发挥基层员工的智慧，每人每年只要提一个 QCDE 改善提案，每条提案只要能给公司带来 2 万元的效益，就可以实现这个利润提升的目标，这就是人人参与经营的威力。

因此，企业在经营艰难的情况下不妨转换思维，成功向内求，从企业内部寻找机会。

为了让企业全体员工积极提出 QCDE 改善提案，企业需要从制度和文化方面进行配套设计，一方面要对 QCDE 改善提案的来源、评估标准、评估的组织建设和激励政策等在制度中进行明确，利用制度的导向激励员工保持热情，积极参与改善，另一方面要营造良好的文化氛围，对于在改善中表现出色的员工，除了有物质激励之外，还要有精神方面的激励，通过一定的仪式来强化员工的参与意识与认知，逐步营造人人参与经营的文化氛围。

安徽某知名家装材料公司有很多关于QCDE改善提案管理创新的做法，值得学习。他们制定了一个《QCDE提案激励管理办法》，办法里对QCDE改善提案的管理组织、提案来源、标准、评审规则、奖励政策等作了详细说明，并向全员宣传；制定QCDE改善提案数量目标分解到各级单位；针对QCDE改善提案每月集中召开“QCDE改善提案专题会议”，每季度召开“优秀QCDE改善提案评选会议”，每年度召开“年终QCDE改善提案评选会议”；在公司设立QCDE改善提案宣传栏，宣传优秀改善提案及经验分享；以事业部为单位，专门设立“QCDE改善提案管理员”岗位，要求提案管理员70%的时间下沉到生产一线，搜集生产一线师傅们的好的建议，帮助他们梳理并形成提案报告，如果提案审核通过，提案奖励归属一线的师傅们，对于“QCDE改善提案管理员”，根据其所搜集的提案的收益性和数量进行综合考评奖励，通过这种方式可以有效解决生产一线师傅们文字功底欠缺的问题，及时把他们好的改善想法挖掘出来。

核算系统总体逻辑并不复杂，概括起来是六步：① 数据归集，要根据经营会计报表的科目每月及时提取数据；② 通过数据发现问题，主要是通过比较报表的实际值和计划值发现差异，识别出问题；③ 针对识别出的问题，分析背后真正的原因；④ 根据分析找到的根本原因进行改善，制定有效的改善对策；⑤ 围绕对策展开QCDE改善提案并形成闭环；⑥ 制定新计划，不断挑战高目标。

在以上这六步操作中，比较容易出问题的是第三和第四步。

第三步原因分析，企业一般会用到“五个为什么”的分析方法，具体在应用时会出现两个典型的问题，第一个问题就是“五个为什么”分析的各个“为什么”之间的逻辑把握不好。因为每一个“为什么”实际上都是对前面一个“为什么”作进一步的阐述，如果后一个“为什么”并不能对前一个“为什么”进行解释，就说明这两个“为什么”之间没有逻辑上的递进关系。为了避免“为什么”之间的逻辑不顺，一很简单的办法就是把前一个“为什么”当作现象，把后一个或几个“为什么”当作产生这个现象的原因，因为有这样的原因导致了这样的现象存在，按照这样的逻辑梳理下来如果是通顺的，说明后面一个“为什么”就是对的。反过来，如果按照这个逻辑梳理下来说不通，那么就写错了。

关于原因分析第二个容易出问题的方面是“为什么”后面的展开分析不充分，第一个“为什么”是一条，第二个“为什么”还是一条，第三个“为什么”还是一条，这样的原因分析往往不够充分。实际的情况是“为什么”越往后是越发散的。一开始为什么有这样的问题存在呢？原因可能有1和2，针对原因1再往下追问，可能又会有三条原因，随着对原因的深挖，内容逐步展开。所以“五个为什么”分析的各个“为什么”之间是不断递进的，一开始的“为什么”较粗，越往后越细，显示在条目上就越多。当然不要为了多去凑数，前后要有严密的逻辑对应才行。

在第四步制定改善对策这一块比较容易出问题的地方是对策的创新性不足，有些甚至是把课题的名称通过另外一种方式描述出来，实际上写的内容还是课题本身。

在不断发现问题、分析问题、解决问题的实践中，核算系统可以快速提升员工经营水平，从而不断挑战更高的目标，不断地突破自我成长的天花板。在这个螺旋上升的良性态势中，最关键的就是一定要有有效的对策产生，有效的对策一产生，绩效和能力就会跟着提升，如果没有这样的对策产生，企业每个月做的PDCA循环就是呈一种维持原状的空转状态，随着时间的流逝它还是在这个水平上，经营业绩和能力都上升不了，就像车子的发动机在“空转”，光转动不前进。

所以核算系统从整体逻辑来看，包括数据、问题、原因、对策、改善和新计划这六大要素，其中最核心的就是原因的分析和有效对策的制定。经营水平的提高和思维的转变最核心的也就是在这两个点上，在这两个点上下功夫，我们的思维和能力就会上升，同时整个公司组织的绩效也一定会上升。

五、 核算系统的运作周期

企业对核算系统的运用要把握好时间和空间两个维度，对于空间维度重点是明确核算的对象和层级，对于时间维度重点是把握核算的频次。到底多长时间算一次账呢？这就涉及核算系统的运作周期。

核算系统的运作过程就是 PDCA 循环过程，PDCA 循环是有周期的，如果是三年的战略目标，那围绕这个目标进行执行、检查和改善，这样循环一次的周期就是三年，如果是一年的年度经营目标，针对年度目标而展开的执行、检查和改善，这个周期就是一年。循环周期越短，运营效率就越高，因为针对一个三年的目标循环一次，当你发现问题的时候，三年已经过去了，要改也只能在下一个三年改，但三年的损失已经产生，如果是针对一年目标的循环，今年发现的问题，下一年就可以改。循环周期越短，发现问题就越及时，造成的损失就越小，当循环周期短到问题还没有机会变成坏的数据体现在经营会计报表上的时候，就被企业提前识别了，这就达到了运营的最高境界。

企业缩短循环周期不单提升了运营效率，对人才的培养速度也会加快，人家一个季度算一次账，相当于一个季度做一次 PDCA 循环，你是一个月算一次账，相当于每月做一次 PDCA 循环。做一次 PDCA 循环的过程，就是强化一次经营能力和意识的过程，人家一个季度培养一次人才，你是一个月就培养一次人才，所以算账的频率越高，强化员工经营能力和意识的次数就越多，员工锻炼的机会也就越多，成长得就越快。

六、 核算系统之应用案例

核算系统是"向心力"系统经营实学里实操性最强的内容，见效也最快，只要核算系统正常启动，发现问题、分析问题和解决问题就会循环起来，相应的改善就会陆续产生，改善就会带来收益，这种效果是立竿见影的，而且核算系统的有效运用可以帮助企业解决很多运营过程中的难题，下面结合一些具体的案例来阐述核算系统在企业的具体应用。

案例 1： 通过核算系统转变角色，降低促销费用，提升利润

某零售企业有 13 家分店，每个分店店长根据所在门店的销售额进行业绩提成。促销是这家企业提升销售额的常用手段，促销费用占了整个销售额的 8%，公司也一直强调要降低促销费用，但是各个店长都异口同声反对，并会找出产品不好、市场竞争激烈等各种理由证明促消费不能降低。后来企业导入核算系统，对每个店进行独立核算，店长的业绩奖金也由原来单纯地根据销售额提成调整为和门店最后的经营利润挂钩。通过半年的时间，整个公司的促销费用由原来的 8% 降为 4.2%，半年的销售额是 7.5 亿元，促销费的降低直接给公司带来 2 800 万元的收益。

为什么公司以前一直强调但又很难落实的事情在独立核算半年以后就明显见效了呢？其中一个很重要的原因就是店长的角色转变了，以前是只对销售额负责，促销费花的是公司的钱，但却是他们拿回销售额的手段，所以店长们潜

意识中就是要首先尽量把促销费用足来拿回销售额，接下来才会想其他办法。当独立核算以后，他们不但要对销售额负责，更要对最终的经营结果即利润负责，这时花的促消费是每个门店经营体自己的钱，作为经营者他们就会想如何做到销售额最大化的同时费用最小化，就会想办法优化费用结构，提升费用使用效率。所以核算系统可以有效地实现管理者从管理到经营的角色的转变，从而为企业带来高利润。

案例 2：通过核算系统优化库存管理，提升利润

对于生产制造型企业来说，一个非常大的问题就是库存问题，库存会造成企业资金积压和呆滞物料损失。很多企业也想了很多办法来控制库存，但是往往收效甚微，因为没人为库存买单，一旦不需要为库存买单，大家都希望库存越多越好。

某通信设备企业，为国内某知名通信公司提供微波天线，由于销售预测不准确，为了保证及时交付，营销人员就尽量多备库存，库存都采取条码管理，对应到具体的合同，但经常出现有现货的合同不提货，要提货的合同又没有现货的情况，于是又进一步增加了库存，最后导致成品库存量超过 3 000 万元。对于一个年销售额只有 4 亿元左右的企业来说，3 000 万元的库存是很大的负担，后来企业导入阿米巴经营，对营销部门进行独立核算，营销部门和生产部门进行内部交易，公司规定生产按照营销的指令生产，只要在规定的时间把满足质量要求的产品放入成品库房，生产就完成了交付，至于这些成品能否卖得出去，什么时候卖出去，那就是营销部门的事情了。既然营销要对成品库存负责，企业在营销的经营会计报表中就要有所体现，如何体现呢？① 在营销的经营会计报表的变动费里有两个科目，一个是库存资金占用利息，另一个是库存租金。库存造成公司资金

被占用了，如果把这些资金放在银行就会有利息，那么现在这些资金被占用，经营者要为此买单，所以要支付利息；库存占用了公司的库房，如果到外面租库房肯定要支付租金，所以要支付库房租金。② 在营销部门经营会计报表里的销售额项会有一个库存盘点损失和呆滞物料处理损失项，要从销售额里把这些损失扣除后才算是真正的销售额，称为销售净额。营销部门作为经营体，自然就要算这些账，否则辛辛苦苦拿回的销售额最后都被利息、租金和库存损失吃掉了，导致经营利润上不去，所以营销部门就会考虑如何在不影响交付的情况下，加强和客户的沟通、加强和企业内部的协同，最大化地降低库存，从而为企业带来利润。

企业在日常运营过程中，库存只是其中的一个管理问题，类似这样的管理问题还很多，如果用传统的管理思维去解决，往往难以奏效，比如针对库存管理，我们进行了思想教育，宣传库存的危害性，也给员工培训如何降低库存，但是效果不明显，为什么呢？因为那是公司的事情，不是自己的事情，但是一旦划分经营体，采取独立核算以后，大家自己通过量化数据就更能感知问题的严重性，同时经营的压力和激励的动力会双向驱动大家自主自发地、创造性地开展工作，至于如何去降库存，即使企业不专门培训，员工也会主动学习研究。所以站在经营的角度去思考管理问题，管理就会变得越来越简单。

案例 3： 通过核算系统倒逼基础管理提升

核算系统的导入对企业的管理基础是有要求的，比如每个月算一次账，而且是算细账，算到每一个部门、每一个车间甚至每一个班组，那么企业就要能及时提供各个经营体的经营会计报表所需要的数据，没有数据，报表就出不来，就没办法进行量化分析和改善。有些企业认为自己现在管理基础比较差，是不是需要把自己的管理基础提升到某个程度才能导入核算系统，实际情况正好是反过来的，恰恰是导入了核算系统，才可以更好地倒逼企业提升基础管理的水平，否则企业的数据管理可能很难有效提升。

核算系统还涉及费用分摊，公司总部的人力资源部门、行政部门、财务部门等不是独立经营体，不能独立核算，但是这些部门又是为大家服务的，所以这些部门的费用会以公共费用分摊的方式，按照一定的分摊规则分摊到各个经营体。一旦经营体承担这些费用时，就开始“计较”了，以前不计较，是因为和自己没关系，现在经营体承担了这些费用，一方面对费用就会有质疑，另外一方面对这些部门提供的服务就要有要求。以前这些部门在总部，往往都是属于“手电筒”部门，监督、管控、目标的制定和考核都是他们在负责，现在是服务部门，通过经营体的“计较”可以倒逼这些管理部门不断提升管理工作效率，精兵简政，提高服务水平。

案例 4：通过核算系统培养人才，释放基层智慧，提升利润

某大型制造型企业，年产值 70 亿元，员工近 3 000 人，其中生产一线员工占 75%。该企业地处边远地区，员工难招，且受教育程度普遍偏低，大多数都是小学、初中文化水平。员工基本都是按照指令做事，缺乏主动去改善的意识，对算账经营也压根没有概念，但是这些人天天在生产一线，最了解具体情况，这是很多制造型企业的普遍现状，如何利用这些基层员工的智慧，替公司节流增效呢？

这个企业后来就导入了独立核算系统，对每个车间进行独立核算，一开始这些车间主任根本进入不了状态，对数据不敏感，而且分析问题时提

炼和概括问题的能力非常弱，按照提供的QCDE改善模板做一份像样的提案都很难。几个月过后，他们慢慢适应了这样的角色转变，对数据的分析也慢慢有了感觉，有些改善也逐步实施落地，他们创造的价值得到了领导的关注和认可，这样的认可让他们逐步树立了信心，也有了更强的学习和自我提升的愿望。这样的愿望一旦被激发出来，工作的主动性和创造性就大大增强。这家企业为了加快这些基层员工的成长，在每个月的经营业绩分析会上，专门邀请评委对每个人的业绩报告进行评价，分别根据报告的完整性、原因分析的准确性、改善课题的有效性、上月课题完成情况、经验分享等维度进行打分，最后根据总分进行排名，形成了既要互相学习又充满竞争的良好氛围。

随着车间主任的成长，企业又进一步加大了核算系统深化的力度，要把最基层的员工的经营意识都调动起来。企业制定了一个计划，就是每人每年要提交一条QCDE改善提案。对于生产一线的工人师傅们来说，他们天天在现场，提一条有效的改善提案并不难，但问题是有些工人师傅学历太低，有的连自己的名字写起来都费劲，如果要他们自己写一份像样的改善提案，几乎不可能，但是如果因为他们不会写就埋没了他们脑袋里的好点子，就太可惜了。企业想了一个办法，每个分公司专门招一个小姑娘，岗位是QCDE改善提案管理员，她们的每天的工作就是拿着本子下车间，专门找工人师傅们聊天，搜集他们好的改善建议，工人师傅们只要用嘴说，小姑娘记到本子上，回办公室就进行整理并找财务搜集一些量化数据，然后形成一个个QCDE改善提案。如果某个提案有奖励，奖励就归提出这个想法的师傅。没想到这一招解放了最基层的工人师傅们，一个个有效的

QCDE 改善提案从最基层冒了出来。每个分公司虽然因为增加了一个小姑娘，每年要增加 6 万元的人力成本，但是每个小姑娘平均一年从基层搜集上来的提案数量都超过五百条，创造的收益都在千万元以上。

通过核算系统的导入，企业员工积极参与经营、主动改善的氛围越来越好，员工算账、经营的能力得到了快速的提升，员工的工作热情和思维方式也在潜移默化中发生了良好的转变，企业经营人才的培养正式拉开了序幕。

案例 5：通过核算系统实现精准培训，提升利润

企业管理的范畴很广，这里就以企业培训管理为例来说明企业如何通过核算系统实现管理为经营服务，从而提升利润。

四川一家做新型建筑材料的企业发展非常好，也很重视员工培训，但是他们有一个困惑，就是很多培训做是做了，但到底给企业创造了多大价值并不清楚，难以实现培训的精准化以及量化评估培训效果并形成闭环。企业通过核算系统的经营会计报表的导入，有效地解决了这个问题。比如经营会计报表中变动费的第一项就是原材料成本，通过报表数据，他们发现原材料成本占销售额的比例在上升，经过分析发现有几个方面的原因：一种原因是销售单价下降导致销售额下降，所以原材料成本占比上升；另一种原因是采购成本上升导致原材料占比上升；还有一种原因是生产报废多，导致原材料占比上升。他们分析出这样的原因，培训就有了方向，比如因为采购价格上升导致原材料占比上升，那就培训采购和供应链管理人员，培训采购商务谈判技巧、供应链管理等，因为报废多造成的原材料占比上升，那就培训生产人员，培训生产质量管理、工艺技术等。企业通过经营会计报表科目的数据波动以及科目对应的能力及责任单位，做到了精准培训，培训内容和培训对象都非常明确，缺什么就补什么，而且培训的效果在下一个经营周期的经营会计报表的数据上可以立竿见影地体现出来，真正形成闭环，从而实现管理有效地为经营服务，避免了一些无效管理动作造成的浪费，从而提升了企业的利润。

这个案例给我们的启发是核算系统可以实现管理更好地为经营服务，如果类似培训这样的管理动作不能和企业经营紧紧衔接的话，这样的管理动作价值就不大了，所以管理必须要有时效性，离开了特定的时间和空间去谈管理，没有任何意义，而且有时候一些管理动作看似轰轰烈烈，实际上是在浪费企业的时间与金钱。

核算系统是企业通过会计的手法对经营展开的 PDCA 循环的管理体系，是实现企业从战略到战术最后到战斗转化的重要抓手。《道德经》有云：“天下难事必作于易，天下大事必作于细。”意思是：天下的难事都是从容易的时候发展起来的，天下的大事都是从细小的地方一步步形成的。企业理念、愿景、战略目标都是难事，都是大事，好比是一座大厦，万丈高楼平地起，核算系统就是筑造大厦的砖石，只有砖石结实，大厦才能有基本保障。所以愿景和战略目标再宏伟，都要分解到每一年的年度经营计划，再把每一年的年度经营计划分解为月计划、周计划、天计划，核算系统就是紧扣计划，说到做到，付出不亚于任何人的努力，确保每个小计划的实现，每个小计划实现了，中计划就实现了，每个中计划实现了，大计划就实现了。

第六章

体制变革——心之力

《道德经》说：“朴散则为器，圣人用之，则为官长，故大制不割。”站在企业经营的角度，“朴”就是企业的经营哲学，是企业创始人的初心，“器”就相当于企业的体制，也就是说企业的体制都是从企业哲学而来，优秀的企业家如果能够合理运用体制，就可以带好团队，成为好的领导者。

有这样一个管理学寓言故事：员工甲乙两人切分一个苹果，若甲操刀切一份苹果给乙，乙不干，唯恐甲切小份给自己。若乙操刀，甲不干，理同。甲乙争执不下，遂找经理切分。于是，甲乙都想方设法讨好经理，希望经理多切一点给自己，同时甲乙又都没有安全感，提防经理，担心经理偏向对方。矛盾焦点遂从甲乙之间转向甲乙与经理之间。如果你是这个经理，你有什么办法吗？聪明的经理没有马上操刀切分苹果，而是出台一个规则：一人操刀切苹果，另一人优先取自己要的一份。这样一来，操刀者掌握切分的主动权，心里踏实，他只需要做到切分公平，就能确保自己不吃亏；而不操刀者也很有安全感，对方切成啥样，我的利益都有保障。甲乙之间、甲乙与经理之间，所有的矛盾就此化解。从此，切分苹果，按规则行事，同事之间没有了纠葛，经理也没有了协调的任务。

故事虽小，启发很大，平庸的经理，每每是直接操刀去解决问题，而优秀

的经理是设计规则、出台制度。企业在实际运作过程中，有太多的管理者不知不觉都做了那种平庸的经理干的事情，而且还乐此不疲，殊不知真正的经营者是以企业理念为基础，把企业体制力发挥到极致的人！所以很多优秀的企业家都会非常重视企业机制设计并亲自起草公司制度。

一、体制设计对企业经营的现实意义

企业从创立之初就要围绕四个“钱”来运作，即分钱、找钱、花钱、赚钱，其中首先要考虑的就是分钱，如何分钱就是体制设计的问题，中国很多民营企业在早期并没有认识到体制设计的重要性，公司小的时候往往靠人情关系在维系员工的热情，但是公司规模越大，人情关系就越不可靠，企业组织能力也越来越弱。组织能力包括三个方面，第一个是员工会不会做（员工能力），第二个是员工愿不愿做（员工动力），第三个是员工为何而做（员工思维）。企业组织能力的三个方面和稻盛和夫的人生成功方程式也是相通的：人生的成功=正确的思维×热情×能力。其中正确的思维要靠企业的经营哲学来引导，员工的经营能力要通过核算系统来实践培养，那么员工的热情要靠什么来持久保持呢？打鸡血只能解决一时的热情，三分热度后就会打回原形，员工持久的热情要靠企业的体制来保障。

企业发展的过程就是企业体制不断深化变革的过程，中国民营企业随着国家大的经济环境的变化和经济结构的调整，正在积极探索体制变革，目的是不断提升企业创新能力，提升应对日益增强的市场不确性的能力，推动企业成功转型升级，比如万科的合伙人制、韩都衣舍的三人小组制、海尔的人单合一和小微公司合伙人制等都是企业做出的非常好的体制设计尝试。

随着企业规模的不断壮大，行业成熟度不断提高，企业和企业之间的竞争越来越从顾客层面、商品层面和业态层面延伸到企业内部的体制层面和文化层面，也就是说企业拥有了顾客、先进的技术和产品以及好的商业模式，的确可以让企业保持领先，但是随着行业成熟度的提升和信息化的发展，仅仅靠这些已经难以让企业保持持续的竞争力。越是成熟的行业，越是规模大的企业，竞争的焦点越是倾向于企业的体制和文化，而且体制和文化的竞争优势是对手很难模仿的，所以体制变革对于当下企业战略转型升级、重塑市场地位、构筑强者之路都具有非常现实的意义。

体制变革是“向心力”系统经营实学的重要内容，是企业经营哲学、经营策略和核算经营落地的重要保证，没有体制保驾护航，再好的哲学思想、再好的经营策略和再先进的核算系统都无法在企业持续运作、落地生根。那么到底什么是体制，具体包含哪些内容？企业体制变革面临哪些困境？“向心力”系统经营实学主张的体制变革的方向是什么，具体如何设计，应该遵循哪些原则？下面围绕这些问题逐一展开阐述。

二、体制的定义

体制就是“体+制”，“体”就是主体，就是组织，“制”就是制度，所以体制就是管理组织与规范制度的综合。具体地说：体制是规定各级组织的管理范围、权限职责、利益及其相互关系的准则。它的核心是组织的设置、职权的分配以及各组织的相互协调。它的强弱直接影响到管理的效率和效能，在整个管理中起着决定性作用。

站在企业的角度，企业有两种体制，一种是治理体制，一种是经营体制。治理体制研究的是资本、制度和人的关系，通过企业法、证券法、会计准则等把资本和投资人有机地组合起来。经营体制研究的是组织、制度和人事关系的关系，通过企业管理制度，把企业员工和企业的岗位体系进行有效衔接，让合适的人做合适的事情，最大化地发挥人的潜能来创造价值。治理体制和经营体制的关系是治理体制决定经营体制，在由股东会、董事会、监事会、经理层构成的内部法人组成的治理结构下以及董事会拥有控制决策权的前提下，由董事长委托职业经理人经营整个企业，在职业经理人经营企业的过程中，就会涉及企业经营体制的设计。

本书讲的是企业经营体制，即组织、制度和人事关系的体系。企业家要适时进行角色转变，从以前更多关注业务、订单、客户和市场，到今天更多关注企业体制的设计，通俗地说就是更多关注企业游戏规则的制定，激励更多的员工自主参与经营，释放潜能；员工动力不足，累的永远是老板，而且企业永远做不大。

三、 当下民营企业体制变革面临的困境

体制建设对企业发展的重要性已经得到了越来越多的民营企业家的认同，很多企业也在积极探索体制建设的好思路和好模式，并在体制建设上找到了适合自己的路，但是更多的企业依然在困惑中辗转，当下民营企业体制变革到底面临哪些困境呢?

1. 如何从传统经营思维迈向现代经营思维?

中国民营企业的发展可以归纳为三个阶段，第一个阶段是由家族独享利益的阶段，企业刚创办时员工都是家族内部成员，企业靠着血缘关系维系运作，企业经营的规范性也很弱，甚至有的企业经营和家庭生活都是共为一体的，就类似于早上路边卖早点的个体户，这是企业经营的最初阶段。这一阶段企业基本都是靠家族成员的努力来创造价值，靠血缘关系的自然黏性代替了企业管理。

随着企业的发展和社会的变迁，纯粹靠家族成员难以支撑企业的发展，企业要想抓住机遇发展得更快，就要从社会上招聘有能力的人来管理企业，或者委托家族里能力强的人来管理企业，不管是这两种情况的哪一种，总之出现了经营者和所有者的区分，这时的企业就进入到第二个阶段，即家族控制利益阶

段。有能力的家族某成员或社会招聘的职业经理人会主导企业的运作，企业运作相对规范，企业经营与家庭生活分得比较清晰，哪怕是家族成员做总经理，白天他的角色就是经营者，回家后他的角色就是所有者。作为经营者，他会拿经营者该有的收入，作为股东会拿股东该有的分红，当然他也面临相应的考核要求。如果是职业经理人来主导企业运作，那么就按照协议，做到什么业绩就拿什么待遇。整个企业的所有权和经营决策权还是由家族在整体控制，职业经理人创造价值，分享价值，但是不共担风险，一旦遇到巨大的行业风险或发展逆境，职业经理人将难以依靠，他们会另谋高就。虽然企业的所有权和经营决策权还是由家族在整体控制，但是企业经营的风险也是由家族在全部承担。所以在第二个阶段，企业经营的目的就在于使股东财产增值，员工也只是赚钱的工具，优秀的人才迟早会离开，因此，企业做不强、做不久、做不大。

要想实现共创、共享以及共担，企业就要从第二个阶段迈入第三个阶段，即社会共享利益型，也叫现代企业经营阶段。中国民营企业要实现向现代企业经营过渡，核心是要打破家族独享利益、绝对控制利益的治理模式，使民营企业产权改变以往由众多而分散的社会股东组成的产权结构，通过投资主体多元化，形成合理的产权结构，最大化整合社会资源。让一些企业的管理和技术人才乃至部分骨干参与资本，以强化这部分人的自我激励并减少其流动性。现代经营的典型特点是“三权分离”，即所有权、经营权、收益权分离，所以要平衡好股东利益和经营者利益、企业短期利益和长期利益、内部利益和外部利益的矛盾，最终的解决办法就是通过有效的体制设计形成合力，聚焦到如何更好满足顾客的需求上。

企业发展的第一和第二阶段我们称之为传统经营，所谓传统经营并不是指其生产力、生产工具以及生产效率的低下，主要是其经营思维以及这种思维所造成的体制相对于现代经营来说比较传统，所有权、经营权和收益权过分集中在少数投资人身上，不能最大化地激发人的潜能、组织的活力和最大化地整合社会资源。所以当下中国民营企业的体制变革首先就要从企业领导者的思维转变开始，而这恰恰也是影响企业体制变革的重要原因。

2. 从来没有像成功那样失败过

“苹果”创始人乔布斯对年轻人说：“从来没有哪个成功的人没有失败过或者犯过错误，相反，成功的人都是犯了错误之后，做出改正，然后下次就不会再错了。”企业也如此，成功的企业也都是在经历数次的失败后不断总结反思，逐步成长起来的。经历失败走向成功的企业，不断总结成功的经验，但是同时又埋下了下一个失败的隐患，这或许就是辩证吧。

很多民营企业发展良好，在行业中和区域内都走在前列，也开始自信满满，但是时代变了，环境变了，人的价值追求也变了，企业还是一味地依赖以前曾经成功的做法，口头禅是“我们以前就是这么做的”，思维僵化。过往成功的经验恰恰成为了企业转型和创新的桎梏，所以用“从来没有像成功那样失败过”这句话形容这样的企业最恰当不过。

有了这种思维，企业在体制创新上往往不愿意去尝试变革，特别是有些企业老板认为，搞体制改革就是分钱，我以前都做得挺好的，为什么还要再通过分钱去解决问题呢？结果就像温水煮青蛙，即使企业业绩下滑、经营不善，企业也会归咎于市场大环境不好，而没有从自身去反思，当有一天意识到自身问题的时候，往往为时已晚，这时才想着怎么调整体制，激励员工，但这时即使企业投入很多，效果也不见得理想，因为员工对企业已经信心不足了。

3. 新时代下如何理解“忠诚”？

有这样一家企业，企业老板很有思想高度，也非常有格局，在企业经营情况还比较良好的时候，老板就想到了企业后续更大的发展，所以想在

体制方面作一些新的尝试，以进一步吸引优秀人才在企业平台上更好地创造价值。但是涉及具体落实时，企业遇到了很大的阻力，这些阻力大多数来源于当初一起创业的元老，也是公司的股东们。一个好汉三个帮，尤其民营企业，创业之初都是兄弟几个同甘共苦，一起创业的，企业慢慢做大了，一起创业的伙伴们也都历练成长了，个个身居要职，收入也慢慢丰厚了，有些人就慢慢失去了艰苦创业时的激情和斗志，身居要职而不作为，缺乏长远眼光，过分看重自己当下的利益，甚至成为企业变革的绊脚石。虽然这些人给人的感觉是对企业忠心耿耿，多年来不离不弃，可谓是非常“忠诚”，但是新时代下，什么才是真正的忠诚呢?

忠诚不只是不离不弃，不能创造价值，不能与时俱进，即使紧紧抱住企业的大腿不放，也不能算是忠诚，反而成为企业进一步发展的累赘。所以忠诚就是要能不断自我革新，不断与时俱进，不断给企业创造价值。民营企业在进行体制变革的时候，往往因为“忠诚”又不思进取的人太多而步履艰难，所以从这个角度来说，现代经营的“三权分离”就显得更加重要了。

4. 又想分权又怕风险

分权的目的是为了针对市场的快速变化能快速响应，同时还为了提高决策效率。特别是当企业规模比较大的时候，老板或者高级管理层的触角很难伸到一些细枝末节的地方，这个时候，分权体制就会显示出它的强大力量。作为企业老板，没有不想做甩手掌柜的，没有谁不想实现财务自由和时间自由，但是绝大多数老板想做却做不成，担心一旦把更多的权力分下去，企业会出问题，企业经不起折腾。这些担心不能说没有道理，但分权终究是趋势，关键还是如何控制风险，如何做到既能有效分权，又能控制风险，其背后三个最核心的问题就是：人才问题、信任问题、风险管控的技术问题。

（1）人才匮乏影响分权

民营企业创业初期，企业规模小，其核心成员之间基本上都是以血缘、人情为纽带，创业领头人具有绝对的权威，并依靠这种权威维系企业的正常运转。同时由于企业处于发展初期，能够分配的利益总量相对较小，依靠领导人的权威加上血缘和人情关系，基本可以平衡企业和员工的利益，这时企业管理处于初级阶段，对人才要求也不高。

随着企业的发展，企业规模的快速扩张导致企业对人才的需求大幅提高，同时业务的发展对企业的管理提出了更高的要求，这时完全依赖血缘关系或人情关系的人力资源供给就无法满足企业正常运转的需要，所以人才越来越成为企业首要的问题，而且有些有本事、有能力的人，总认为自己很有能耐，随时都想出去单干，留下的人，虽然工作稳定，但是又不能独当一面，导致无人可用，权力自然也就分不下去。

（2）信任危机影响分权

中国自古以来就是一个人情社会，非常讲究人情关系，在这个大环境下发展成长起来的民营企业，也形成了一种基于人情关系的信任结构，人在企业里被无形地贴上了标签，比如哪些是“自己人”，在领导者心里都有定位，一旦有了“自己人”的概念，就存在“外人”，而且“外人”往往得不到充分的信任。比如有些企业找了职业经理人，相对于家族成员或“圈内人”而言，职业经理人往往属于“外人”，他们很难融入，而且也不愿意融入“圈内人”中。职业经理人能力一般都很强，企业也想通过职业经理人来改变企业现状，但是又没有充分地信任职业经理人，在利益分配上往往是台面上看似公平，台面下大搞特殊，因此职业经理人难以与创业家族形成一个命运共同体。在企业经营过程中，创业家族与职业经理人反复博弈，由于信任体系的脆弱，使得职业经理人很难施展拳脚，导致绝大多数职业经理人都是“过客”。

信任的另外一方面，就是企业老板要自己信任自己，即自信。很多老板舍得分钱，但是不舍得分权，原因是怕一分权就乱，同时害怕被下属超越，说到底就是自己不自信。这样的老板总希望自己是企业中能力最强的人，于是他们下工夫去锻炼自己，最终也的确如愿以偿，成为企业中能力最强的人，但同时他也成了企业的天花板，企业的高度最终就由他个人的高度而决定了。如果下面的高管也是这样的思维，也认为自己要比下属更有能力，以此类推，一级一级传递，最后就形成了管理上的"俄罗斯套娃"现象。

（3）缺乏风控管理影响分权

分权不等于弃权，分权就像是放风筝，风筝飞得再高，老板一定要把风筝的线拽在自己手里，一旦风筝线断了，对双方都是损失。企业有三种权力：所有权、收益权、经营权。经营权就是决策权，是围绕着人事、财务、奖惩等权力的决策。哪些权可以分，哪些权不能分？分给谁？分到什么程度？如何对分权实行事前、事中和事后控制？这些都是控制分权风险所需要考虑的。

除此之外，分权最大的风险就是员工不承担任何风险，所有风险只有老板承担。员工不承担任何风险，那员工的责任感就不会被激发到最佳状态。这就是为什么有些企业虽然给员工分了干股、银股，但是当企业这艘大船出现危机，比如船漏水正在逐步下沉时，员工往往不是想尽一切办法去堵住漏水孔，而是想着找到船上的救生艇，当大船要沉没时，他们就把救生艇放下去，自己逃生去了。所以控制风险最好的方式就是要想办法把大船上的救生艇全部烧掉，员工就只能跟老板在一条船上，大船要沉了，员工也会一起着急。

比如万科采取的"事业合伙人"方式，就是通过股票跟投和项目跟投的方式，将打工者（职业经理人）变成自己人。所谓"跟投"就是对公司

的项目或公司本身真金白银投下去，许下一个“愿意捆绑在一起”的承诺，在利益捆绑机制的驱动下，企业与“合伙人”背靠背，共进退。

以上这些因素影响着企业的分权决策和分权的力度，企业犹犹豫豫，最后反而让做事的人感觉不被信任，使得企业陷入信任危机。

美的的分权在业内是有名的，其分权制度被誉为美的的“三大法宝”之一，但美的敢于分权，也是基于对自身条件的审慎考虑。美的老板何享健认为，企业需要具备一些必要的条件才能分权：一是要有一支高素质的经理人队伍，能够独立担当重任；二是要有企业的文化氛围的认同，特别是从企业领导开始要有强烈的分权意识，领导的分权意识越强烈，分权成功的概率就越大，人才培养的速度就越快；三是企业原有的制度比较健全、规范；四是监督机制非常强势。他说：“具备了这些条件，就不用怕分权。能偏到哪里去呢？总会有限度的。”何享健提出的这四个必要条件是我们企业家需要好好思量的。这四项条件我们是否都满足？瓶颈在哪里？如何寻求突破？

5. 希望一种体制能解决所有问题

马斯诺需求五层次理论是大家所熟悉的，即生理需求、安全需求、社交需求、尊重的需求、自我实现的需求。后来马斯诺认为，在自我实现的需求之上应该还有更高层次的需求，于是就又增加了一条，即自我超越的需求，这样马斯诺需求五层次理论就变成马斯诺需求六层次理论，这六个层次由低到高，层层递进，相互之间不是串行的关系，而是并行的关系，也就是说这六个层次在一个人的身上会同时存在，只是体现的强弱不同。

我们再从企业员工的需求来看，企业员工的需求也是分层次的，首先是基本的生存需求，员工需要生活，需要养家糊口，需要解决孩子教育等，这一层次的需求是最基本的，如果这个都无法保证，员工是没有心思在企业工作的，这个层次的需求可以称为“安我”，也就是要安定下来。解决了第一层次的需求以后，员工开始想着自己能否不断得到团队成员的认可，和团队成员都有良好的人际关系，工作能够开心愉快，这个阶段的需求可以称为“有我”，就是希望大家心里都比较认可自己。接下来，员工又开始想着是否可以涨工资，是否可以升迁，通过涨工资和职务升迁，他感觉自己的价值得到了认可。这个阶段，员工对自我价值开始有了意识，这个阶段我们称为“升我”，就是收入和职务不断得到升迁以证明自己的能力。

之后，员工对自我价值的需求越来越强，认为人活着不但要自己生活好，还应该要为企业、他人和社会做点什么，这个阶段称为“自我”，即自我价值的实现。很多企业家把企业做到一定的规模，自己的小家庭和家族都生活得很好了，就开始追求人生更多的价值，比如更好地帮助员工成长，积极投入社会公益事业。这个阶段，虽然自我价值得到了实现，但是心中还是有个“小我”，要做到真正的“无我利他”，就要放下“小我”，成就“大我”，这就到了员工需求的最后一个阶段，也是最高的境界，就是“无我”的境界。一个优秀的企业家一定不会强调自己的力量和自我的价值，而是放下自己，成就更多的人，达到“无我”的境界，这样就可以无为而治，就如《道德经》所说：“我无为而民自化；我好静而民自正；我无事而民自富；我无欲而民自朴。”

把以上内容综合起来，就如图 6－1 所示。

通过图 6－1 可以看出，人在不同的阶段，需求是不一样的，要想最大化地调动人的积极性，就必须要弄清楚他到底想要什么？基层员工往往更看重眼前的利益，那就成为利益共同体，中层员工看重眼前和中期利益多一些，就成为

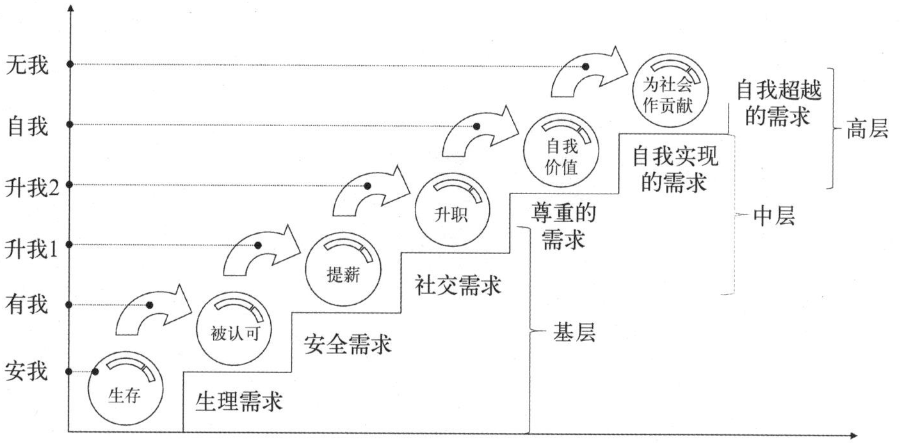

图 6－1　人的需求层次

事业共同体，高层员工看重的是长远的利益，就成为命运共同体。

由此可见，不同层级，体制设计的导向是不同的，企业不能只做增量激励就认为是做体制设计了，其实增量激励解决的只是一个利益共同体的问题，事业共同体和命运共同体还需要从股权激励和合伙人机制上进行系统考虑，所以企业的体制设计是一个立体的、全方位的系统工程。利益共同体是最基本的，但是不能只停留在利益共同体的层面上，否则就会造成大家有利益就在一起，一旦没有利益就各奔东西的状况，正所谓“利尽而交绝”，因此企业要以利益共同体为基础，系统地设计由利益共同体到事业共同体最后到命运共同体的体制。

6. 企业领导人不能适时进行角色转变

相比国有企业和外资企业，民营企业在品牌的知名度、技术实力、人才储备、融资渠道和社会地位等各个方面都不占优势，只能是靠过硬的产品、创新的技术和对客户更良好细致的服务在市场上立足发展，所以在企业的成长过程中，企业领导人通常都亲自参与产品开发、市场拓展、技术研究以及具体的销售，如图 6－2 所示。

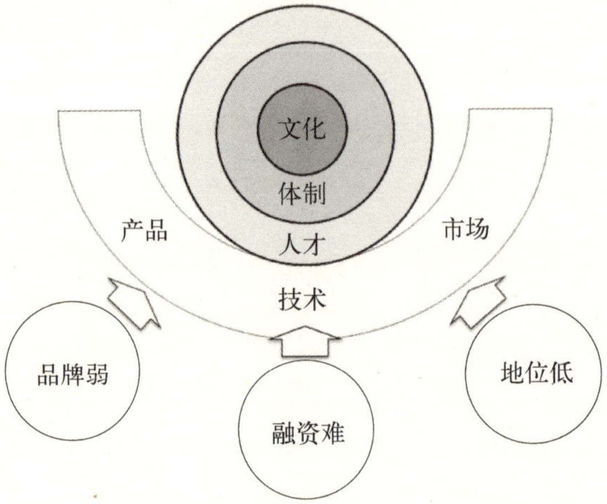

图6－2　企业领导人的角色转变

当企业发展到了一定的规模以后，很多企业家还是维持以前打江山时的做法，身先士卒，亲力亲为，没有通过体制的设计来激励更多人参与企业经营，结果越做感觉越累。

企业发展到一定的阶段，企业领导人要能考虑适时进行角色转变，要从以前更多地关注市场、客户、订单、产品、技术，到今天要更多地关注企业内部的管理，一是体制建设，二是文化打造，用良好的体制和文化激励员工更多地关注市场、客户、订单、产品、技术，企业也就从一个人的经营变成更多的人共同参与经营。

7. 体制设计的“官本位”思想

企业体制设计一般都是从企业高层开始，比如考核激励制度，首先是针对企业高层进行设计，然后才是中层、基层，最后是最基层的员工。企业的激励制度的作用自上而下是逐层递减的，最基层的员工，对企业的激励政策几乎没有感觉，最后往往是平均主义和大锅饭，做多做少差不多，做好做坏也差不多，导致基层员工的积极性起不来。

而基层的一线员工恰恰是企业价值的直接创造者，这样就导致直接创造价值的人感知不到激励政策的刺激，而明显感知到激励政策刺激的人又不直接创造价值，这样的体制设计往往很难最大化地激发基层员工的智慧，很难最大化地创造价值。不能最大化地创造价值，就不能更好地分享价值，因为企业没有更多的利益分配给中高层，但又担心这些人因为收入不满意而走人，毕竟找到一个合适的人不容易，培养一个合适的人更不容易，于是企业就只能通过其他的方式给管理干部们进行所谓的“补贴”，这对企业来说就是一笔成本投入，同时企业为了弥补基层员工对激励政策感知不明显的缺陷，又投入了大量的管理动作，而这些管理动作的投入对企业来说也是成本。

所以从共创共享的角度来看，企业的体制设计，尤其是短期的激励政策首先要从最基层、最前线的直接创造价值的人开始进行设计，要让他们直接而明晰地感知到企业激励政策的导向，就像毛泽东当年领导穷苦百姓进行土地革命，一句“打土豪，分田地”，简单明了地让穷苦百姓理解了进行土地革命的意义。先解决价值创造，再解决价值分享，一线人员直接创造的价值当然离不开管理者的支持、组织、协调等，所以管理者也能从创造的价值的总盘子里再来一起分享价值。

四、“互联网+”时代企业体制变革的方向

在“互联网+”时代，企业体制变革的核心就是围绕着两大方向：客户满意和员工满意。基于客户满意进行商业模式创新，通过商业模式创新，进行客户细分，基于目标客户发现价值，基于价值主张设计价值，基于核心业务和资源整合创造价值，实现突破性的成长；基于员工满意进行管理模式创新，基于组织创新、制度创新、人才培养，最大化实现员工价值，通过员工进化带动组织进化。体制变革具体呈现几个主要趋势：

1. 趋向于横向无边界、纵向扁平化、不断化小的倒三角服务型组织结构

企业边界将越来越模糊已是未来的必然趋势，企业与企业之间的竞争已经从单个企业之间的竞争发展为企业和其客户、供应商等利益相关体集合在一起的整体竞争。人才、资本等社会资源将不再专属于某个企业，而是社会的公共资源，不求为我所拥有，只求为我所用。企业就是平台，平台的吸引力越强，就越能有效整合社会资源为己所用。在企业内部，组织结构将越来越趋于扁平化，讲究等级划分和管控的金字塔型结构将逐步往自主经营、扁平化的倒三角服务型结构转型。扁平化的组织结构里组织会不断化小，企业对每个小经营组织独立核算，管理去中心化，激发活力，从中央集权变成小单位作战。

曾经有人问稻盛和夫：“您一辈子做了三家世界500强企业，您的经营秘诀是什么？”稻盛和夫一笑，说：“我的经营秘诀就是始终把大公司当作小公司来经营。”什么是把大公司当作小公司来经营呢？问这个问题的人不是很理解，于是稻盛和夫又举了一个例子，他说：“我在1959年创立第一个公司京瓷的时候，要啥没啥，没有品牌知名度，没有雄厚的资金实力，没有优秀的人才，没有先进的技术，但是我们又具备了一些独特性，什么独特性呢？就是一个小公司创立之初所具有的激情、灵活、高效和人心齐的状态。把大公司当作小公司来经营，就是要化小核算经营单位，让每一个小的组织都像是一个刚刚创立的小公司一样，充满激情和活力，这样哪怕公司做得再大，也不会组织机构臃肿、作风官僚、没有活力。”

所以把大公司当作小公司来经营，就是回归企业经营的原点。现实中有很多企业一做大，大企业病就开始产生，甚至有些企业还没做大，就已经有

了大企业病。所谓大企业病，就是组织机构臃肿、多重领导、反应迟缓，遇到利益一堆人竞争，关键时刻互相推诿，企业缺乏凝聚力，人才得不到重视，企业发展缓慢，使得真正有激情、热爱事业的人才流失掉。韩都衣舍的“三人小组”、海尔的自主经营体、华为的“班长的战争”、阿里的事业群拆分等，目的都是想把大企业做小，激发全员经营活力，提高各个经营体的自主经营能力。

2. 权力不断下放，更加强调自主经营

“让听得见炮声的人来做决策”“把支部建在连队上”“华为要打一场班长的战争”等，这些都是华为不断下放权力的具体体现，权力愿不愿意下放、敢不敢下放、能不能下放都是企业体制变革的重要体现。老板只有分权才能够分身，只有分身才能够解放自己，只有解放自己，才能够成就更多人，实现从“自我”到“无我”的升华。

企业和企业之间的竞争就是人才的竞争，谁拥有人才谁就拥有天下，所以人才的培养比以往任何时候都显得更加重要和迫切，如果没有充分的授权，员工就不能自主思考与决策，也无须为自己的决策承担责任，这样人才永远培养不起来。所以老板要学会简单的“偷懒”方式，就是让员工自己思考并提出解决问题的方法。

企业里经常会出现下属向老板汇报问题的情况，有些老板一开始就把答案告诉员工，一次两次，慢慢员工就形成了惯性思维，有问题找老板，老板会解决的，员工成了执行的机器，实际上是老板在锻炼自己，自己水平是慢慢提升了，但是自己无形中就成了企业的天花板。有些有能力的人也会因为自己的想法得不到重视和验证，感觉自身价值得不到体现，会离开公司另谋高就，最后企业留下的都是听话的人，但是背后又都像裁判一样对老板做的事指指点点。

正确的做法应该是这样，老板一定要问：“你认为呢?”员工回答出一种解决办法，老板要再问：“还有没有更好的办法呢？”员工再次述说一、二、三。老板把桌子一拍：“好，就按你说的办。”这才是激励和培养员工。但是在企业的重大决策上，特别是在战略决策上，老板的决策方法要调整，有效的做法应该是听多数人的意见，跟少数人商量，最终自己做决定。

企业的分权类型有两种，一种是流程分权，一种是量化分权，这两种分权方式在企业都很重要，流程分权和量化分权的主要区别在于以下几点：

（1）分权基础不同

流程分权以业务流程为主线，按照不同的职务等级而授予流程审批权限；量化分权以企业的理念为基础，以年度经营计划为主线，为了完成年度目标而授予变动费用的使用权限。

（2）分权依据不同

流程分权的权利大小是依据职务等级来确定的，职务越高，权力越大；量化分权的核心是依据实力，实力越强，权力越大。

（3）责任匹配不同

流程分权只对过程负责，每个流程节点的人只对自己审批的环节负责，但都不对最终结果负责，而量化分权是要对最终结果负责的。

（4）分权导向不同

流程分权更多强调管理与控制，量化分权更多强化自主与创新。

（5）分权利弊不同

流程分权根据职务来进行分权，而职务是事先设定好的，所以流程分权是先有权力后有责任，一旦先有权力后有责任，人的天性就是趋利避害，都希望自己的权力越大越好，而承担的责任越小越好，所以权责不对等现象就产生了。权力大，责任小，就会权力过剩，官僚和腐败就会产生。而量化分权是依据年度经营计划来分配变动费的使用权，但变动费的使用权有大有小，到底给多少合适呢？企业就要用经营会计报表做一份年度经营计划，要有明确的经营目标，比如销售额、界限利益率和经营利润的目标。目标本质上就是一种承诺，一种责任，根据这个目标，再分析变动费和固定费的费用使用计划，针对这些计划，要能讲清楚具体的花钱策略，如果这个计划能够得到认可，则说明这个计划相对靠谱，这时才把和目标相对应的费用的使用权限交给经营者，所以量化分权首先是责任，然后再根据责任大小和实力考量进行相应的费用使用的权限分配。

量化分权强调提高效益，流程分权强调控制风险，企业经营应该以效益优先兼顾风险，所以在企业这两种分权方式应同时存在，这样才可以实现经营与管理的有效结合。

3. 去中心化、管理变简

“去中心化”最早来源于网络词汇，是互联网发展的产物，在一个分布有众多节点的系统中，每个节点都具有高度自治的特征，节点之间彼此可以自由连接，形成新的连接单元，任何一个节点都可能成为阶段性的中心，但不具备强制性的中心控制功能，节点与节点之间的影响，会通过网络形成非线性的因果关系，这种开放式、扁平化、平等性的系统现象或结构，我们称之为去中心化组织结构。

去中心化，不是不要中心，而是由节点来自由选择中心、自由决定中心。在去中心化系统中，任何人都是一个节点，任何人也都可以成为一个中心。任何中心都不是永久的，而是阶段性的，任何中心对节点都不具有强制性。站在企业管理的角度来看，去中心化，就是使每个员工都成为市场中心，权力不断下放，包括决策权、用人权、分配权。传统企业也试图分权，但是分来分去，权力还是在管理者手里，去中心化后，管理者剩下的权力，就只是提供资源。朝着这个方向去做，也许就能达到德鲁克所说的，21 世纪的企业应当是每个人都是自己的 CEO。

凯文·凯利的《失控》谈到蜂群思维，生物研究表明，蜂后对于蜂群并没有统治权力，它在蜂群中的作用只是繁衍后代，那么是由谁来组织协调蜂群的数万只蜜蜂，对它们发布命令，使它们避免风险呢？做出这一系列选择的正是蜂群本身，以蜂群的搬迁为例，由数只工蜂进行预选地点勘查，各自用约定的舞蹈向休息的蜂群报告，舞蹈越夸张说明主张的地点越好，随后被吸引的蜜蜂前去核查，回来后加入勘察员的舞蹈表示同意，用这样的方式吸引更多的蜜蜂核查并投票同意，最后最大的舞蹈群体获得胜利。

蜂群的管理方式就如一个无序的分布式管理系统，这个系统使用群体中每个个体的智慧以及群体规律（看不见的手）来管理自身，谋求自身的发展和进化，而这本质上就是去中心化的思维的体现。“蜂群”思维的神奇在于，量变引起质变，没有一只蜜蜂能控制它，有一只看不见的手，一只从大量愚钝的成员中涌现出来的手控制着整个群体，而保存这个群体“有序”运转的组织结构可以叫作去中心化组织结构。中心化组织结构和去中心化组织结构就像由园艺工人精心维持的花园和一个独立的生态系统一样充满差异，前者看似美丽异常却需要人为地施肥修剪，后者看似杂乱无章却暗藏生机，欣欣向荣，万物生长。

五、 体制设计的具体原则

在当前这个全员共创、共享、共担的时代，企业最核心的问题之一就是要解决员工的自我驱动，如果企业不能调动员工的自我驱动，就会出现只有老板一个人在谈梦想、谈事业、谈抱负、谈战略的情况，即使老板热血沸腾，感动的也只有他自己，高管和员工却在想："这和我有关系吗？"这就是现在很多企业在实际运行过程中存在的问题。

要解决员工自我驱动的问题，最根本的还是要从体制上入手，核心有三点：利益驱动、风险驱动、使命驱动。所以具体的体制设计就要紧紧围绕这三个关键点展开。中国企业特别是民营企业已经做了很多体制设计的尝试，每个公司都有自己的一套方法，没有千篇一律的标准可以适用于所有公司，所以就体制设计的具体方法我们不作过多阐述，而对体制设计的过程中存在的一些比较通用的原则进行相关说明。如果我们能把握好这些原则，我们的体制设计就会相对更科学、合理、有效。

1. 系统性原则

体制设计的核心就是通过制度，把合适的人放在合适的岗位上，最大化地创造价值。但是在实际的运作中，企业总希望通过一两招就可以解决体制设计的问题，甚至有些企业认为体制设计就是搞 KPI 考核。实际上，企业体制设计是一个全方位的立体概念，更是一个系统工程，主要体现在以下几个方面。

（1）体制设计包括组织设计、制度设计和人事安排

体制设计不仅仅是怎么考核，怎么激励的制度设计，它包括企业的组织设计（职务体系和职能体系的设计）、企业的制度设计（包括分钱制度、分权制度、分风险制度等）和人事的安排原则，所以体制设计从范围上是全方位的。

组织设计在前，制度和人事设计在后，组织设计在前呢是因为体制是为企业的战略和策略服务的，在战略和策略具体实施之前，企业领导首先要明确企业的组织设计的导向，也就是我们的战略意图是什么，这是战略部署的第一步，弄明白这一点比具体的组织设计更重要，否则就会变成为了设计而设计，为了调整而调整。一个不能有效承载战略的组织，就是企业最大的浪费，后续所有的业务流程、资源投放、人员素质导向都会偏离主航道，结果一定是低效的，甚至会消耗和浪费企业的资源。

具体的组织设计展开包括职务体系和职能体系，职务体系又包括职位族和职位等级设计。职位族一般包括管理类、研发类、业务类，管理类的职位等级一般按照员工、主管、经理、总监、副总、总经理这几个大的级别进行设计，根据需要可以进一步细化。研发类的职位等级一般设计为实习生、技术员、助理工程师、工程师、高级工程师、主任工程师、总工程师，同样也可以根据需要进一步细化，比如主任工程师还可以细分为一级主任工程师、二级主任工程师、三级主任工程师。业务类的职位等级可以按照办事员、业务主办、业务主管、业务经理、业务总监、业务主任等进行设计。

职务体系背后对应着职能体系的设计，职能体系是指组织的相关职能综合在一起，构建起的一个完整的体系，目的是更好地实现组织职能。一般组织的职能体系包含管理职能、计划职能、组织职能、领导职能和控制职能。管理职能一般是根据管理过程的内在业务逻辑，划分为几个相对独立的部分。计划职能是对未来活动进行的一种预先的谋划。组织职能是为了实现组织目标，合理安排每个组织成员并规定其在工作中的分工协作关系。领导职能是管理者利用组织所赋予的权力去指挥、影响和激励组织成员为实现组织目标而努力工作的过程。控制职能是保证组织各部门各环节能按预定要求运作而实现组织目标的一项管理工作活动。

职务体系背后对应职位等级，职能体系背后对应能力等级，职位等级决定能力等级，同一职位族职位等级越高，要求的能力等级越高，同一职位族的同一职位等级，能力等级可以根据需要进一步细分，职位等级一般高于能力等级，也就是说人的能力一般和职位的要求有一定的差距，这样才有压力和动力不断学习去弥补差距，以符合职位对能力的要求，从而取得进步。如果一个人的能力超过了职位对他的要求，一方面会造成人才浪费，杀鸡用牛刀，另外一方面也会让人没有斗志。企业在薪酬体系设计时，要改变以往以职务等级为核心的薪酬设计导向，调整为以能力等级为核心，更加强调实力主义的薪酬设计。

（2）**体制设计要从多层次进行**

企业内部不同层级的人员，其需求层次不同，所以不能用同一种制度去管理所有人，也不能期望用一种制度就可以有效激励所有人，体制设计要从多个层次进行。

首先物质激励和精神激励要相结合，在增加员工薪水的同时，更应该关注员工的成长，以及员工在成长过程中得到的公众认可和满足感，员工得到公众认可的满足感、归属感和幸福感可能比金钱的激励更加持久。

其次不同层级的员工，需求也是有差异的，一般来说，基层员工更看重短期的利益和物质的利益，这是马斯洛的需求层次理论中的生理需求和安全需求，越往上，层次越高，当低层次的需求得到了满足，员工对尊重和自我价值实现的需求就更强烈一些，对中长期的利益和精神的追求会更高一些。在具体操作上，对于基层员工来说，激励政策越简单越明了，激励效果越明显，因为他们更看重短期的激励和物质激励，短期的物质激励具体包括：绩效工资、绩效奖励、业务提成、改善的即时激励、日常福利、培训机会等。中期的物质激励包括：积分制、分红、期权等。长期的物质激励包括：股权、长期福利等。在进行具体体制设计时，要依据不同层级的人的需求特性，从短期和中长期等多个层次系统展开。

（3）**体制设计要综合利益共同体、事业共同体和命运共同体来系统展开**

利益共同体

有这样一个故事，石油大王洛克菲勒早年去一个自己买下的油田视察，发现油田管理极度混乱，他把管理者叫来一顿臭骂：“为什么我一天就能发

现的问题，你们天天在这里都发现不了？"油田经理淡然回答道："先生，这是您自己的油田。"洛克菲勒五十岁之后，开始致力于让每一个管理者都对"自己的油田"负责！

洛克菲勒让每一个管理者都对"自己的油田"负责就是让管理者把公司的事情变成自己的事情，从体制的角度来看，就是让员工和企业成为"利益共同体"，这种直接的经济利益关系将员工和企业绑定在一起，以便更好地促进企业发展。企业越好，员工得到的就越多，员工要想得到的越多，就越要努力工作，让企业越来越好。利益共同体是体制设计的基础，企业围绕着如何分钱、分权、分机会、分风险的体制设计，都和利益共同体的打造息息相关。

但是，纯粹的利益共同体存在的前提条件是有利才有未来。从员工的角度来看，企业效益好的时候，员工就信心十足、干劲十足，但是一旦企业进入发展的低谷，员工无利可图，往往会离企业而去，或者企业效益也不错，但是别的企业给的待遇更好，有些员工禁不住诱惑，也会离企业而去；从企业的角度来看，如果员工能力很强，工作意愿高，可以给企业带来较多价值，企业对员工就信心十足，但是员工一旦因为某种原因不能像以前那样给企业创造较多价值，往往就会受到冷落甚至会被辞退。所以利益共同体的明显弊端是，这种纯粹依靠利益绑定在一起的雇佣关系并不十分牢靠。很多企业想不通人为什么这么现实，其实就是因为企业和员工的关系只停留在利益共同体的层面上，可谓"利尽而交绝"。

克服利益共同体的弊端最好的方式就是将利益共同体上升到事业共同体的高度。联想总裁柳传志曾说："单纯的利益共同体是很容易从内部瓦解的，而牢固的事业共同体却坚不可摧。"

事业共同体

利益共同体往往采取增量激励的方式来实现利益的共享，就是公司给定一个基本目标，超过目标的都是增量，增量越多，激励就越多。而事业共同体在此基础上往往会结合公司的股权激励来实施，包括身股、期权、分红权等，阿里巴巴、华为、海尔、万科等知名企业，都采用事业共同体的方式，给予员工股权，把公司管理、技术、营销等各方面的骨干都变成公司的股东，从而将公司的命运和每个人的命运绑定在一起，真正做到一群人、一条心，一荣俱荣、一损俱损。这样员工就不只是为了钱而工作，更是为了一份事业在奋斗。

就像小米创始人雷军说的："我把小米的每一个创始人都变成股东，那小米就是所有人的事业，小米搞砸了不仅是钱的问题，还有面子的问题，所有人都没面子。同样的，小米成功了也不是我一个人的成功，也不只是七大联合创始人的成功，而是小米整个初创团队所有人的荣誉。"

要成为事业共同体，需要一定的条件基础，首先事业要有一定的目的和意义，一份没有目的和意义的事业很难感召优秀的人才，稻盛和夫的经营原则十二条中的第一条就是明确事业的目的和意义。其次要有一定的感情基础，特别是初创期，老板不可能找一个自己都不熟悉的人来做事业伙伴，一般来说要找有相同的思想和理念、彼此认可和信任的人。如果只是意气用事，往往会出问题。有些企业老板遇到了自己喜欢的人，感到热血沸腾，企业马上承诺给股份，对方也承诺要努力工作，跟老板干一辈子，但是“蜜月期”一过，彼此慢慢发现这个地方有问题，那个地方也有问题，这时对企业来说就比较被动，拿着公司股票的人，不是可以长远走下去的人，就像是肉里有根刺，浑身不自在。所以企业在前期的事业共同体建设中，选好人至关重要，人才和企业要

“三观”一致，并且对企业文化有高度的认同而且愿意去践行。

随着事业共同体建设的逐步完善，责、权、利、能和价值观的要求都非常清楚和系统了，这时就不能仅靠情感基础来发展事业共同体了，而要利用体制来发展并壮大事业共同体队伍。此外，领导人的格局至关重要。事业共同体和利益共同体都有激励的因素存在，所不同的就是利益共同体是先创造价值，根据创造的价值或超额目标来奖励，就像买东西一样，是先尝试后付钱，而事业共同体则不同，尤其是初创型的事业共同体，是基于信任的，如果还是按照你创造多少价值我就给你多少干股，最后就又演变成了绩效考核体系，所以要敢于信任别人，而且愿意把股权分出去。能否做到这一点，取决于企业领导人是如何定位事业共同体的，是想通过事业共同体来达成公司当下的业绩目标，还是想通过事业共同体来打造一个强有力的组织，实现企业的可持续性发展呢？所以高明的企业家会花时间去设计事业共同体机制，让员工共创价值，共享成果，把自己的事业变成整个团队的共同事业。

事业共同体在机制设计上往往会采用股权激励的方式，但是股权毕竟是企业的稀缺资源，也比较敏感，有些企业认为现在还没有到分股权的时候，但是又想往事业共同体的方向深化，除了股权激励外，还有没有其他的选择呢？

这里介绍一种可以面向所有员工实现事业共同体的机制，我们称之为“巴股”。巴股是一种虚拟股权，它将阿米巴经营模式下的每个员工作出的贡献转换成巴股，巴股按比例享有公司税后利润分配权，但不享有普通股股东的权益（如表决权、转让权、分配权等）。巴股无须员工出资购买，但也不能转让，仅员工在职期间有效，离职后归零。公司为每个员工建立一个巴股账户，只要员工不离职终身有效。

巴股机制的主要目的是通过一套公平、公正、公开的绩效分配机制及人人参与经营的组织环境，引导员工从关注短期的物质利益转向关注长期的利益及自身素质能力的提升，从而规避唯绩效主义带来的弊端，实现个人目标与组织目标的统一。

巴股的具体设计包括七大步骤：① 确定参与巴股的对象；② 确定产生巴股的因子；③ 确定巴股因子的权重；④ 设计因子基准巴股数；⑤ 建立个人巴股账户；⑥ 制定巴股及时干预制度；⑦ 确定企业每年的税后利润分配额度。个人分红额=每股金额×个人巴股数×调整系数，其中个人巴股数是指员工当年巴股数的总和，每股金额=可分配总额÷∑（个人巴股数），调整系数包括绩效考核系数（人事部门制定的KPI考核指标系数）和价值观考评系数（按每年四次价值观考评分数的平均值换算成相应的绩效系数）。员工如果知道自己的巴股数量和公司总的巴股数量，只要公司把待分配的税后利润总额一确定，每个员工都可以算出自己的分配金额。除了当下的利润分配，企业还可以设计一些延伸的应用，比如巴股转实股，如达到一定级别的员工，其五年以上的巴股可以按照一定的规则转换成实股，成为公司的实际股东。另外巴股也可以用于员工的能力等级资格晋升、员工的荣誉评比、员工的福利等。

“巴股”是一套激励全员自主参与经营的管理模式，充分融合了阿米巴经营的核心思想，是企业实现阿米巴经营落地的重要手段。没有过程就没有结果，“巴股”机制就是把企业从烦琐的过程管理中解放出来，简化被动管理，强化自主经营，让员工从“要我做”变成“我要做”，如图6－3所示。“巴股”机制可以将员工在企业的行为进行量化并以巴股的形式进行永久累积，全方位地反映员工的综合表现和自我价值，将员工行为与经营者

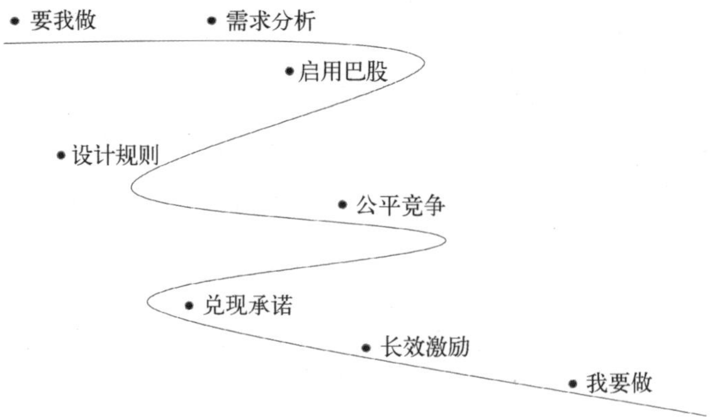

图6－3　实现从“要我做”变成“我要做”

的意志有效衔接起来。

要想取得良好的效果，企业在应用巴股时就需要实现实时、动态、透明化的管理，巴股数要实时更新，让员工时时刻刻知道自己的股数，以及自己在部门和整个公司的排名。要实现这样的效果，企业可以借用巴股软件进行系统管理，如图6－4所示①。

图6－4　何言咨询巴股管理系统

① 体验网址：h.xiaov100.com，用户名：user，密码：111222。

巴股管理系统可以同时安装在手机端和 PC 端，系统数据实时同步。员工可以随时随地在手机端申请、查看数据，企业管理者也能够随时看到员工的各项表现，完成巴股在线审批。

事业共同体也不是企业体制设计的终极目标，任何事业的发展都不会一帆风顺，事业发展良好，大家对彼此就有信心，但是一旦事业发展不顺利，甚至出现大的挫折，往往有人不愿意一起坚守下去，更不愿意一起承担风险，有些人会提前下船，所谓可以同甘而不能共苦，势倾而交疏。为了应对这种情况，就要从事业共同体上升为命运共同体。

命运共同体

在企业环境下，命运共同体是基于利益共同体和事业共同体之上的更深入的体制设计，古人云：“以利交者，利穷则散；以势交者，势倾则绝；以心交者，成其久远。”企业命运共同体就是要企业和员工以心相交，心心相印。企业与员工之间不是简单的雇佣关系，而是利益息息相关，命运紧紧相连，同进退，共患难的关系。企业在顺境时共同快速成长，在逆境时同心同德，共同抵御危机。

据网上公布的信息，2016 年，全球盈利能力最强的公司是电商巨头阿里巴巴，其 3.6 万名员工共创造了 427 亿人民币的利润。然而，有一个只有 8 000 多名员工的公司，竟然创造了近百亿人民币的利润，在人均创造利润方面可以与阿里巴巴旗鼓相当。这个公司就是日本的 7-Eleven 公司，一个看起来非常传统的便利店公司。这个公司从 1974 年创立以来，居然保持了连续 41 年的增长，即使在日本经济面临最严重衰退时也不例外。

为什么 7-Eleven 能够做到长期屹立不倒，甚至可以与电商巨头阿里巴巴的人均绩效比肩呢？这就得益于其命运共同体的体制设计。命运共同体一般通过合伙人的方式来实现，合伙人的方式让员工真正成为企业的股东，员工需要真金白银投入资金，员工不是为别人打工，而是为自己打工。

企业要想打造合伙人机制需要具备几个条件：① 企业必须有清晰的且得到高度认同的公司经营理念。② 企业必须有清晰的发展目标，合伙人对此充满信心并愿意为之付出。以前国民党的部队打仗，经常用银圆来激励士兵往前冲，但是士兵一想，命都没了，要钱有什么用，所以这招用处不大。而共产党的部队，没有银圆可以奖励，饭都吃不饱，但是冲锋陷阵时士兵一个个勇猛无比，不要性命也要往前冲，为的就是让穷苦百姓当家作主，为的就是让自己的父母和兄弟姐妹们不再受苦受压迫，为的就是早日实现共产主义。所以作为命运共同体的合伙人，必须要能在理想信念上高度一致，具备愿意为企业的梦想和目标付出不亚于任何人的努力的坚强意志。③ 合伙人必须要能给企业持续创造价值，不但是当下，还包括将来，要善于学习并敢于自我革新。④ 合伙人愿意投钱一起承担风险。这一条是合伙人的试金石，要想成为合伙人，必须要共同承担风险，如果嘴上说得挺好，但是一旦要让自己掏钱出来就退缩，就不是真正的合伙人。此外，风险的大小不是以金钱的多少来衡量，而是根据不同的人的可接受程度来衡量，投入不同，风险可能相同，但收益不同。⑤ 企业要和合伙人共享经营成果。

现在很多企业已经认识到命运共同体的重要性，2016 年“双十一”，腾讯公司创始人马化腾在腾讯公司创立 18 周年之际，向员工授予每人 300 股腾讯股票，授予股票总价值约 15 亿人民币。并且还为在职员工、离职员工、外包人员和公司服务人员准备了总额约 3 000 万元的现金红包。

腾讯公司的这种做法，就是让员工与企业形成命运共同体。还有一些新兴的互联网公司从一开始创立就实行了全员持股，而一些传统企业则进行了股权改革，并尝试在一些新的业务板块实施合伙人机制，目的都是通过合伙人机制，让认可企业理念、愿意和企业同甘共苦的员工成为股东，持有企业的股票，与企业结成一体。企业在与员工结为命运共同体的基础上如果再进一步，那就是实现企业与产业链的上下游成为命运共同体。

比如上文讲的7-Eleven公司，不仅与员工形成命运共同体，还延伸到它的加盟商和供应商。7-Eleven发展的规模这么大，但它只聘用了8 000多名全职员工，其余的相关人员是加盟店、制造商和供应商的雇员。7-Eleven在日本的加盟店就有1.8万多家，在7-Eleven公司，所有的东西都是可以共享的，共享顾客、共享信息、共享物流、共享采购和共享金融，顾客在网上购买一件商品，就可以在最近的加盟便利店取货。在这个公司体系之内，所有的企业都能获得利益，一些曾经名不见经传的中小企业，在与7-Eleven合作后，不但促进了7-Eleven的发展，而且自身也得到了成长，有的甚至成长为上市公司。在日本经济不景气的时候，由于这些企业、员工之间结成了命运共同体，7-Eleven仍然取得了骄人的成绩。

所以，企业要想快速、长远地发展，由利益共同体、事业共同体转变为命运共同体是必由之路，也是未来企业发展的趋势。员工只有与企业形成命运共同体，才会有主人翁意识，才能把工作当自己的事业来做，不但创造了自己的价值，也为企业创造了价值。

2. “二元性”原则

事物本身往往都是单纯的，但是人对所知的事物加上自己的思维和判断，就有了好坏、高矮、黑白、美丑、是非、善恶等的相对性，这相对性就是二元性。体制设计的二元性体现在过程和结果的二元性、组织和个人的二元性、“唯成果主义”和“实力主义”的二元性、集权和分权的二元性、长期和短期的二元性、物质和精神的二元性等，我们重点讲前面四个。

（1）过程和结果的二元性

制度决定行为。企业往往希望通过 KPI 考核来达到激励员工的目的，KPI 考核的基本逻辑是，你做出了什么样的结果，就给你什么样的待遇，所以企业的关注点是在结果上。如图 6－5 所示，纳入考核的定量的指标，更多的是看人短期的业绩和显能，结果好，业绩就好，待遇就高，这是企业的想法，但是员工的想法可能是，你先告诉我给我什么样的待遇，我再给你做出你想要的结果。到底是先有鸡还是先有蛋呢？这很容易形成企业与员工之间的博弈。

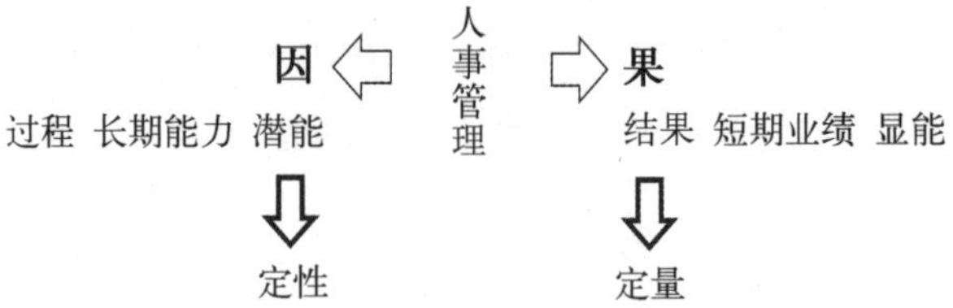

图 6－5 围绕“二元性”的人事管理

企业对于员工的管理，不能只看结果，而要由果追因，既要看结果，还要看员工一路努力的过程，既要看短期的业绩，还要注重员工长期能力的培养，既要看员工的显能更要看员工的潜能。对于结果的管理，看重的是贡献度，对于过程的管理，看重的是进步性。贡献度是与他人相比，看谁的贡献度大，而进步性是与自己比，看有没有不断进步。

举个例子，某企业有两个销售部门，一个在上海，一个在西安，上海销售部今年给企业带来了五百万的利润，西安销售部带来了两百万的利润，

那么从贡献度的角度看，上海销售部的贡献度就比西安大。但是因此就要奖励上海销售部就不见得公平，因为上海销售部去年的利润是六百万，今年反而退步了，而西安销售部的利润去年是负的两百万，所以从进步性的角度看，西安销售部就做得好一些。

如果纯粹按照贡献度来考量，大家都希望找好做的业务去做，稍微做点努力就可以取得不错的业绩，那么企业一些基础较差的业务大家就都不愿意去干。对于这些基础较差、将来对公司发展又很重要的业务，如果我们能考量到其进步性，那么基础越差的业务反而大家越喜欢去做，因为基础越差说明进步的空间越大。有些企业对于营销人员的考核就是简单地按照销售额的一定比例进行提成，随着市场的拓展和客户的积累，员工的提成基数越来越大，也越来越稳定，慢慢地企业发现业务人员没有以前有斗志了，甚至有了小富即安的心态。为什么会出现这样的现象呢？因为企业的考核激励机制只考虑了贡献度而忽视了进步性。因此，企业在进行体制设计的时候，一定要结合结果和过程的二元性进行全方位的考量。

（2）组织和个人的二元性

体制设计的考评环节，包括组织考评和个人考评两个维度，而且组织考评优于个人考评，组织考评的结果与组织内个人考评的结果有着直接的关联，目的就是强化组织和团队的作用，企业规模越大，越强调组织力，而不是一两个能人。

组织考评

组织考评一般从三个维度进行，如图6－6所示，包括方针、重点任务和经营结果三个方面。

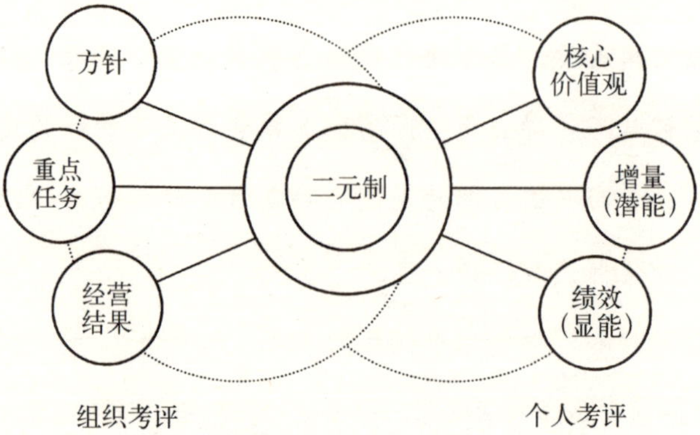

图6-6　组织与个人的"二元性"考评

对方针的遵守不一定会体现在当下的收益中，但是它会涉及公司的长远利益，一个企业的经营方针展开来包括很多方面，可以归纳为市场发展方针、体制配套方针、经营要素方针和企业文化方针，其中市场发展方针是龙头，包括业务领域和目标客户的选择、营销模式、渠道建设、产品组合、定价和促销政策、竞争策略等方面的纲领性要求。市场发展方针要有效落地，需要体制配套方针来支持，体制配套方针展开包括组织建设、企业内部的激励考评制度建设、重要人事安排方面的纲领性要求。体制配套方针又需要经营要素方针来支撑，经营要素方针涉及资金、人才、技术、品牌、信息等方面的纲领性要求。这三个方针最终需要由企业文化方针来保障。

为了便于对方针的具体理解，下面结合具体实例来阐述方针的具体内容。

有一个从事酒店餐饮、住宿和会务的集团公司，正处在从传统酒店餐饮往团膳进行业务转型升级的阶段。对于当下快速发展的团膳市场，如何抓住机遇，快速在区域市场站稳脚跟，并逐步拓展全国市场，成为团膳这一细分领域的知名品牌呢？该集团公司围绕市场拓展、体制建设、资源和

能力配套以及文化打造方面制定了详细的工作方针，这些工作方针将指导企业具体的经营活动，是行动的总纲领，具体如下：

市场发展方针：

① 采取市场深耕发展模式，2020 年完成华中、华东、华南三大区域的布局，并实现三大区域商政团膳事业第一品牌的目标；

② 明确三大区域的发展中心，其中，华中以武汉为中心，华东以上海为中心，华南以广州为中心，精耕细作，逐步扩展；

③ 加快生活超市建设，围绕三大区域，通过生活超市的配套功能和连锁运营能力，加快市场拓展速度；

④ 通过酒店式团膳运营模式的输出，辅以自有和合作农产品生产基地的建设，强化市场开发、产品设计、酒店式团膳服务的能力，初步实现从“种子”到“筷子”的全产业链打造升级；

⑤ 通过酒店式团膳服务标准和健康的原材料供应能力建设，打造丰富多彩的美食、轻松休闲的服务和环境体验，成为区域商政团膳领先品牌。

体制配套方针：

① 由职能管控型组织结构向倒三角平台服务型组织结构转变，加大量化分权力度，进行战略管控；

② 实现由职业经理人体制向事业合伙人体制转变，初步实现全员自主经营；

③ 完善并加强集团经营策划组织建设，提高集团整体经营策划能力；

④ 加强集团及各事业组织能力体系建设，制定并不断优化《文化手册》和《管理手册》，为业务的快速发展提供强有力的支撑；

⑤ 完善集团战略人力资源管理职能，通过人才梯队建设、核心人才的培育和引进，优化人才结构，构建人才队伍体系；

⑥ 合理配置关键岗位人才，形成倒逼组织反应的机制，打造组织成长和业务增长的内在动力。

经营要素方针：

① 人才：以内部培养为主，辅以外部引进，培育事业、企划和经营管理人才，引进高端技术人才和信息化人才；

② Know-how（技术诀窍）：依托集团二十多年的专业运营经历，挖掘产品和服务的独特技术，形成集团 Know-how 体系，并进行业务应用延伸，在此基础上，建设集团知识产权（专利）体系；

③ 品牌：以集团母品牌为依托，形成母子品牌互相呼应的多品牌发展格局，同时以“以情服务，创新经营”为核心理念，打造“酒店式+”服务品牌；

④ 信息：通过办公自动化、在线学习、财务、供应链等信息系统建设与应用强化，形成较为成熟的信息管理体系，提高运营效率，同时，探索“互联网+”生活服务的 APP 信息化系统开发与应用；

⑤ 资金：适时进行产融结合，利用社会资本杠杆，整合社会资源，支撑业务快速发展，为向投资服务平台转型作准备。

企业文化方针：重塑企业文化，明确核心价值观，在全集团内实现共通。

以上是某集团的方针的展开说明，那么方针又是从何处而来的呢？是从企业的战略目标而来，通过企业的战略目标衍生出企业整体经营方针，再分解到

每个事业单元，最后分解到每个经营单位和职能部门，组织不同，方针要求不同。

除了方针，第二个需要纳入组织考评的是重点任务，重点任务的来源有两个方面，一方面来源于公司年度经营计划，另一方面来源于上级领导临时安排的重点工作。其中，公司年度经营计划是以企业的战略目标和方针为指导，对每个事业单元的经营策略进行研究，具体包括市场发展策略、体制配套策略、经营要素策略和企业文化支撑策略，根据以上这些策略再进行分解，最后就形成了具体的重点工作任务，这些任务就是各个经营单位和职能部门的年度重点任务的主要来源。

组织考评的第三个方面就是经营结果，这些经营结果都会体现在经营会计报表中，具体包括销售额、界限利益率、利润等量化指标。针对方针和重点任务的考评是定性的，而经营结果的考评是定量的，所以对组织的考评要定性和定量相结合，而且定性比定量更重要，因为方针更多考虑的是长远的利益，而经营结果是当下的利益，有时这两者是有矛盾的，如果为了当下的利益而放弃对方针的遵守，这样的当下利益是不可持续的。甚至是杀鸡取卵，所以对方针遵守的考评反映了各级组织的经营意志和对公司理念的认同程度，对重点任务的完成情况考评反映了组织的能力，对经营结果的考评反映了组织的绩效，以上是企业对组织考评的三个主要维度。

个人考评

个人考评一般从核心价值观、增量（潜能）和绩效（显能）三个维度来进行，如图6-7所示。为什么要从这三个维度来进行呢？从稻盛和夫人生成功方程式来看，经营人才的培养要从正确的思维、热情和能力这三个方面系统展开，那么在体制设计的时候，就要从这三个方面分别建立导向。员工的正确的思维方式，要通过核心价值观的考评来引导，员工的热情，要通过增量的考评来鼓励，员工的能力，要通过当下的绩效考评来衡量。目前企业在设计员工考评制度的时候

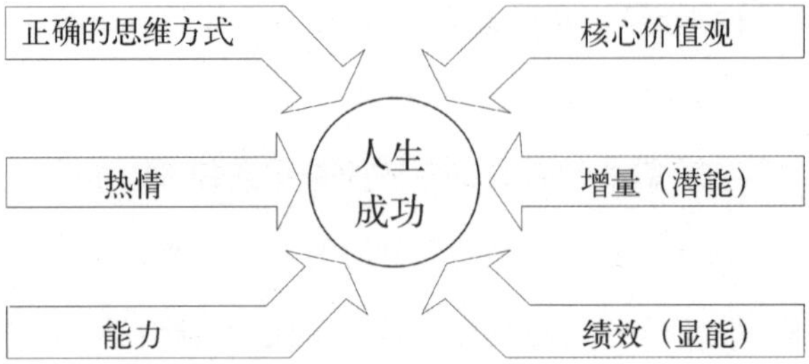

图6-7　个人的考评维度

往往只关注对员工当下业绩的考评，而忽视了对核心价值观和增量的考评导向。

核心价值观决定了人的思维方式，而思维方式又决定了人的行为方式，对于核心价值观的考评具体是通过对员工的行为进行的，通过行为来验证员工的思维方式的正确性。

比如阿里巴巴的核心价值观考评，围绕“顾客第一、团队合作、拥抱变化、激情、诚信、敬业”六大核心价值观展开，也被称为“六脉神剑”。阿里巴巴认为价值观的推广是全方位的，深入到招聘、培训、人员选拔、绩效考评、文化建设活动等人力资源管理的各个领域。价值观考评是推行价值观的有力方式，它考评的是员工在日常工作中所展现的态度、行为与六大价值观的符合程度，而价值观所期待的态度和行为是企业的基因，是保证企业核心竞争力的重要文化基础。考核价值观的过程是全体员工对价值观的理解达成共识、对价值观真正认可和尊重并最终在工作当中始终如一地体现出来的过程。经理们对员工进行价值观考核时必须摒弃“工具”的概念，应深刻理解价值观纳入绩效考核的目的，对员工行为深入细致地观察，客观公正地判断，既不要放任自流，又不可吹毛求疵，这样才能达到公司推广价值观的真正目的。价值观只有符合不符合，没有好与不好。

阿里巴巴核心价值观的考评规则实行通关制，即首先做到较低分数的条款，然后进阶至较高级的条款，依此原则，若较低分数未能做到，则没有机会进阶，体现了更高的要求和优先级。考核周期为季度考评，年度总分将依据员工四个季度的平均分和价值观改进趋势给出。价值观的考评结果针对管理干部和普通员工有不同的应用规则。对于管理干部，价值观得分在 27 分（含）以上，不影响总评分数，但要指出价值观改进方向；价值观得分在 18 分（含）至 27 分之间，扣除 15%的业绩分；价值观得分在 18 分以下，无资格参与绩效评定，奖金全额扣除；任意一项价值观得分在 1 分以下，无资格参与绩效评定，奖金全额扣除。对于普通员工，则业绩和价值观各占 50%，每季度第一周完成考评表，就考评表充分沟通达成共识，全年业绩为四次的平均值，然后在部门内按照 2：7：1 的比例强制分布，即 20%是属于优秀的，70%是属于合格的，10%是属于待改进的。具体的奖励形式是加薪、股票期权、奖金、培训机会、新的工作机会等。

个人考评的第二个维度对应于人生成功方程式的热情，如何通过有效的考评机制来保障员工的热情呢？增量激励是其中一个比较有效的方式，就是要员工能不断地突破自己的天花板，不断地做出增量，不断地创造价值，员工的能力也会在这个过程中更快地提升起来，同时也会促进组织绩效的提升。所以增量激励如果应用得好，就可以带来一系列的良性效应，它衡量的是一个人的进步性，反映了一个人的潜能。

个人考评的第三个维度是绩效，就是当下的经营成果，它反映的是贡献度。个人收入具体怎么计算每个企业都有自己的方法，但比较合理的方式是，个人收益要和其所在的组织的收益挂钩，如果没有这样的导向，每个人都是以自我为中心，讲个人英雄主义，短期或许有利，但长期一定不利，因为企业最终靠的一定是组织，而不是一两个能人，所以个人收益和组织收益之间可以通过以下的方式进行关联，即个人收入=组织经营收益×个人绩效系数比例×价值观考核系数。其中组织经营收益是指员工所在的最小经营核算单位的收益，如果是核算到具体的每一个人，那么组织经营收益就是参与独立核算的具体的个人收益，如果最小核算单位没有细化到个人，那么每一个员工都要为自己所在的经营组织作出贡献，在满足公司方针要求的前提下，保证所在组织经营收益最大化，从而实现个人收益和组织收益挂钩。

组织收益通过二次分配落实到个人，那么如何分配到每个人就涉及个人绩效系数比例，所谓个人绩效系数比例就是某个人考核系数除以组织所有个人考核系数总和得出的比例，个人考核系数根据组织对该员工的管理要求、目标要求、KPI 指标完成情况的考核结果确定。价值观考核系数是根据核心价值观考核细则确定系数，最低为 0。

最后，组织经营收益如何确定呢？组织考评根据前面的描述可以概括为定量的考评和定性的考评，定量的考评就是经营结果，经营结果等于经营收入减去经营支出，就是按照经营会计报表独立核算的结果。定性的考评包括方针遵守和重点任务，合称为管理项考评。组织经营的收益一般有三种计算方式。第一种计算方式是绝对比例计算法：组织经营收益 = 经营成果×?% ±管理项奖扣。第二种计算方式是阶梯比例计算法：组织经营收益 = 基础绩效×?% + 阶梯绩效×?% ±管理项奖扣。第三种计算方式是增量激励计算法：组织经营收益 = （当年绩效-上年绩效）×?% ± 管理项奖扣。其中管理项奖扣是公司对该经营体的管理要求、目标要求、KPI 指标完成情况的考核结果。

（3）“唯成果主义”和“实力主义”的二元性

企业经营需要有成果，这是天经地义的，没有成果企业就无法生存和发展，所以很多企业仅仅以成果为导向来进行员工的考评激励。企业想要什么，就设置什么样的KPI指标，根据KPI考核结果来定义员工的工作成果。这种思路的基本逻辑是员工的KPI考核越好，给企业带来的成果就越多，收益就越大，员工收益就越高，就越有积极性去创造更多的成果，所有的员工都这样去想，企业不就成功了吗？

但是实际情况并非如此，因为这种唯成果主义的KPI考核很容易形成企业与员工的博弈，稻盛和夫在《阿米巴经营》一书中说："京瓷不实施成果主义，因为当业绩出现滑坡、薪酬被削减时，大多数员工就会心怀不满、怨恨和嫉妒，所以从长远来看，成果主义反而使人心涣散。"因此"唯成果主义"不能持久激发员工的积极性，除非能保证业绩不断增加，否则员工收入就会停止上升甚至下降，积极性反而会受到打击。实施"唯成果主义"不符合"因果法则"，还会带来很多副作用。比如员工经常抵制建立高目标，害怕鞭打快牛，做得越好，死得越快；企业内部门间相互指责和抱怨，只管自己的KPI指标，只扫自家门前雪；管理者只看结果，不看过程，做甩手掌柜，不下功夫培养下属；员工总是试图掩盖问题而不是想办法解决问题；员工对公司人事制度的反应往往较为负面和消极，认为人事部门就是考核你的、监督你的、控制你的，容易形成对立，从而导致较高的人员流失率等。所以总体来说，"唯成果主义"容易让人短视，造成员工与企业之间一种交易的关系，从企业长远的发展来看，"唯成果主义"虽然操作简单，但并不省心。

与"唯成果主义"相对应的是"实力主义"，成果是靠实力来保证的，作为管理者，既要关注员工的工作成果和组织的成果，更要下功夫去培养员工的实力，想要员工的实力提升，企业就要让员工参与经营实践，同时通过文化熏陶和体制设计来营造良好的工作环境，让员工意识到实力的提升不只是自己的事情，更不是用来赚钱的手段，而是一种使命和责任。我们重点从体制的角度来阐述企业如何建立讲究"实力主义"的机制。

"实力主义"的机制设计，其核心内容包括能力等级资格体系、任职资格体系、职位体系、薪酬体系和绩效体系等的设计。

以建立企业的员工能力等级资格体系为例，员工的能力等级既可以上升也可以下降，是动态的，是上升还是下降，靠的就是实力。能否创造业绩、有没有专利、写了几篇论文、带了几个徒弟、技能测评的结果等，这些都是能力等级资格上升的加分项，能力等级资格越高，工资就越高，整个公司的薪酬体系都和能力等级资格强挂钩。比如稻盛和夫创立的第一家公司京瓷，在其薪酬体系中，和职务等级关联的部分只占薪酬的15%，85%都是和能力等级资格挂钩，也就是说一个生产线的老师傅，如果他的能力等级资格足够高，他的收入可能比一个经理还高。除了工资，员工的福利、晋升等也会和能力等级资格挂钩，他的价值会通过能力等级资格得到充分的认可，这种机制设计也为“工匠”精神的培育提供了良好的环境。

这种以“实力主义”为导向的机制设计就是要让有能力的人愿意承担更大的责任，有更多自主决策的权利，并可以获取更多的收益；同时敢于承担更多责任的人，因为有了更多自主决策的空间，其锻炼的机会就会更多，就更能促进其能力的提升，真正实现“责”“权”“利”“能”的有效融合。在企业的实际经营中，员工的能力往往小于其应该承担的责任，以及和这个责任匹配的权利和利益，所以人才的培养是企业一项长期而艰巨的任务，员工的能力提升需要多年坚持不懈地努力和积累，来不得半点虚假，正如《道德经》所说：“合抱之木，生于毫末；九层之台，起于垒土；千里之行，始于足下。”

（4）集权和分权的二元性

企业经营的过程就是集权与分权不断平衡的过程，如何把握好这个平衡，既要讲究科学也要讲究艺术。

首先对于集权和分权，需要有正确的理解，分权只是手段，最终是为了更好地集权。一个企业过分的民主不是好事，最终一定只能有一个声音，也只能有一个人对企业经营负起最终责任。反过来正因为这个人要对企业经营负起最终责任，所以他必须对企业大大小小的事情都看得清清楚楚，这样才能有助于做出正确决策。但是随着企业规模的增大、业务的增多、组织的扩大，一个人往往很难把所有的事情都看清、看透、看系统，这时就需要进行有效地分权。

分权就是上级将本应持有的经营权（决策权、用人权和分配权）通过制度保障（比如美的的分权手册）委让给下级。要想分权成功，必须要具备以下条件：① 企业领导从一把手开始要有强烈的分权意识，领导的分权意识越强烈，分权成功的概率就越大。如果企业一把手总认为自己是最厉害的，大事小事都是自己说了算，这样的企业一般做不大，人才也培养不起来，做得越大企业就越乱，一把手就越力不从心。② 企业要有人可用，并有一定的人才储备，如果企业无人可用，一把手再有格局，权力也分不下去。所以人才问题是困惑企业家一生的问题，也是企业一项长期而艰巨的任务，功夫要下在平时，否则到了关键时刻，就会出现万事俱备，只欠“人才”的情况。③ 企业经营管理基础可以有效地支撑分权。分权本质上分的是一种责任，其次才是和这个责任相匹配的权利和利益，所以责、权、利如何得以保障并统一，就需要有相应的管理机制来明确。同时分权不是权力给了谁谁就可以随心所欲，是要在公司统一的管理流程框架下运作，这样的管理基础越好，分权的实施就越顺利，风险也越小。④ 要有有效的检查和监督机制。分权就像放风筝，风筝的线要始终牵在手上，没有这根线，风筝就要失控，分权就得不到理想的效果。

分权有两大类，一是流程分权，一是量化分权，关于流程分权和量化分权的区别，上文已有详细说明，这里主要针对流程分权和量化分权的具体内容进行展开说明。

企业在创业初期，管理基础相对薄弱，很多方面都是空白，那时企业内部几乎没有什么流程，都是靠感情、自觉性、主动性做事，所以基本不存在流程分权，那时的分权只有量化分权。当企业具备一定规模以后，部门越来越多，专业化分工越来越细，业务链条也越来越长，越来越复杂，这时企业就需要流程来规范业务运作，并完善相应的流程标准和制度体系。据不完全统计分析，一个企业的问题只有15%是因为普通员工工作过程的失误而产生的，85%的问题都源于管理者和管理制度、标准、流程的不完善。所以企业到了一定的规模以后，流程分权和量化分权将会并存，流程分权更多是管理和控制，量化分权更多是培养经营人才，前者倾向于风险控制，后者倾向于效益提升。

管理学家德鲁克曾经说过：“太多的管理专家将效率视为企业的生命线，陷入了唯理主义的泥潭，而迷信自上而下的集权和控制。但是，人的多样化和对自由的追求是天生的，企业和组织的目的，就是提供一个制度框架，让每一个平凡的员工都能够做出不平凡的事情。”

怎么判断一个企业到底是偏向集权还是分权呢？所谓集权就是权力过分集中在一个人身上或极少数的一群人身上，一个企业是偏向集权还是分权，一般根据企业最高经营者及其领导的经营委员会以外的中低层管理者自主决策的频率、决策的范围、决策的程度、决策文化四个维度来综合分析。企业中低层管理者自主决策的频率越高，说明分权程度就越高，反之，高层管理者决策频率越高，就说明集权程度越高；企业中低层管理者自主决策的范围越广，涉及业务层面越多，说明分权程度越高，反之，高层管理者决策的范围越广，涉及业务层面越多，说明集权程度越高；企业中低层管理者自主决策的影响越大越长远，说明分权程度越高，反之，说明集权程度越高；企业中低层管理者越敢于并乐于自主决策，说明分权程度越高，反之，说明集权程度越高。

分权方式主要有三种，分别是投资收益型、战略控制型和运营指导型。其中投资收益型分权力度最大，运营指导型分权力度最小，下面结合三个案例具体阐述这三种分权方式的具体操作及其含义。

举例一（投资收益型）：一家做通信设备的专业化公司，在这个领域做了近二十年，随着行业的成熟度提高，行业同质化竞争日益加剧，为了企业的可持续发展，公司在业务布局上进行了重新思考，采取了多元化的市场策略，开辟了一个新的事业领域——幼儿教育。公司认为这是一个朝阳产业，但是苦于在这个领域中并不专业，于是通过上市公司平台的资源优势，收购了国内一家幼儿教育机构。这个机构在这个领域内做了十五年，非常专业，也初具规模，管理体系相对健全，团队核心成员也非常优秀，如果可以借上市公司平台的资本力量，很有可能快速发展起来成为行业的领头者。公司决定持有整合后的新的幼儿教育公司60%的股份，40%的股份给到核心经营团队。

公司因为对幼儿教育不专业，同时也认可团队的能力，就决定放手让团队去做，只是定期从财务的角度对经营情况进行了解和分析。公司只做财务把控，要保证股东的财务投资收益，其他权力比如战略规划、日常运营、人事安排、分配机制等都是由经营团队来自主决策。这种分权方式相对力度较大，从定性的角度看，属于投资收益型，从定量的角度看，核心经营团队有战略性费用的投入决策权和独立对外投融资的权利。

举例二（战略控制型）：某酒店集团，因为传统的酒店业务受到精品酒店的挤压以及互联网新营销模式的冲击，经营状况不佳，决定围绕原来的酒店核心业务进行新的业务布局，从重资产运营模式向轻资产服务模式转型，具体业务设想包括团膳业务、物业管理业务、酒店托管业务。这三大新业务和原来的酒店业务都有一定的关联性，目前都处在成长期，对发展速度要求高，因此如何在集团的层面有效整合并运作资源就非常重要。集团领导班子对这几块业务的具体运营不是非常熟悉，但是对业务总体发展思路和将来的延伸发展还是非常清晰的，所以在业务发展战略上，一开始集团领导直接带领下面的业务单位进行具体战略的设计，通过几年的运作，使企业发展状况有了全面的改善，市场开发、运营模式、管理体系、人才队伍等都有了比较好的积累，之后集团就在具体的战略设计上逐步放权，具体的战略设计由下面的三大业务单位自己做，集团只在战略规划的总体思路和方针上给出一定的要求和建议。

这一分权方式，相对于前面的例子来说，权力集中了一些，集团对下面的业务单位不但有财务控制，而且直接参与甚至是主导企业的战略规划和设计，这种分权方式从定性的角度看，属于战略控制型，从定量的角度看，业务单位不具有战略性费用的决策权，但具有运营过程中所有变动费和固定费的使用决策权。

举例三（运营指导型）：某区域性的知名快餐连锁公司，其产品主要以原生态的食材为原材料，深受消费者欢迎，市场发展前景很好，短短五年时间已经在国内发展了近 500 家直营门店。公司的战略定位和战略发展路径非常清晰，公司也无意做其他关联产业延伸，就是围绕快餐连锁业务，精耕细作，做成了国内快餐领域的领军者。公司总部有专门的食材开发团队、产品研发团队、中央厨房、供应链建设团队、渠道建设团队、品牌策划团队、信息化建设团队、人资财务管理团队等，也就是说整个公司的运营在总部已经全部解决，各个门店都要按照公司统一的运营模式执行，并接受总部的定期培训、指导和检查，各个门店重点做好现场管理和门店自身的日常性运营。

这种类型的分权方式相对前面的第一和第二个例子而言，权力又更加集中，除了要控制股东的投资收益、公司的战略把控之外，还要制定具体的运营模式并参与下面业务单位的运营指导和检查监督，这种分权方式从定性的角度看，属于运营指导型，从定量的角度看，各个门店经营单位的人数是有规定的，工资标准也是公司事先定好的，日常运营费用也是公司统一预算和支配，所以门店几乎不涉及费用的自主支配权力，而是对现场运营管理负责，公司会制定一些 KPI 指标来考评各个门店，几乎不涉及量化分权。

集权和分权是相对的，不是绝对的，在授权风险可控的前提下，企业为了更好地培养人才，应该是越来越趋向于分权，但是不能一刀切，要根据发展的实际情况动态地决定到底是倾向于集权还是倾向于分权。其中一个最重要的依据就是要以市场和客户为导向，哪种权力方式更有利于快速响应市场和满足客户需求，企业就要往哪种权力方式去努力。一般来说，可以综合企业发展阶段要素和业务发展程度要素进行分析，发展阶段包括初创期、成长期、成熟期，业务发展程度要素包括业务成熟度、业务关联度、业务复杂度、业务重要性。

综合以上要素，当企业存在以下几种情况时，可以倾向于采取集权的方式：创业初期经营变数大或风险大，需要大量战略性费用投入的新事业孵化，企业战略调整期涉及业务重新布局，企业管理基础薄弱且运作机制不健全，人才不足以堪当重任，业务单一且领导人精通业务而员工重在执行等。当企业存在以下几种情况时，可以倾向于采取分权的方式：企业规模扩大导致集权经营效率下降，业务多元化使企业需要更懂行的人来经营，业务模式多样化使企业更需要大众创意，企业需要加快经营人才的培养速度，企业经营管理基础好且体制健全，企业处于客户需求多样化且更趋向速度竞争的市场环境等。

3. 匹配性原则

不同企业体制各不相同，企业的体制设计不是一蹴而就的，也不是一成不变的，那么，体制的设计应该根据什么及时进行调整、优化甚至是变革呢？任何时候，体制设计都要结合公司的理念和策略来进行，而不能脱离理念和策略。为了做而做，就会形成两张皮的现象。

（1）体制和理念的匹配

经营体制和经营理念是企业经营的两个重要内容，如果把企业比喻成一座大厦，经营体制和经营理念就相当于是这座大厦的两大支柱，经营体制偏向硬性的方面，经营理念偏向软性的方面，这两个方面共同组成了企业的经营环境。我们经常说一个企业的环境好与不好，不是指企业绿化的自然环境，而是指这个企业的文化氛围好不好，体制是否公平、科学、合理，如果一个企业的文化氛围很好，体制又科学合理，就可以起到有效的激励和导向作用，那么我们就可以说这个企业的环境比较好，反之就比较差。

经营体制和经营理念是相互融合的，不能相互割离，否则就会存在两张皮的现象。如图6-8所示，只有经营理念和经营体制充分融合，才能为企业经营保驾护航。

企业的一切经营活动都要从企业经营理念出发，经营理念能否真正落地，最终就要看企业员工是否都能主动去实践这种理念，即理念最终要体现在员工的行为中，否则就是海市蜃楼，看起来高大上，但是不接地气。但企业经营理念往往比较务虚，要想让员工都能主动实践，就要让员工提高思想觉悟，但是思想觉悟的高低因人而异，这样理念能否落地就存在很大的变数，所以除了重

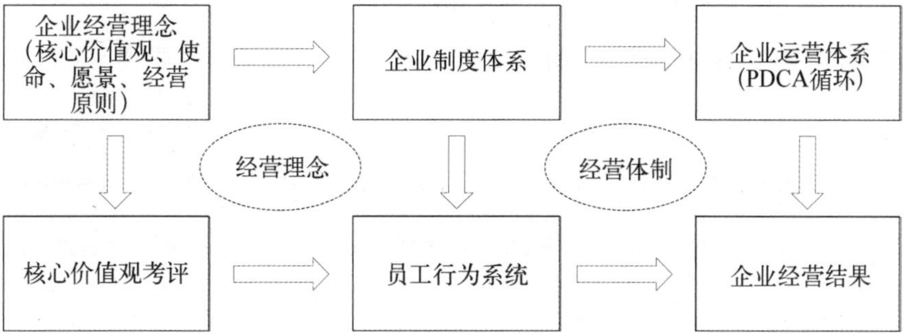

图6-8 经营理念与经营体制的融合

视员工的思想觉悟的提升外，还要建立企业的制度体系。思想觉悟是软轨道，制度体系是硬轨道，双轨齐下，就可以把员工的行为引导到企业理念所希望的方向，同时结合企业的核心价值观考评，加强对员工行为的管理，就能保证员工行为系统的有效性，这样企业良好的经营结果就有了基础保障。理念除了通过制度系统来引导和保证之外，还通过制度系统和企业的运营系统关联起来，从而实现员工行为系统和组织运营系统的双系统运作，最终实现企业可持续地创造良好的经营结果。

企业的运营体系首先必须要有制度体系保障，否则也会乱套，比如企业的经营会计制度、独立核算制度、内部交易制度、考核评价制度、评价活用制度、监察审计制度、年度经营计划策定制度、战略策定制度等，这些都是企业运营体系有效运行的基础保障。在这些基础的制度体系保障下，企业围绕战略工作、战术工作和战斗工作三条主线展开 PDCA 循环。战略工作主要是围绕企业的战略进行 PDCA 循环，包括战略分析、战略选择、战略目标与里程碑、战略的策略分解，这个循环周期一般为三至五年，称为一个战略循环；战斗工作主要围绕企业年度经营计划的制定和实施进行，包括年度计划目标确定、资源调配、激励政策制定、工作协调控制，这个循环周期是一年，称为战术循环；战斗工作主要是围绕企业每月、每周甚至每天的战斗进行的总结、分析、改善的循环，这个循环周期一般在一个月以内，甚至是每一天，称为战斗循环。

理念再好，没有匹配的体制也无法落地；同样，有完善的体制，但没有相应的理念，为了做而做，体制迟早会坍塌。正好验证了一句话：天才制定的制度，傻子都会执行，傻子制定的制度，天才都执行不了。理念和体制相互融合，理念保证体制的生命力，体制保证理念的执行力，相辅相成，彼此促进，呈螺旋式上升。

（2）体制与策略的匹配

企业如何发展，如何参与竞争，都必须要有清晰的策略，否则就是打乱仗。策略不同，企业对体制的要求就不同。

有这么一家区域性的传统百货商超，近五年销售额、利润率都逐年下滑。一个企业一旦失去增长，马上就会危机四起，原来不是问题的问题也慢慢变得比较突出，所以这个企业在制定策略的时候，一个最现实的目标就是要维持增长，哪怕是一点点增长。那么市场增量从哪里来呢？如果还是局限于以前传统的产品和传统的销售模式，就很难转变现状。这家企业采取了一个提高销售增量的策略，就是设计了一款会员卡的爆款产品，那么如何才能把这个产品大量销售出去呢？

这时企业在体制上就要作出和这个策略相应的设计或调整，比如从组织层面上，要新成立一个大客户部，专门加大面向大客户机构而非个人的销售拓展力度，因为只要谈下一个大客户就可以形成批量销售，而且不出意外，每年的销量相对稳定。在具体的激励政策上，为了让大客户部奋力开拓新市场，就要有别于面向个体客户业务人员的激励政策。针对面向个体客户的业务人员，其销售激励政策是卖多少就按照一个固定比例提成多少，但是对于大客户部来说，随着大客户拓展越来越多，业务存量就越来越多，有些大客户只要平时做些维护就会保持每年有稳定的销量，如果简单地采取按照固定比例提成的机制，员工就会出现小富即安的心理，慢慢就丧失了斗志。因为越往后市场拓展越艰难，一个人一旦失去斗志，遇到困难就会找各种理由退却，而企业经营如逆水行舟，不进则退。所以针对大客户部的激励政策，就要有别于针对个体客户业务人员的激励政策，比如进行阶梯提成比例设计，设立保底目标和挑战目标，保底目标的提成比例较低，而挑战目标提成比例较高。或者对于老客户的销售，提成比例逐年递减，而新拓展的客户的销售提成比例翻倍。总之，企业的激励政策一定要和企业的策略相匹配。

除了激励政策需要和策略匹配外，人事安排也要和策略匹配。个体客户和大客户的客户需求不完全一样，销售策略也不一样，对业务人员的素质和特质要求也是不同的。擅长面向个体客户销售的业务人员，可能就不是非常擅长面向大客户的销售，针对大客户的销售，专门成立了大客户部，就要找最适合做大客户销售的业务人员，要把合适的人放在合适的岗位上，实现价值最大化。所以不管是组织设计、制度设计还是人事安排，都属于企业体制设计的范畴，企业在做体制设计时，在组织、制度、人事各个方面的设计安排都要能和企业的策略匹配，充分利用机制导向支撑策略的有效实施。

体制与策略到底如何匹配呢？企业不同，策略可能就不同；同一个企业，在不同的发展阶段，策略也不同；同一企业在特定的发展阶段下，不同事业的策略也不同。策略不同，需要配套的体制就不同，所以很难笼统地说清楚体制和策略到底如何匹配。企业的体制根据层级不同，一般可以分为三类：整体体制、事业体制、业务体制。整体体制是站在企业整体的角度来设计企业整体层面的组织、制度和人事的体系；事业体制是针对事业单元（SBU）来设计其组织、制度和人事体系；业务体制是针对具体的市场、营销、供应链等业务而设计的组织、制度和人事体系。策略总体也分为两类：整体策略（发展策略）和局部策略（竞争策略）。整体策略更多考虑的是企业整体层面的长远发展，局部策略更多考虑的是企业各事业单元及以下单位如何实现当下的收益最大化。企业在做整体体制设计时要更多地考虑如何基于企业的长远发展来进行体制的设计，以和整体策略相匹配，这部分的工作往往是由企业总部完成。企业在做事业体制和业务体制设计时，要针对每一个事业和具体业务的策略，有差异化地进行系统的组织、制度和人事的配套运作，以和局部策略相匹配。

第七章

一颗初心加一套系统

古印度历史上有位著名的君王叫弥兰陀王，他年轻、博学、善辩、聪明、仁慈，通晓世间学问，同时，他还以无可匹敌的英勇和谋略著称于世。由于博学，他乐于与天下名士论议，其中就包括佛教史上著名的圣僧那先比丘，弥兰陀王非常尊敬有过禅悟的那先比丘，那先比丘从禅修中证悟智慧，出言吐语，充满了慧思灵巧。

有一天，弥兰陀王向那先比丘道：“眼睛是你吗？”

那先比丘笑笑，回答道：“不是！”

弥兰陀王再问：“耳朵是你吗？”

那先比丘再回答道：“不是！”

“鼻子是你吗？”

“不是！”

“舌头是你吗？”

“不是！”

“那么，真正的你就只有身体。”

“不，色身只是假设的存在。”

“那么‘意’，是真正的你？”

"也不是！"

弥兰陀王经过这些问答，最后问道："既然眼、耳、鼻、舌、身、意都不是你，那么你在哪里？"

那先比丘微微一笑，反问道："窗子是房子吗？"

弥兰陀王一愣，勉强回答："不是！"

"门是房子吗？"

"不是！"

"砖、瓦是房子吗？"

"不是！"

"那么，床椅、梁柱才是房子吗？"

"也不是！"

那先比丘悠然一笑道："既然窗、门、砖、瓦、床椅、梁柱都不是房子，也不能代表这个房子，那么，房子在哪里？"

弥兰陀王恍然大悟！

通过这个故事的启发，我们是否也可以明白"向心力"系统经营实学到底是什么呢？是哲学？是策略？是组织、核算、体制？都不是。如果把经营哲学、经营策略、经营组织、核算系统和经营体制看作五颗珍珠的话，"向心力"系统经营实学就是串起珍珠的隐性的线。每个企业都有自己的哲学文化，每个企业都回避不了经营策略，每个企业都有自己的组织，每个企业都有很多种算账的方法，每个企业都有自己的体制设计，既然每个企业都有这五部分，那为什么企业经营的结果却相差那么大，有的成就百年基业，有的却昙花一现，核心原因是什么？最重要的就是这五部分的内容在企业内是相互割裂的还是融为

一体的，“向心力”系统经营实学以经营人心为出发点，将五个部分的内容融为一体，构建企业完整的经营管理体系，打造企业真正的系统竞争力，实现企业的可持续发展。

一、年度经营计划贯穿始终

“向心力”系统经营实学是通过年度经营计划和企业的运营衔接在一起的。前面讲过，企业围绕研究工作、部署工作和总结工作三条主线展开 PDCA 循环，分别为战略循环，战术循环和战斗循环。其中部署工作主线就是以年度经营计划为核心，把战略和具体战斗有效连接起来。

很多企业每年年底前都要做第二年的年度经营计划，但是制定的年度经营计划对一年的工作真正起到有效指导作用的并不多，是什么原因呢？一方面很多企业在制定年度经营计划时往往就目标谈目标，目标制定者和目标执行者之间进行博弈，最后就是讨价还价，各退一步成交。另外一方面就是年度经营计划在策略研究上讨论不足，而且是从职能部门的维度进行策略讨论，而不是站在事业单元（SBU）的角度来研究策略，这往往导致各个职能部门的策略之间缺乏主线条，不能有效衔接，甚至是彼此矛盾或冲突。

1. 年度经营计划的本质

年度经营计划的本质在于，经营者通过年度经营计划策定的互动过程来贯彻企业的经营理念，从而达成各级经营者对经营环境和企业经营现状问题的统一认知，基于这样的认知，统一公司年度经营的目标与行动方针，达成上下同欲，进而全员参与经营的目的。所以年度经营计划的制定过程就是统一思想，体现强有力的经营意志的过程，同时也是甄别、选拔、培养经营人才的过程。

2. 年度经营计划的逻辑

年度经营计划首先站在公司总体角度，以公司总的经营目标为导向，结合公司的现状，找到目标和现状的差距，然后针对差距，分别从市场、体制、经营元素和企业文化上逐层展开策略研究。其中市场策略是龙头，市场策略需要体制策略来支撑，体制策略需要经营元素策略来支撑，最终市场策略、体制策略、经营元素策略都需要文化策略来保驾护航。

年度经营计划中关于策略的研究要从大到小，由粗到细，自上而下展开，首先从公司总体经营策略开始，公司层面的总体策略制定好以后，在总的方针策略的指导下，接下来就要针对各个事业单元（SBU）分别进行策略的研究。事业单元（SBU）的策略研究一般按照这样的逻辑展开：首先是目标，各事业单元的目标来自对公司总体目标的分解，而公司总体经营目标又来自对公司三至五年战略目标的分解。明确了各事业单元的目标之后，接下来就要从市场、体制、要素各个维度分析各事业单元当下的经营现状以及存在的问题，通过经营目标和当下经营现状的对比，就可以识别现状和目标之间的差距。

如何弥补这个差距，最核心的就是业务增量，企业经营如逆水行舟，不进则退，所以要尽力保证业务增量，哪怕是一点点。业务增量到底从哪里来呢？一方面要基于现有市场进行深耕，不断优化产品和服务，做到在现有业务的基础上稳中有升；另一方面要从新的目标客户定位开始，进行客户细分，开辟新战场，这就需要企业进行一些新的产品、服务甚至是新的商业模式的开发。不同的目标客户，需求特性是不同的，所以年度经营计划的制定首先要在目标客户的选择上形成清晰的定位。锁定了目标客户，接下来就要研究通过什么样的渠道通路来贴近目标客户，获取客户信息。是通过熟人介绍？还是通过论坛？还是其他的途径？如果没有有效的渠道通路来贴近客户并取得必要的客户信息，比如客户的规模、发展情况、产品特点、目前的供应商合作状态、新产品研发动向等，就谈不上后续如何为客户提供服务，所以贴近客户并充分获取客户的信息是为接下来如何服务客户做准备的。贴近客户之后就要和客户建立良好的关系，建立客户对业务人员个人品牌、公司品牌的认知，并通过有效的媒介比如公司网站、论坛、私人社交、商务拜访等保持和客户的有效互动，增强客户黏性。

接下来的环节就是研究如何服务客户了，从纯商业的角度来说，服务客户的目的最终就是为了获取订单，但是要想获取订单，就要能为客户创造独特的价值。这种独特的价值越接近客户的需求，越能体现企业自身的优势，就越有竞争力，所以要服务好客户，企业在策略上必须要精准定位独特的价值特性。企业独特的价值特性就是射中顾客芳心的丘比特神箭，就是企业的绝活。这个绝活最终要体现在交付给客户的产品或服务上，而且要可持续地体现在产品或服务上，要做到这一点，企业的经营管理体系建设就至关重要，先进而成熟的经营管理体系不是一蹴而就的，必须要持续地投入，来进行经营管理体系的优化、调整，甚至是变革。在这个过程中，企业要优先围绕对客户独特价值有重大影响的关键业务来展开，这就需要制定关键业务策略，比如产品研发策略、供应链管理策略、投融资策略、人力资源的管理策略等。基于关键业务的实施，企业需要核心能力的支撑，到底是哪些核心能力？如何培养这些核心能力？如何通过资源整合快速构建核心能力？这些就是年度经营计划关于打造核心能力的策略所需要研究的内容。最后还要明确需要公司支持的核心资源到底有哪些呢。整个事业单元的年度经营计划的核心内容就是围绕以上的逻辑框架层层深入展开，如图7－1所示。

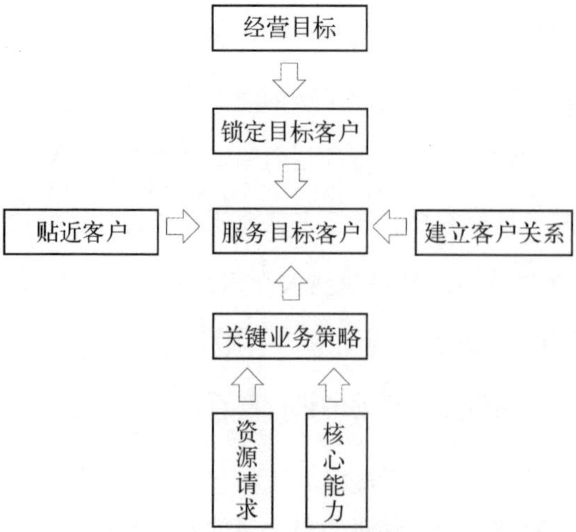

图7－1　年度经营计划逻辑框架

不妨拿男女恋爱来做个通俗的比喻，如果把找女朋友当作是经营目标，那么首先就要定位目标客户，到底什么样的女孩子是自己喜欢的呢？为此你需要制定一些标准。标准明确了，但是你怎么找到她呢？是通过熟人介绍、征婚网站、还是社会活动？总之，这些就是渠道通路，没有有效的渠道通路，哪怕你择偶的标准再明确，你也接触不到她，所以现在有很多单身青年不是自己没有择偶标准，而是渠道通路太窄，通俗地说就是圈子太小，无法接触到符合自己要求的另一半。解决了渠道通路的问题，你就可以接触一些女孩子，在这个过程中锁定自己心仪的，然后就要考虑怎么维护好和对方的关系，要有合适的途径保持和对方的互动，不断地让对方增加对自己的了解和信任，再接下来就要思考怎么打动对方的芳心了。你有什么独特的地方可以打动人家呢？通过充分的了解分析，假设你把打动对方的独特性定位为你有上进心、可以给对方带来品质生活和安全感，那么在接下来的关键业务上，你就要针对上进心、经济实力和安全感采取有效的举措。如果你又不下功夫学习，又不懂得存钱，遇事只想着自己，那么你定位的独特价值就是吹牛，心仪的女孩子迟早也会离开你。相反如果你不断加强学习，不断提升自己的专业能力，不断提升收入，遇事多为对方着想，你的独特定位对方就可以真切地感知到，她才会托付终身于你。要做到这些，你就要培养一些核心能力，比如学习能力、自我管理能力、理财能力，当然也需要获取一些资源支持，比如经济上的支持，比如前人的经验等。

年度经营计划的具体策略清晰了，但是策略如何落实为企业各部门以及员工每个月甚至每一天的具体行动呢？还有一个重要的环节就是策略的任务分解，任务分解有两个维度，一个是部门维度，一个是时间维度。每一条策略都会衍生出

若干个任务，每一个任务都会关联到具体部门和时间，即由哪个部门负责执行，什么时间完成，按照这两个维度形成任务分解清单，在后续的日常工作过程中，要对这个任务分解清单按照项目化管理，不断进行 PDCA 循环，最终形成闭环。年度经营计划不是一成不变的，如果计划有调整，策略和任务要同步更新。

3. 制定年度经营计划的注意要点

（1）系统

在制定年度计划目标、锁定目标客户、定位独特价值的过程中，企业必须要进行系统的分析，大到宏观环境、产业环境，小到竞争环境和企业内部的经营环境，只有进行充分的分析论证，才能最大限度地避免走弯路，甚至是错路，同时在目标的达成上要更科学，所以从分析的角度来看，必须要系统。另外策略的梳理维度也要系统，不能只看某一个方面，要从市场、体制、要素和文化多维度多层次系统展开。

（2）精准

年度经营计划中的策略是没有定式的，法无定法，但是策略的描述要尽量精准，所有的策略指向都要紧扣目标，比如企业在锁定目标客户的时候比较精准，有明确的客户界定，但是在谈到如何获取客户信息以及如何贴近客户的时候，往往把前面锁定的特定客户放在一边，只是在如何获取客户信息以及贴近客户的方法论上泛泛而谈，并没有精准地和前面的内容关联起来。在后续如何服务客户上，也要有独特性，这个独特性也是相对前面锁定的目标客户而言的，离开了目标客户的诉求，再独特的价值都是浪费，因为这不是你的目标客户想要的。所以在年度经营计划的策略梳理中，要前后呼应，如果一句话放到哪里说都没错，放到什么时候说也都没错，那这句话就是大话、套话、废话。

（3）指向

策略、任务的描述要能够明确地指向年度经营目标和方针，正向和反向推演，都能找到其中的逻辑关联，这样的经营计划才是有机的和完整的。

4. 年度经营计划承上启下

任何企业，其经营管理的工作主线都可以分为三条：战略工作主线、战术工作主线、战斗工作主线，如图 7－2 所示。

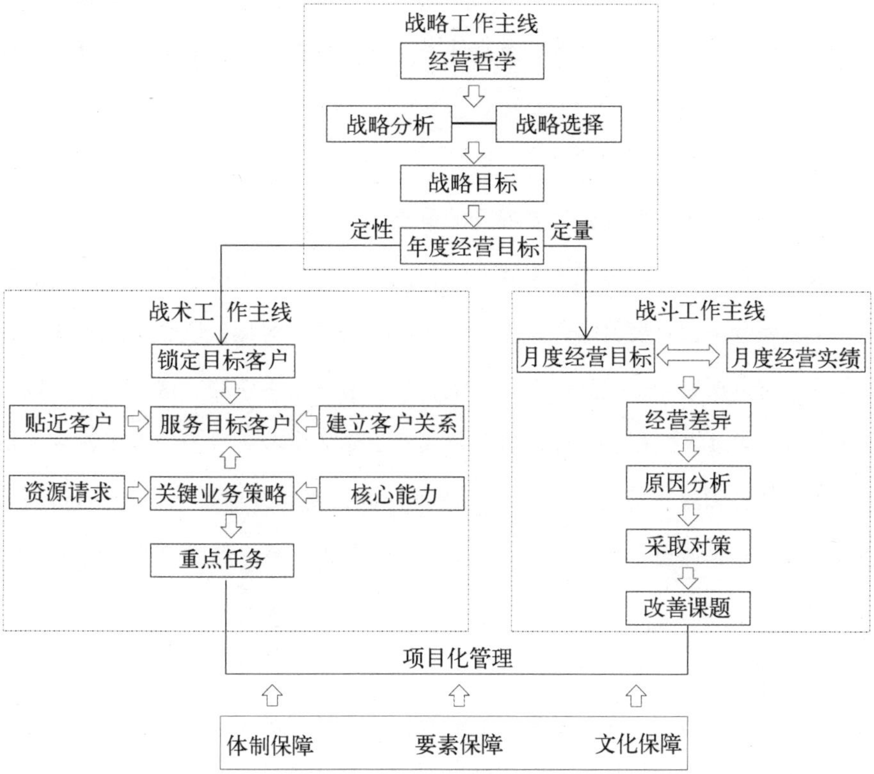

图 7－2　企业三条工作主线框架

（1）战略工作主线

战略工作主线的重点是战略设计，战略设计以公司经营哲学为起点，通过战略分析，进行战略选择，最后确定战略目标。条条大路通罗马，战略就是选择，到底选择走什么样的路，因为企业哲学思想不同，路径选择就不同。战略目标要想落地，就要分解到年度目标，只有确保每一年的年度经营目标实现，战略目标才能实现。

（2）战术工作主线

年度经营目标具体如何实现呢？围绕如何实现年度经营目标而展开的内容就是年度经营计划的核心了，围绕年度经营计划展开的工作就是部署工作的主线，年度经营计划部署工作主线的内容主要是围绕策略展开，属于定性的工作内容居多，最后输出的是具体的重点任务。关于年度经营计划上文已有详细描述，这里不再赘述。

（3）战斗工作主线

围绕如何实现年度经营计划展开的重点任务是定性的工作，另外还有一个维度是定量的工作，定量工作主要围绕独立核算展开。年度经营计划目标要想落地，就要分解到月度目标，月度实绩和月度目标一对比，就会形成差距，针对差距，再分析原因，找到改善的对策，最后形成改善课题。这个过程是以数据为基础的 PDCA 的循环过程，这就是战斗工作的主线。对于战术工作主线形成的重点任务和战斗工作主线形成的改善课题，要通过项目化管理进行运作，和具体部门、具体员工的每天的战斗紧密联系起来，最终形成闭环。

要有效运作以上三条工作主线，企业必须要有体制保障、要素保障，最后实现文化保障。从战略到战术到战斗的转化过程中，企业通过战斗层面的总结分析，反过来又可以引发对战术和战略层面的思考，不断反思年度经营计划目标和战略目标实现到何种程度，并针对出现的偏差进行异常管理。正是在这样的过程中，公司的经营哲学，通过战略、策略和核算经营最后才能体现在经营会计报表的数据上，加上公司体制、要素和文化的支撑，最大化地把公司哲学转化为生产力，这样经营哲学才算真正落地，不能转化为生产力的哲学都是空中楼阁。同时经营会计报表的数据要能体现公司经营哲学的思想，这样的数据才有灵魂。就数据谈数据，有时会让人短视，甚至不择手段。三鹿集团、长生生物，都是典型的例子，它们一味追求经营数据本身，偏离了企业经营的原点，最后大浪淘沙，退出历史舞台是必然结果，所以企业做大、做强，更要做久，做久才是王道!

综上所述，“向心力”系统经营实学通过年度经营计划，把企业经营哲学、经营策略、核算经营、体制变革紧密联系在一起，为企业构建一套完整的经营管理体系，通过这样的经营管理体系，不断帮助企业练就内功，夯实组织能力，培养企业想要的经营人才，实现企业的长治久安，成就百年基业。

二、 回归原点的思维

1. 何为原点思维?

国家的发展离不开实业，而实业发展需要企业家，更需要企业家精神，企业家精神是企业最宝贵的资源，也是社会的宝贵资源。企业家精神至少要体现出以下三种思维：原点思维、策略思维、系统思维，如图 7－3 所示。

原点思维是企业家精神的根本基础，也是企业家勿忘初心的根本保证。所

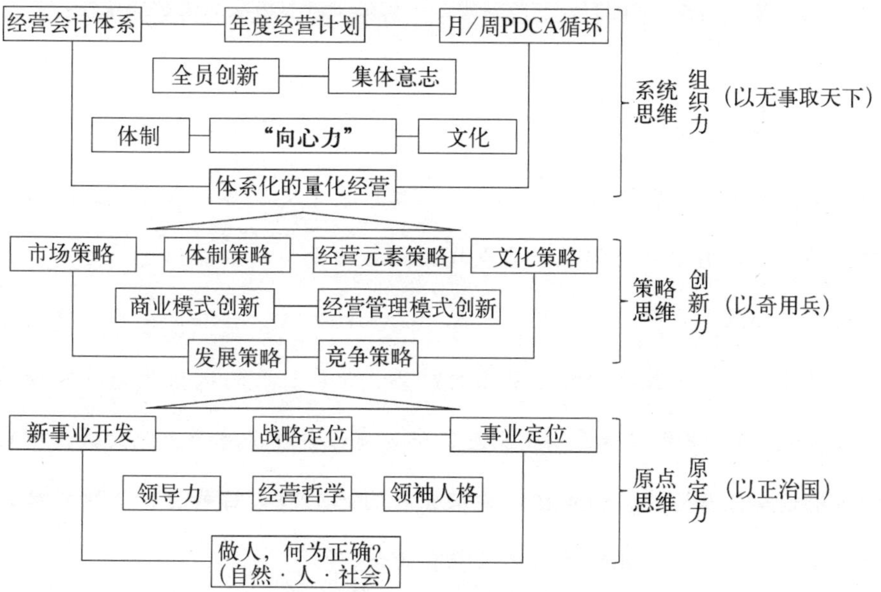

图 7－3　企业家精神体现的三种思维

谓原点思维，就是透过现象看本质，遵循事物的规律，给自己一个在任何诱惑面前都不为所动的理由并具备在任何困难面前都不退缩的毅力。原点思维本质上就是对"做人，何为正确?"的思考，用这句话不断拷问自己，不管是做人、做事、做企业，都不能破坏自然、人、社会的和谐。一切大智慧都是源于最朴素、最简单的道理，都要符合人之常情、事之常理。违背了自然、人、社会的和谐统一，企业一定不会长久，比如现在政府高度重视生态环境保护，企业应当积极践行"绿水青山就是金山银山"的发展理念，如果还是抱有侥幸心理，不下硬功夫去整改，偷排偷放，企业就要关门，因为破坏了自然的和谐。

企业家的原点思维给企业注入了正确的价值观，有了明确且正确的价值观，人就会有更坚定的信念，有了更坚定的信念，企业家就多了几分战略定力，企业在进行战略选择时就会更加主动、自然。真正的战略都是由心而发的，能够做到这样，哪怕企业在伸手不见五指的黑暗中，也会有一盏明灯照亮前行的路。也正因为有了坚定的信念，企业在坚守本业的时候就会更加笃定，能够冷静地把握外部环境变化，"以不变应万变"，同时在面临新事业发展的困难时也会显得更加从容。

华为的战略聚焦是华为取得今天成就的关键，而其战略源头有一点始终不变，就是聚焦客户价值，始终围绕客户来制定战略，真正做到随客户需求而动，依据客户的需求和痛点找到产品方向，找到组织变革方向，找到企业内部改革方向。要做到这一点，企业就要懂得舍弃，在物欲横流的当今社会，企业家最难管的是自己的欲望，管住自己的欲望就是"坚持不干什么"。当年深圳房地产刚刚兴起，华为有机会在房地产上赚大钱，但华为没有选择做房地产，而是把心思聚焦在自己的战略目标上，这种战略定力和华为创始人任正非的原点思维密不可分。

那些成功的企业家，或许他们的成长经历不同，对人生的体悟不同，体现出来的领袖人格和领导力也不尽相同，但没有一个不是坚守原点的。坚守原点的过程很艰难，因为在坚守原点的过程中企业家往往不被别人理解，而且还要理解别人对他的不理解。从某种意义上来说，企业家是企业中最孤独的人，企业家的胸怀都是被委屈撑大的，而且在意识形态的高度上，他是独行在最前面的人，真可谓“昨夜西风凋碧树，独上高楼，望尽天涯路”。就像罗斯福所说：“你一心想领导人们前进，回头一看，跟着的却一个也没有。真可怕啊!”但是企业家又是企业里最幸福的人，企业家真正的幸福感不是来自金钱，也不是来自地位，而是因为自身基于原点思维而产生的无比坚定的信念最终得到了越来越多的人的认同和追随，很多有相同信念和理念的人都聚集到他的身边，并能坚定地去实践和传承给更多的人，这时，“待到山花烂漫时，她在丛中笑”便最能体现一个成功企业家的心境了。

《道德经》说：“以正治国，以奇用兵，以无事取天下。”原点思维让企业家有了原定力，让企业可以“以正治国”。原点思维之上是策略思维，策略思维让企业家有了创新力，讲究“以奇用兵”。再好的战略定位、再好的事业选择最终都要经历市场的考验。在公平的市场环境下，企业如何生存、竞争和发展？企业家必须要有策略思维，要以开放的心态接受环境变化和竞争，并能与时俱进，及时进行策略上的调整，还要能从市场策略、体制策略、经营元素策略和文化策略上统筹考虑。

原点思维是原定力，策略思维是创新力，系统思维就是组织力。企业家的系统思维就是以年度经营计划为主线，以经营人才的培养为目标，以经营会计为工具的量化经营为手段，以体制建设和文化塑造为土壤，构建螺旋上升的PDCA 循环系统，把“道”“法”“术”充分融合，不断培养提升员工的经营能力和意识，激发全员的创新热情和集体意志，最终通过员工进化带动组织进化，构建赋能型组织，去中心化、管理简化，真正实现“以无事取天下”。

综上所述，“向心力”系统经营实学就是要企业全体员工提升心性，形成向心力（向心力=原定力×创新力×组织力），核心就是“一颗初心加一套系统”。企业经营都是源自创始人的初心，如何把这颗初心变成大家都愿意追随和实践的初心，就要从企业的经营哲学、经营策略、组织创新、核算系统和体制变革系统展开，形成一套系统，这套系统也是全员坚守初心，不断修炼的道场，最后实现企业保持或回到经营的原点状态。所谓原点状态就是员工具备高度的主人翁意识，都把企业当作自己的公司，拼命工作，在这个过程中员工都能形成利他的思维方式，具有饱满的创业和创新的热情并且练就良好的经营能力。

2. 如何理解“做人，何为正确？”

《丙吉问牛》是我们熟知的故事。暮春的一天，丙吉外出，遇到行人斗殴，横尸路边。然而，丙吉却不闻不问，驱车而过；随从感到很奇怪，暗自纳闷。过一会儿，当看到老农赶的牛步履蹒跚、气喘吁吁时，丙吉却马上让车夫停车询问缘由。下属不解，问丙吉何以如此重畜轻人。丙吉回答说：“行人斗殴，有地方官处理即可，我只要适时考察其政绩，有功则赏、有罪则罚，这样就可以了。丞相是国家的高级官员，所关心的应当是国家大事。而问牛的事则不同，当下是春耕季节，天气还不应该太热，如果那头牛是因为天太热而喘息，那么现在的气节就不太正常了，农民春耕会受到影响，势必会影响秋季的收成，收成不好，百姓就要面临饥荒，闹饥荒社会就会动乱，这是国计民生的大事，所以，我过问了牛的事儿。”

丙吉问牛而不问人，说明他抓住了问题的要害。

通过《丙吉问牛》的故事，我们可以更好地解读稻盛和夫提出的“做人，

何为正确?”这一命题。要想做人正确，初心很重要，善良的心，利他的心、诚实的心都是好的初心，是符合道的，不管人生到了哪个阶段，都不要忘却初心。我们经常感叹，做人真的很难，因为人都是活在当下的，当下不同，人的角色就不同，当下在不断切换，角色也在不断切换。而不管时空变换，角色切换，人都要能始终如一地坚守初心，采取和自己当下角色相符合的决策和行动，做到这一点是非常不容易的，更不容易的是要能长期坚持，就像做一件好事并不难，难的是一辈子做好事。那么在企业环境下，如何理解“做人，何为正确?”呢?

把自己的本职工作做好，不给下游添麻烦；遇到问题先从自身找原因，而不怪罪于别人；在利益面前既想到自己，也能想到别人；当个人利益与集体利益产生矛盾时能以集体利益为重；敢于挑战高目标，知难而上；心存感恩……这些都是正确的行为，也是通用的、普遍的行为准则，除了这些，具体到每个企业，其价值观导向和强调的侧重点是不一样的。

比如阿里的核心价值观简称为“六脉神剑”：客户第一、团队合作、共享共担、拥抱变化、诚信、激情、敬业。华为的核心价值观：以客户为中心，以奋斗者为本，长期艰苦奋斗，坚持自我批判。IBM的核心价值观：诚心负责、创新为要、成就客户。

所有公司的核心价值观回到原点的话，都是对“做人，何为正确?”的思考，所以都有共通的部分，但也有个性化的部分。企业为了让员工尽量做到正确，往往通过核心价值观的行为考核、经营原则的宣传贯彻、企业制度的执行等来不断引导和强化，当然这些都是属于外力因子，更重要的是员工要能从内在进行修炼，以利他之心立己达人。

3. “做人，何为正确？”重在事上磨炼

要想做人正确，就要在每个当下和每个当下对应的角色中都能始终如一地采取符合初心的决策和行动。从道理上来说，这一点不难理解，但是为什么遇到具体问题时，有人就很难坚持呢？就是因为这句话的核心是要重在事上磨炼，而不是作为一种知识在记忆。不临“实事”之真谛，不可能求出真真切切的“是”来。

比如我们在街上遇到一个拄着拐杖的步履蹒跚的老太太，你是选择离她近一点还是选择离她远一点？按“做人，何为正确？”的道理来说，一定是选择离她近一点，这样万一她摔跤，可以马上上去扶一把，但是当自己的切身利益受到影响的时候，有一些人就会尽量避而远之，因为害怕被讹诈，万一老太太摔倒，可以撇开和自己的关系。也就是说对于“做人，何为正确？”在道理上大家都很容易明白，但当自己的切身利益受到影响的时候，何去何从就见分晓了。

“做人，何为正确？”重在事上磨炼，做事是最靠谱的修炼，人须在事上磨，方立得住，方能“静亦定，动亦定”。入世做事才是人生修行的最好法门，如果心不静而躁动，在做事时这些躁动就会被充分地激发出来，而要把事情做完、做好，就势必要尽量调节自己的心境，耐住自己的性子，而这，正是对心性的最好的磨炼。

4. 建立回归原点的思维方式

“做人，何为正确？”是我们思考问题的原点，也是根本出发点，要想时刻做人正确，就要建立回归原点的思维方式。只有建立回归原点的思维方式，才能化繁为简，回归到根源上探究事物的本质，才能找到问题的根源，从根本上解决问题。那么，如何才能建立回归原点的思维方式呢？

比如某企业在经营过程中，出现了销售额一直上不去的情况，计划定 1 000 万元的目标，结果只完成 800 万元，计划定 800 万元，结果只完成 600 万元。从表象上来看，可能是市场环境变差，所以导致了企业的销售额在萎缩，而市

场环境又不是某一个企业可以左右的，所以企业只能被动承受这样的结果。如果企业是这样来思考问题的，那么就只是看到了问题的第一层，也就是问题的表象，其实我们再往深层思考一下，就会发现，为什么面临同样的市场环境，有的企业销售额却可以逆势上扬呢？可见销售额萎缩的主要原因并不是市场环境不好，而是企业没有采取有效的策略。在市场环境日趋恶劣的情况下，企业没能及时进行策略的调整，比如重新梳理目标客户，重新定位独特价值，进行业态的变革等等。按照同样的方式继续深挖，为什么没有及时调整策略呢？是因为公司的体制设计不合理，大家缺乏面对复杂多变环境的敏感性和创新的动力。那为什么体制不合理呢？可能是企业的体制设计没有真正贯彻企业的经营理念。为什么没有贯穿经营理念呢？最后根本的原因就是没有按照“做人，何为正确?”去审视自己的初心。初心不对，一切都是错的，错误的初心通过战略，把企业导入到错误的道路上，最后造成企业不愿意看到的结果。

所以要想建立回归原点的思维方式，就要学会连问“五个为什么”，打破砂锅问到底，直至探究事物的本质、问题的根源。思维方式的差异，也导致了企业管理人员的层次差别。初级的管理者往往是就问题谈问题，而企业经营过程会面临各式各样的问题，这样的管理者往往会陷在形形色色的问题中焦头烂额，分身乏术，当然也有一部分管理者会乐此不疲，做起“救火队队长”。层次稍微高一点的管理者的做法可能就不一样，他们在“救火”的同时，会思考“火”到底是怎么产生的，然后从制度的角度来思考如何更有效地规避类似问题。这类管理者会通过现象进行总结，找出共性的问题，然后就共性的问题从制度上进行解决，比起第一种管理者，他们花的时间可能会更长，见效也没第一种那么快，但是作用一旦产生，会更长远。以此类推，再高一级的管理者会从制度的角度再深入一步，因为制度体现的是企业的经营理念，所以这类管理者会站在企业经营理念的角度来思考如何解决问题。要在理念上达成共识或产生改变，并非一朝一夕，所花的时间会更长，但是作用会更大更持久，企业文化的形成就是这样，不是一天两天或一年两年，而是需要长期的积累，润物细无声，但是作用是非常巨大和深远的。

人们一般认为，决定企业盛衰的是眼睛看得见的、有形的因素，比如资金能力、技术能力以及经营者制定的企业战略等。这些因素固然重要，然而比这些更重要的是眼睛看不见的、无形的因素，就是员工的意识，以及作为这种意识的集合体的组织的风气，也就是企业的文化。拥有良好文化的企业，其每一位员工对自己的公司都抱有自豪感，从内心祈愿公司成长发展，并为此竭尽努力。反之，企业里就会充满不平不满，怨声载道，员工们都像批评家一样批判自己的企业。这两种情况下，企业的业绩迥然不同。所以再进一步的管理者，就会站在原点的角度思考如何解决问题，这类管理者往往会多一份淡定，宠辱不惊。

总之建立回归原点的思维方式对于“向心力”系统经营实学在企业的落地是至关重要的，“向心力”系统经营实学在企业的落地需要工具和方法，但是比工具和方法更重要的是人本身，同样的工具和方法，不同的人用结果会有很大不同。稻盛和夫的人生成功方程式给出了人生努力的方向，即能力、热情和正确的思维，其中正确的思维最重要，而人对思维的培养离不开人对回归原点的思维方式的养成。“做人，何为正确?”是思考问题的原点，但是不代表我们每个人时时刻刻都能做到，我们都是凡人，我们希望能不断地逼近这个原点，而在不断逼近的过程中，要加强自身的修炼，明心见性，用一双慧眼通过现象看本质，多从自身找原因。思维决定行为，行为决定结果，企业要建立回归原点的思维方式，重塑核心价值观，并以经营原则和制度为保障，以运营 PDCA 循环体系为支撑，以产品为突破，打造绝活，用产品这个针尖捅破天，真正实现哲学的物化。

5. 回归原点的捷径——利他之心

但凡成功者，可以不是梦想家，可以不是富二代，但无一例外，都心怀“利他之心”。何为“利他之心”，很简单，就是把他人利益放在首位，事事以别人为先，反之就是“利己之心”。现实生活中我们做事大都是本着利己之心的，即使我们取得了暂时的成功，也往往填补不了心灵的空虚和失落，因为利己之心使得我们离作为人本源的智慧越来越远。随着年龄的增长，我们的知识多了，阅历多了，财富多了，但是却活得越来越沉重了，要想回归到我们原点的状态，就要把利己之心变为利他之心，也就是说我们从哪条路走过来的，现在我们还要从那条路走回去。

马云没有利他之心，就不会有阿里巴巴；任正非没有利他之心，就不会有华为辉煌的今天；稻盛和夫没有利他之心，就不会冒着晚节不保的风险去拯救日航，更不会一生成就三家世界500强企业。也许有人说，我财力有限，无法周济他人，难以利他。其实利他之心，并不一定要用金钱来衡量，比如你早上开车来得早，是停在离办公室近的地方还是停在离办公室远的地方？如果是出于利己之心，你就先把离办公室近的地方给占了，如果是本着利他之心，你就把离办公室近的车位留给晚到的同事，自己停在远一点的地方，反正来得早，就多走几步路。在我们的日常工作中，做好自己应该做好的事情，不给下游客户添麻烦，就是利他，在与他人发生利益冲突时，自觉站在对方的角度考虑，这也是利他。慈善家曹德旺曾说：“尊重人，施舍人，帮助人，这样做开始，你就会得到别人的帮助，别人的尊重，别人的爱。”只要我们心怀利他之心，我们的境界就会在不知不觉中提高，就会拥有更多的朋友，邂逅更多的机遇，遇到更多的贵人，这样才有可能更接近成功，为他人和社会贡献更大的价值。

稻盛和夫曾说，在这个宇宙间，常吹着一股“他力之风”，它推动事物不断向着更好的方向前进。然而，如果一味地强调“我呀我的”，用“利己之心”扬起风帆，因为布满了孔洞，任凭“他力之风”如何吹刮，那风

都从孔洞中穿过，无论风帆升得多高航船也不会前行。与此相反，如果用“利他之心”扬起风帆，就能享受“他力之风”的恩惠，一路扬帆远航。日航重建的奇迹般的成功就证明了这个道理，稻盛和夫在重建日航时的“为社会为世人”的纯粹的“利他之心”，就是拯救日航成功的原动力。

企业经营的基本出发点不就是实现利己的欲望吗？靠利他之心真的能够经营好企业吗？自己企业都生存这么艰难了，还要利他？这些是很多人面临的现实困惑。确实，想要赚更多的钱，要想过更富裕的生活，这些都是无可厚非的，而且利己的欲望在创业初期，可以产生强大的动力，把事业引向成功，这也是事实。然而，仅仅依靠利己的欲望经营企业的人，他们的成功绝不可能长期持续，因为他们在处理企业和社会的关系、和客户的关系、和员工的关系以及和各个利益相关者关系的时候，都是把自己的利益放在首位，甚至不惜牺牲社会的利益、客户的利益、员工的利益、利益相关者的利益来满足一己私欲，这样的企业终将失道寡助，必将产生摩擦和争斗等各种不和谐的声音，最后甚至会走向破灭。

与此相反，在做人、做事、做企业的过程中，心存利他之心，思利及人，对方也会好意相报，结果双方得利，皆大欢喜。我们讲“利他”，并不是损己利他，而是自利利他，就是为了自己获利而采取的行动，同时必须让他人、让对方也获利，自己赚钱，对方也赚钱，这才是真正的经商，才是健康的商业社会的基本原理。

2008 年任正非在市场部年中大会上讲过这么一句话：“我们奋斗的目的，主观上是为自己，客观上是为国家、为人民。但主客观的统一确实是

通过为客户服务来实现的。没有为客户服务，主客观都是空的。”也就是说主观上是为自己，是利己，客观上是为国家、为人民，就是利他，这两者之间不是零和博弈的关系，要想规避零和博弈，最好的方式就是回到为客户服务上来，这才是实现利己和利他双赢的最好出发点。

曾经有位企业家朋友问过我这样一个问题，企业在推行阿米巴经营的过程中，最难的到底是什么？我想，最难的或许就是一个字：“信”。这个信包括三层含义，第一层含义是自信，企业在推行阿米巴经营的过程中，领导干部要自信，要相信通过自己的言行一致、以身作则、表里如一能起到带头作用，相信通过我们的人格魅力能影响身边的每个人。如果连领导干部都做不到这一点，别人凭什么跟你干？所以企业要推行阿米巴经营首先就要自信。有句话叫“经营企业就是经营人心”，经营人心本质上就是经营员工对领导的信任。第二层含义就是要相信阿米巴经营，任何东西在企业推行都不会一帆风顺的，包括阿米巴经营，不要有一点困难就退缩。对于企业变革，旗帜鲜明举手表示赞成的都是少数人，当然举手反对的也永远是少数人，绝大多数人都在观望，阿米巴经营在企业的推行也是这样的，阿米巴经营在企业的推行中不会一帆风顺，但是既然选择了阿米巴经营，你就要相信它，不管遇到什么困难，都要坚信不疑地推行下去，相信结果一定是好的。第三层含义是要相信我们的员工，要相信员工的智慧。人才的培养是要付出代价的，推行阿米巴经营就是要在企业内部营造一种赛马的氛围，让真正有经营意识的人脱颖而出，要敢于承担员工在成长过程中犯错的代价。企业通过阿米巴经营的推行，打造赛马不相马的平台和文化，让真正有经营能力和意识的人敢于从幕后跳到台前，所以选择阿米巴经营就是选择了一场修行，以前是我们企业创始人带着极少数人在修行，推行阿米巴经营以后将是企业创始人带领全体员工进行一场共同的修行，这条修行之路只有起点，没有终点。

希望在这条修行之路上，“向心力”系统经营实学能够帮助中国企业更好地理解并落地阿米巴经营思想，探究适合自己的阿米巴经营模式，成功向内求，从根本上、系统上解决企业存在的问题，实现长治久安地发展，成就百年基业。

图书在版编目(CIP)数据

阿米巴经营的中国实践:“向心力”系统经营实学 / 何朝来著. —上海:东方出版中心,2019.9
ISBN 978-7-5473-1499-9

Ⅰ. ①阿… Ⅱ. ①何… Ⅲ. ①企业经营管理—研究—中国 Ⅳ. ①F279.23

中国版本图书馆 CIP 数据核字(2019)第 127656 号

阿米巴经营的中国实践
“向心力”系统经营实学

出版发行: 东方出版中心
地　　址: 上海市仙霞路 345 号
电　　话: (021)62417400
邮政编码: 200336
印　　刷: 上海盛通时代印刷有限公司
开　　本: 710mm×1000mm　1/16
字　　数: 269 千字
印　　张: 20
版　　次: 2019 年 9 月第 1 版第 1 次印刷
ISBN 978-7-5473-1499-9
定　　价: 58.00 元
